# 英語の文字・綴り・発音のしくみ

大名 力
Tsutomu OHNA
著

研究社

# はじめに

現代では，日本語を読み書きする場合でも，アルファベット(ローマ字，ラテン文字)が重要な働きをしています。雑誌でも新聞でも身の回りにあるものを見てみると，アルファベットが多く使われており，アルファベット抜きで現代の日本語を考えることができないくらいです。これだけ広く使われているアルファベットですが，漢字や仮名に比べ，その文字の特徴や歴史についてはあまりよく知られていません。漢字や仮名については国語や社会の授業でその構造や歴史について学んだことはあっても，授業でアルファベットについて学んだ経験のある人は少ないでしょう。それもそのはず，そもそもアルファベットについて深く学んだことがある英語の先生が多くありません。英語教育では文字はあまり関心を持たれていない分野のようで，教員養成系の大学でも英語の書記体系を扱う授業はほとんどないのが現状です。英語教師になろうという学生にさえ教えられていないのですから，日本人の多くがアルファベットに関する知識をほとんど持たないのも当然です。

仮名が漢字を基にして作られたことや，漢字の構成原理を知らなくても，仮名や漢字を使うことができるように，アルファベットについて知らなくても，アルファベットを使って英語を書いたり読んだりすることはできます。しかし，普段意識せずに使っている文字，書記体系の裏にある原理を知ることは楽しいことです。ちょっと複雑なところもありますが，パズルを解くような感覚で，楽しんでお読みいただければ幸いです。

本書を読み始めるにあたり１つご注意いただきたいことがあります。それは，本書はいわゆる“フォニックス”の本ではないということです。本書の目的は，すでに英語の基礎を身に付けている人に，習得した綴りと発音の仕組みがどのようなものであるか，なぜそのような仕組みが成立したのかを理解してもらうことであり，この本を読めば，知らない単語でも綴りを見れば発音できるようになるわけではありません。英語の綴りと発音の関係は複雑です。規則的でわかりやすい部分だけを扱い，例外や複雑な部分には触れなければ，何となくわかった気にはなりやすいですが，それでは英語の書記体系の全体像，実体が掴めたことになりません。本書を読み終えた後，「英語の綴りは簡単だ」ではなく，また「英語の綴りは難しい」でもなく，「英語の綴りの難しさが何によるものかよくわかった」と思ってもらえたら，本書の目的の1つが達成できたと言えるでしょう。

### ○本書の構成

本書の構成は以下のようになっています。

第 I 章　「五十音図」について考える――調音音声学入門
第 II 章　発音と綴り字――基礎編
第 III 章　発音と綴り字――応用編
第 IV 章　分綴法
第 V 章　文字の種類・発達・用法
第 VI 章　アルファベットの起源と発達
第 VII 章　英語における正書法の発達と音変化

基本的に各章はその前までの章で学んだことを踏まえた内容となっていますが，第 IV 章「分綴法」や第 V 章「文字の種類・発達・用法」は飛ばし，先に後の章を読み，後で残った章を読んでもいいでしょう。前の章は後の章を読まなくてもわかるように書かれてはいますが，最後まで読んだら，また最初に戻って読み返すと，理解がより深く確実なものになるでしょう。

### ○記号等の説明

本書ではラテン語由来の略号やローマ数字などを使うので，ここで説明しておきます。英語で論文を読んだり書いたりするときにも必要となるものなので，覚えておくといいでしょう。

・ラテン語由来の略号

| | | |
|---|---|---|
| e.g.（＜exempli gratia） | “for example” | 例を示すときに使います。 |
| cf.（＜confer） | “compare” | 参照すべきもの，比較すべきものなどを示すときに使います。 |

| | | | | | | | | | | |
|---|---|---|---|---|---|---|---|---|---|---|
| ・アラビア数字 | 1 | 2 | 3 | 4 | 5 | 6 | 7 | 8 | 9 | 10 |
| ローマ数字 | I | II | III | IV | V | VI | VII | VIII | IX | X |
| | i | ii | iii | iv | v | vi | vii | viii | ix | x |

・AmE　American English　アメリカ英語
　BrE　British English　イギリス英語

・音声表記
　音声を表記する場合は［　］で括ります。it は it という語，綴りを，［it］は発音を表します。［hɑp|hɔp］のように，| を挟んで 2 つの発音を示すときは，前が米音，後ろが英音です。

**○辞書**

・『新英和大』　『研究社新英和大辞典』第 6 版，竹林滋編集代表，2002 年，研究社.
・*OALD*　*Oxford Advanced Learner's Dictionary*, 8 版, Joanna Turnbull 編, Oxford University Press, 2010.
・*LDOCE*　*Longman Dictionary of Contemporary English*, 6 版, Pearson Longman, 2015.

謝辞
　今回，本書がこのような形で出版されるようになったのも研究社の津田正氏のお蔭で，本の構成の決定から原稿の細部のチェックに至るまで，大変お世話になりました。また，本書の執筆にあたっては次の方たちから有益な情報，コメントをいただきました：笠井直美，小島ますみ，児馬修，佐藤翔馬，末岡敏明，田中伸一，谷明信，成田克史，西脇幸太，松井孝志，柳さよ，山田英二，山内昇（敬称略，五十音順）。特に英語史，音声学・音韻論については専門家の先生方から貴重な助言をいただきました。助言を活かせず不十分な記述となってしまったところ，修正されずに残ってしまった誤りもあるかもしれませんが，言うまでもなく，残る瑕疵の責任はすべて著者にあります。出版にあたりお世話になった方々には，この場を借りてお礼申し上げます。

# 目　次

# 第I章

# 「五十音図」について考える

## ——調音音声学入門——

アルファベットについて学ぶなどと言うと，「英語を学び始めた小中学生じゃないんだから今さら何を？」と疑問に思う人もいるでしょう。各文字の大文字小文字を書くことができ，26 文字の順序を覚えれば，アルファベットについてわかったと思う人は多いかもしれません。しかし当たり前と思っていることほど「なぜ？」と聞かれると意外と答えられないものです。これからアルファベットに関する様々な疑問について見ていきますが，その前に日本人にとって身近な仮名について考えましょう。仮名を習うとき，個々の文字だけでなく「五十音図」という配列表も覚えます。当たり前すぎて疑問に思ったこともないかもしれませんが，なぜあの順番に並べられているのでしょうか。配列の背後にある規則を探っていくと，日本語だけでなく英語も含め他の言語を分析するのに重要な働きを果たす，ある原理が見えてきます。

# A.「五十音図」について考える

## i. いろはの配列順序

現在では仮名の配列順としては**五十音順（あいうえお順）**が普通ですが，次の**いろは（伊呂波）**と呼ばれる順番で並べることもあります。

いろはにほへとちりぬるをわかよたれそつねならむうゐのおくやまけふこえてあさきゆめみしゑひもせす（ん）

いろははなぜこの順番なのでしょうか。次のように，漢字で置き換えられるものは漢字で置き換え，濁点も使って示されれば，理由はすぐにわかりますね。

色(いろ)は匂(にほ)へど　散(ち)りぬるを
我(わ)が世誰(よたれ)ぞ　常(つね)ならむ
有為(うゐ)の奥山(おくやま)　今日越(けふこ)えて
浅(あさ)き夢見(ゆめみ)じ　酔(ゑ)ひもせず

「いろは歌」とも呼ばれることからわかるように，元々 47 文字の仮名をそれぞれ 1 回ずつ使って作った七五調の歌でした。涅槃経の一節（「諸行無常　是生滅法　生滅滅已　寂滅為楽」）を訳したものとも言われています。いろはのように仮名をすべてかつ 1 度だけ使って意味のある句にするというのはほかにもあり，「あめつちの詞」と呼ばれるものなどがありました[1]。すべての仮

---

[1] 「あめつちの詞（ことば / うた）」とは次の仮名 48 文字からなる誦文のことです。

| | | | | | | | | | | | |
|---|---|---|---|---|---|---|---|---|---|---|---|
| あめ | つち | ほし | そら | やま | かは | みね | たに | くも | きり | むろ | こけ |
| (天 | 地 | 星 | 空 | 山 | 川 | 峰 | 谷 | 雲 | 霧 | 室 | 苔) |

| | | | | | | | | |
|---|---|---|---|---|---|---|---|---|
| ひと | いぬ | うへ | すゑ | ゆわ | さる | おふせよ | えのえを | なれゐて |
| (人 | 犬 | 上 | 末 | 硫黄 | 猿 | 生ふせよ | 榎の枝を | 慣れ居て) |

「えのえを」で「え」が 2 度使われていることから，ア行のエとヤ行のエの区別があった時代の平安初期の作と考えられています。

英語ではアルファベットの各文字を最低 1 つ含む短い文を “pangram” と呼びますが，

名を使っていることから文字の練習で使われ，仮名で配列するときの順番としても利用されるようになりました。

## ii. 五十音図の配列順序

### a) 五十音図の配列原理

いろはの次は五十音順について考えましょう。

あいうえおかきくけこさしすせそたちつてとなにぬねのはひふへほまみむめもやゆよらりるれろわ(ゐ)(ゑ)をん

よく使う仮名の配列順序ですが，一体どうしてこの順序なのでしょうか。「ゐゑ」を入れても 48 文字しかないのに，なぜ「五十音」と言うのでしょうか。

今度はすぐに答えがわかったでしょう。仮名を下のように表にまとめたものが**五十音図**ですが，ローマ字に転写すれば，縦に子音，横に母音を共有する文字が並ぶよう配列されていることが一目瞭然です。

| | | | | | | | | | |
|---|---|---|---|---|---|---|---|---|---|
| わ | ら | や | ま | は | な | た | さ | か | あ |
| ゐ | り | | み | ひ | に | ち | し | き | い |
| | る | ゆ | む | ふ | ぬ | つ | す | く | う |
| ゑ | れ | | め | へ | ね | て | せ | け | え |
| を | ろ | よ | も | ほ | の | と | そ | こ | お |

| | | | | | | | | | |
|---|---|---|---|---|---|---|---|---|---|
| wa | ra | ya | ma | ha | na | ta | sa | ka | a |
| wi | ri | | mi | hi | ni | ti | si | ki | i |
| | ru | yu | mu | hu | nu | tu | su | ku | u |
| we | re | | me | he | ne | te | se | ke | e |
| wo | ro | yo | mo | ho | no | to | so | ko | o |

表には空欄もありますが，縦 5×横 10＝50 で「五十音」と呼んでいるわけです。表の文字を「あいうえおかきくけこ . . .」と 1 列に並べると五十音順になります。さあ，これで問題は解決 . . . とはなりません。単に子音を共有するものが縦に，母音を共有するものが横に揃えばよいのであれば，次のようになっていてもいいはずです。

---

有名なものとして次のものがあります。すべての文字を含むので，フォント見本でよく用いられます。

A quick brown fox jumped over the lazy dog.
A QUICK BROWN FOX JUMPED OVER THE LAZY DOG.

| | | | | | | | | | |
|---|---|---|---|---|---|---|---|---|---|
| ゐ | り | | に | ひ | ち | き | し | み | い |
| | る | ゆ | ぬ | ふ | つ | く | す | む | う |
| を | ろ | よ | の | ほ | と | こ | そ | も | お |
| わ | ら | や | な | は | た | か | さ | ま | あ |
| ゑ | れ | | ね | へ | て | け | せ | め | え |

| | | | | | | | | | |
|---|---|---|---|---|---|---|---|---|---|
| wi | ri | | ni | hi | ti | ki | si | mi | i |
| | ru | yu | nu | hu | tu | ku | su | mu | u |
| wo | ro | yo | no | ho | to | ko | so | mo | o |
| wa | ra | ya | na | ha | ta | ka | sa | ma | a |
| we | re | | ne | he | te | ke | se | me | e |

縦が「あいうえお」で横が「あかさたなはまやらわ」なのは単なる偶然ということもありえますが，子音と母音に着目した表になっているのに，子音同士，母音同士の順番は適当，ランダムというのも納得がいきませんね。表の縦と横が「子音」と「母音」という音に着目しているのであれば，「横の列」「縦の列」も**発音に基づいて配列している**と考えるほうが自然です。では発音のどんなところに注目しているのでしょうか。まずは子音から検討しましょう。

### b）子音の配列順序

次の表を見てください。アの段の仮名を並べたものですが，濁音があるものについては濁音を用い，その仮名の上に各音の子音部分を取り出して表示しました(濁音を使う理由は後で説明します)。

| | | | | | | | | | |
|---|---|---|---|---|---|---|---|---|---|
| w | r | y | m | b | n | d | z | g | |
| わ | ら | や | ま | ば | な | だ | ざ | が | あ |

これでもまだわかりにくいので，さらに次の3つのグループに分けて考えることにします[2]。

| III | | | II | | | | | | I |
|---|---|---|---|---|---|---|---|---|---|
| w | r | y | m | b | n | d | z | g | |
| わ | ら | や | ま | ば | な | だ | ざ | が | あ |

まずはIIのグループの子音について考えましょう。[g z d n b m] と順番に

[2] ここではア行とカ行を母音グループと子音グループに分けましたが，過去の文献ではア行・カ行・ヤ行は喉音として同じグループに分類されています。過去の五十音図には現在のものとは違う配列のものもあり，III のグループを独立させず II のグループと一緒に配置しているものもあります。

発音し，自分の発音を観察してみてください。[m, b] と [n, d, z] に共通点はないでしょうか。

| iii | | ii | | | i |
|---|---|---|---|---|---|
| m | b | n | d | z | g |

[m, b], [n, d, z] はそれぞれ**発音するときに主に使っている場所**(専門用語では「**調音位置**」あるいは「**調音点**」と言う)が同じになっています。つまり，

[g]　　 は口の奥のほうを使って発音する
[z, d, n] は舌の先のほうを使って発音する
[b, m]　は唇を使って発音する

ということです。i–ii–iii と進むにつれ，口の奥のほうから口の先のほうへと発音する位置が移るという規則性があることがわかります。

では次にグループ内の順番について考えましょう。i のグループは [g] の音しかなく順番は問題になりませんが，ii と iii ではどうでしょうか。[m b], [n d z] と順番に発音して違いを観察してみると，下の表に示すようにグループ内の順番は**発音の仕方**(専門用語では**調音方法**)に基づいていることがわかります。

| iii | | ii | | | i | |
|---|---|---|---|---|---|---|
| | | | | z | | 摩擦により作る音 |
| | b | | d | | g | 破裂させて作る音 |
| m | | n | | | | 鼻に抜いて作る音 |

[n, m], [g, d, b] の発音の仕方が同じと言われてもピンと来ないかもしれません。違いがわからない人は，次の説明を読み，実際に発音しながら確認してください。

[n, m] … 鼻に抜いて出す音なので鼻を塞ぐと発音できなくなる。これに対し他の音は鼻を塞いでも発音できる。
[g, d, b]… 破裂させる音なので，[z] や [n, m] と違って伸ばして発音する

ことはできない。[z] ならば [z::] (:: は長く伸ばすことを示す) と伸ばして発音できるが，[g] を [g::] と伸ばして発音することはできない[3]。

[z] … 摩擦音なので伸ばして発音できる。[n, m] も長く伸ばせるが，[n, m] と違い息は口から出ていくので，鼻をつまんでも発音できる。

さて，上では濁音があるものについては濁音を基に考えましたが，では濁音と清音の違いは何でしょうか。例えばザとサ，[z] と [s] は何が違うのでしょうか。中学から英語を学んでいれば「有声音か無声音であるかの違いだ」とわかると思いますが，では，有声音と無声音の違いって何でしょうか。

有声・無声の違いには**声帯の振動**が関係しています。発音するときに声帯が振動していれば**有声音**で，そうでなければ**無声音**になります。声帯は喉(喉仏)にあります。試しに，喉に軽く指を当て [s:: z:: s:: z::] のように [s] と [z] を交互に発音してみると喉が震えていないときと震えているときの違いがわかります。両耳を塞いで発音してみると響き方が違うことがよくわかるでしょう。

以上のように，清音に対する濁音というのは，「発音の位置」と「発音の方法」は同じだけれど「無声か有声か」が違うものということになります。基本的にはこれでよいのですが，ハ行に関してはそうはいきません。ハの濁音はバで，子音だけ比較すると [h] と [b] になりますが，[h] と発音するときには唇は閉じません。唇を閉じて発音するのは，清音ではなく半濁音のとき，つまり [p] と発音するときです。したがって発音から見ると，カ–ガ，サ–ザ，タ–ダのペアに対応するのはハ–バではなくパ–バということになります。ではなぜハがパやバと同じグループに入っているのでしょうか。これは，五十音図が作られた頃は，ハ行の子音は両唇を使った摩擦音(「ファイト」のファの子音 [ɸ])で発音されていたためです。室町時代のキリスト教の宣教師が出版したローマ字書きの日本語の本ではハ行音には f が使われていますが，このことから，以前は今とは違い，ハ行の子音は唇を使った発音であったことがわかります。当時であれば「母(はは)は」は [ɸaɸaɸa] となるわけですが，助詞の

---

3　もし伸ばせているとしたら，母音 u を付け [gu::] と母音を伸ばして発音しているか，破裂音の [g] ではなく摩擦音の [ɣ] という別の子音を発音しているはずです。[ɣ] については次節(p. 15)で説明します。

「は」は摩擦が弱まったけれど唇の狭めは残り［wa］に，それ以外は［ha］になり，［hahawa］となったというわけです。上で清音ではなく濁音を使ったのはこういう事情があったためです。

ここまでのところを整理しましょう。II のグループの子音は調音点・調音方法で分類され，さらに声帯の振動の有無で清音(半濁音)と濁音に分けられます。この分類を表にすると下のようになり，表の子音を右から順番に 1 列に並べると，k g s z t d n p b m (カガサザタダナ(ハ)パバマ)となります。これで II のグループの仮名が，なぜあの順序で並べられているのかがわかりました。

| (iii) | | | (ii) | | | (i) | |
|---|---|---|---|---|---|---|---|
| | | (ϕ) | | | z/s | | 摩擦により作る音 |
| | b/p | | | d/t | | g/k | 破裂させて作る音 |
| m | | | n | | | | 鼻に抜いて作る音 |

さて，今度は III のグループ，ヤ行・ラ行・ワ行です。このグループの音は「**半母音**」と呼ばれ[4]，II のグループに入る純然たる子音とはちょっと違った性質を示す音です。

| III | | | II | | | | | | I |
|---|---|---|---|---|---|---|---|---|---|
| w<br>わ | r<br>ら | y<br>や | m<br>ま | b<br>ば | n<br>な | d<br>だ | z<br>ざ | g<br>が | <br>あ |

ヤ (ya) の子音部分は発音記号では［j］となります。［j r w］と順番に発音してみると，II のグループのときのように，調音点が段々と前に動いていくのがわかります。

［j］は　舌の真ん中ぐらいを使って発音する。
［r］は　舌の先のほうを使って発音する (cf. [s, z, t, d, n])。
［w］は　唇を使って発音する (cf. [p, b, m])。

4　五十音図は古代インドの言語であるサンスクリット(梵語（ぼんご）)を書き記すのに使われた悉曇（しったん）(梵字（ぼんじ）)の字母の配列に影響を受けていますが，高島 (2005) によると，サンスクリットで r が半母音とされるのは，母音の r がサンスクリット語に存在するためで，五十音図で r が半母音扱いされるのはそのためだそうです。

ここまでのところをまとめると次のようになります。

| 半母音 | | | 子音 | | | | | | | | 母音 |
|---|---|---|---|---|---|---|---|---|---|---|---|
| 口先 ←→ 口の奥 | | | 口先 ←――――→ 口の奥 | | | | | | | | |
| 唇 | 舌先 | 舌中 | 唇 | | | 舌先 | | | 舌奥 | | |
| w | r | y | | | (ϕ) | | | z/s | | 摩擦音 | |
| | | | | b/p | | | d/t | | g/k | 破裂音 | |
| | | | m | | | n | | | | 鼻　音 | |
| わ | ら | や | ま | は | | な | た | さ | か | | あ |
| ゐ | り | | み | ひ | | に | ち | し | き | | い |
| | る | ゆ | む | ふ | | ぬ | つ | す | く | | う |
| ゑ | れ | | め | へ | | ね | て | せ | け | | え |
| を | ろ | よ | も | ほ | | の | と | そ | こ | | お |

### c）母音の配列順序

横の列の順序についてはここまでとし，今度は縦の列，母音の配列順序について見ていきましょう。

そもそも母音とは何でしょうか。辞書などでは「肺からの息が口の中で妨げを受けないで発音される音」のように説明されていますが，「口の中で妨げを受けない」とはどういうことでしょうか。今度は「子音」を辞書で引いてみると「発音器官のどこかの部分で肺からの息が妨げられて出る音」などとなっています。妨げがあると子音，妨げがないと母音になるようですが，この「妨げ」とは何でしょうか。実は，五十音図の横の列について見たときに出てきた「調音点」というのがこれに当たります。例えば，[b] の調音点は唇ですが，これは肺から出てきた息が主に唇で妨げられて作られる音ということです。ということは，子音と違い母音は息の妨げの位置で分類することができないことになります。ではどこに注目して分類すればいいでしょうか。

「イエア」と言ってみてください。母音が変わると口に変化が生じませんか。「イエア」と発音すると口が段々広く開いて(舌の位置が段々低くなって)いきます。口の開き方が母音によって異なるのであれば，これで母音が分類できそうです。「ウオア」と発音した場合も口が段々と広くなっていくのが観察できます。

イ　狭　　　ウ　狭
エ　↕　　　オ　↕
ア　広　　　ア　広

では「アイウエオ」すべてを口の開き具合(舌の位置の高さ)で分類できるかというと，それは無理です。どう並べてみても，「イエア」と「ウオア」のようには，きれいに並べることができません。「イエア」だけ，「ウオア」だけなら，口がスムーズに変化していくように並べられますが，混ぜてしまうとそうはいきません。何か別の基準を持ち出さないとだめなようです。どちらにも「ア」は入っているので，これを中心にして下のようにまとめてみましょう。

イ　　　ウ　狭
エ　　　オ　↕
　　ア　　　広

口の開き方を見ると「イウ」「エオ」が組になるので，鏡で口を見ながら「イウイウ . . . 」「エオエオ . . . 」と発音し 2 つの音の違いを観察してみると，**唇の形**が違うことがわかります。特に一音一音区切って力を込めて発音してみると違いがはっきり出ます。「イ」のほうは唇の形が比較的**平たく**，「ウ」のほうは比較的**円く**なっています。「エ」と「オ」についても同じような違いが観察されます。

では，「イ」と「ウ」の違いは唇の形だけでしょうか。そうだとすると，「イ」と発音するつもりで口を開き，その状態から唇だけを丸めて発音すると「ウ」になるはずですが，そうなりません。実際にやってみると，仮名では書けない音になってしまいます。今度は鏡で舌の動きに注目しながら「イウイウ . . . 」と発音してみてください。普通に発音すると口の中の様子が観察しにくいので，意識的に唇を広めに開けて発音してみてください。「イウイウ . . . 」と発音しながら鏡で舌の動きを見てみると，「イ」で舌が前のほうに来て，「ウ」で舌が後ろのほうに引っ込む様子が観察できます。「エ」と「オ」についても同様です。つまり，「イ」と「ウ」，「エ」と「オ」は唇の形だけではなく，舌の位置が前にあるか後ろにあるかという点でも異なることになります。各母音の舌の位置に着目すると下の図のようにまとめられます。この図のことを「**母音の三角形**」と呼びます。

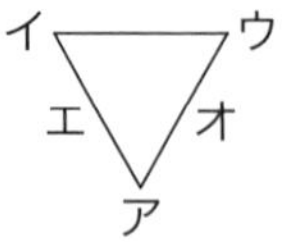


「アイウエオ」の５つの母音は，口の開き（舌の位置の高さ）と舌の位置が前寄りか後ろ寄りかで分類できること，また，母音の音質の決定には唇の形も重要であることがわかりました。舌の位置の高さと前寄りか後ろ寄りかで，５つの母音を表に分類してみると次のようになります。この出来上がった表の母音を，上→下，左→右の順で１列に並べ直すと，「アイウエオ」になります[5]。

| 前 | 後 | |
|---|---|---|
| ア | | 広 |
| イ | ウ | 狭 |
| エ | オ | 中 |

これで五十音図の縦の列・横の列それぞれについて，なぜあの順番で並べられているのかを見たことになります。全部を表にまとめると次のようになります。

| 半母音 | | | 子音 | | | | | | | 母音 | | | |
|---|---|---|---|---|---|---|---|---|---|---|---|---|---|
| 口先 ↔ 口の奥 | | | 口先 ←→ 口の奥 | | | | | | | | | | |
| 唇 | 舌先 | 舌中 | 唇 | | | 舌先 | | | 舌奥 | | | | |
| w | r | y | | | (ϕ) | | | z/s | | 摩擦音 | | | |
| | | | | b/p | | | d/t | | g/k | 破裂音 | | | |
| | | | m | | | n | | | | 鼻音 | 前 | 後 | |
| わ | ら | や | ま | は | | な | た | さ | か | あ | a | | 広 |
| ゐ | り | | み | ひ | | に | ち | し | き | い | i | | 狭 |
| | る | ゆ | む | ふ | | ぬ | つ | す | く | う | | u | |
| ゑ | れ | | め | へ | | ね | て | せ | け | え | e | | 中 |
| を | ろ | よ | も | ほ | | の | と | そ | こ | お | | o | |

5 高島（2005）によれば，「エ」「オ」が後に来るのはサンスクリット語の特性に由来するそうですが，歴史的な由来は別にしても，この配列には興味深いところがありま

以上のように，五十音図というのは，個々の仮名の子音部分と母音部分の発音に注目し，その音声的特徴に従い表にしたものです。そして，この表の各文字を 1 列に並べ直すと「アイウエオカキクケコ . . .」という「五十音順」になるというわけです[6]。

五十音図の配列は古代インドの言語であるサンスクリットの文字(悉曇，梵字)の一覧表の配列に似ており，悉曇の研究から生まれたとする説(悉曇起源説)が有力ですが，漢字音の研究で用いられる反切の中から生まれてきたという考え方(反切起源説)などもあり，その成立については諸説あります。いずれにせよ，発音に注目するとこれだけ規則性が見つかるのに，それがまったくの偶然によるものだとは考えられないので，発音に基づいて配列されているのは間違いありません。

上で述べた話は現代日本語での発音を基に単純化したものなので，実際の五十音図の成立について詳しく知りたい人は，山田孝雄 (1938)『五十音図の歴史』宝文館，馬渕和夫 (1993)『五十音図の話』大修館書店，小松英雄 (1979)『いろはうた』中公新書，高島淳 (2005)「インドの文字と日本」(『月刊言語』第 34 巻第 10 号，pp. 42–49) などを読むといいでしょう。

五十音図のように，単にそういうものと思っていることにも裏である原理が働いていることがあります。配列の原理を知らなくても五十音順は使えま

---

す。世界の言語を見ると，母音の数が 3 つなら a, i, u となるのが普通で，i, u がなく a, e, o の 3 つからなる母音体系というのはありません。まずは明確に区別できる a, i, u があり，さらに母音の数が多くなると，e や o が加わるというように，空間をできるだけ広く効率よく利用するようになっています。五十音図は世界の言語の母音体系の調査に基づき決められたわけではありませんが，まずは違いが明確な「ア」と「イ」・「ウ」を挙げ，残りを後に挙げればこの配置になります。母音・子音・半母音の配置も，違いが明確な母音と子音を挙げ，それに属さないものを後に回したと考えると，類似の原理に従っていることになります。

6　半母音のところを除くと，まったく妨げのない口を大きく開いた a から始まり，口を完全に閉じた m で終わる配列になっています。これは悉曇(梵字)の字母の配列に影響を受けたもので，悉曇の a, m (hum) は漢字では「阿」「吽」と転写し，「阿吽」で最初から最後までを表すことから，宇宙の始まりと終わりを表すものとされました。これは宗教的な像でも取り入れられており，例えば，神社にある獅子・狛犬も通常阿形と吽形の対になっています。法隆寺の二体の金剛力士像は，口が開いているほうが「阿形」，閉じているほうが「吽形」と呼ばれます。ちなみに，2 人の息が合うことを「阿吽の呼吸」と言うのは，このように「阿形」「吽形」が一対となっていることから来たものです。

すが，原理を知ると，見慣れたものの見え方が変わってくるのではないでしょうか。新たな視点が得られると，今度は，仮名の配列に意味があるのなら，アルファベットの配列はどうなのか，と新たな疑問が生じるかもしれません。これについては，第VI章で詳しく見たいと思います。

## B. 調音音声学

さて，いくつかのポイントを基に日本語の仮名が表す音を分類することができることを見てきましたが，英語など，他の言語の音を分類したり，日本語でもさらに細かい区別をしようと思えば，上で見た表でも不十分です。国際音声学会は，特定の言語に限らず，人間の言語音全体を表記するために，国際音声記号（IPA, International Phonetic Alphabet）と呼ばれる音声記号を定めていますが，そのうち一部を取り出してみたのが次の表です。

| | | 両唇音 | 唇歯音 | 歯音 | 歯茎音 | 後部歯茎音 | 硬口蓋音 | 軟口蓋音 | 口蓋垂音 | 声門音 |
|---|---|---|---|---|---|---|---|---|---|---|
| 子音 | 鼻音 | m | ɱ | | n | | ɲ | ŋ | ɴ | |
| | 破裂音 | p b | | | t d | | c ɟ | k ɡ | q ɢ | ʔ |
| | 摩擦音 | ɸ β | f v | θ ð | s z | ʃ ʒ | ç ʝ | x ɣ | χ ʁ | h ɦ |
| | 破擦音 | | | | ts dz | tʃ dʒ | | | | |
| | ふるえ音 | ʙ | | | r | | | | ʀ | |
| | 弾き音 | | | | ɾ | | | | | |
| | 側(面接近)音 | | | | l | | ʎ | | | |
| | 接近音 | | | | ɹ | | j | | | |
| | (両)唇接近音 | (ʍ w) | | | | | | ʍ w | | |

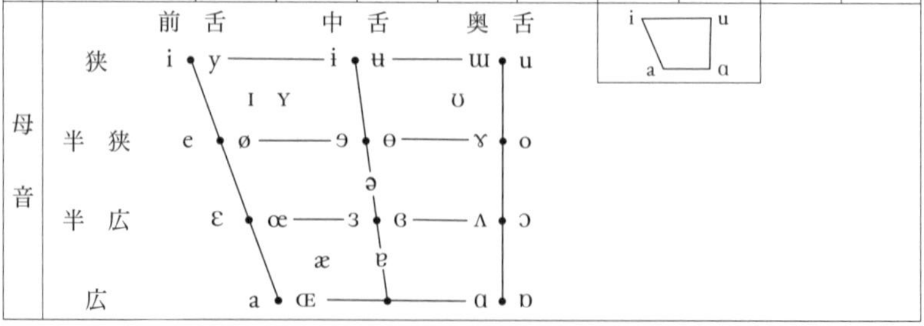


紙幅の関係で調音音声学についてこの本で説明することはできないので，詳しいことは音声学の専門書を見てもらうことにして，この後の話で出てくるものだけ抜き出し簡単に説明することにします。

| | | 両唇音 | 唇歯音 | 歯音 | 歯茎音 | 後部歯茎音 | 硬口蓋音 | 軟口蓋音 | 口蓋垂音 | 声門音 |
|---|---|---|---|---|---|---|---|---|---|---|
| 子音 | 鼻　音 | m | | | n | | | ŋ | | |
| | 破裂音 | p　b | | | t　d | | | k　ɡ | | ʔ |
| | 摩擦音 | | f　v | θ　ð | s　z | ʃ　ʒ | ç | x　ɣ | | h |
| | 破擦音 | | | | ts　dz | tʃ　dʒ | | | | |
| | ふるえ音 | | | | r | | | | | |
| | 弾き音 | | | | | | | | | |
| | 側(面接近)音 | | | | l | | | | | |
| | 接近音 | | | | ɹ | | j | | | |
| | (両)唇接近音 | (ʍ　w) | | | | | | ʍ　w | | |
| 母音 | | | | | | | | | | |

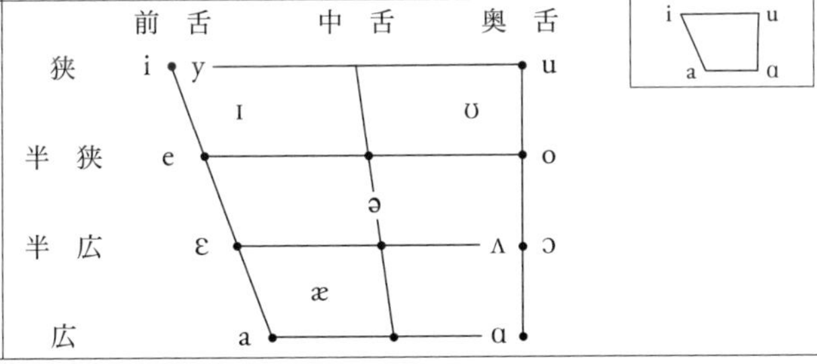


## i. 母　音

日本語だけなら前節で見た母音の三角形で済みますが，様々な言語の音を記述するには不十分で，上記の表にある台形を用います。「i・y」のように・の左右に記号が配置されていますが，右は唇の円めを伴うもの，左は伴わないものです。

日本語では一番大きく口を開いた母音は「ア」1つですが，言語によっては2種類の「ア」があり，舌を前寄りにしたのが[a]，後ろ寄りに口の奥のほうで発音するのが[ɑ]となります。

[i]の隣にある[y]は唇を円めて発音する音です。フランス語やドイツ語で使われていますが，英語でも昔はこの音が使われており，yで表記していました。[ɪ]は[i]よりも少し口の開きが大きく，弛緩した音になります。英語のseatとsitの母音は，音の長さだけでなく音質が異なりますが，この違いを明確に表すときには前者を[siːt]，後者を[sɪt]と表記します。[u]と[ʊ]の違いも同様で，母音の音質を明示するときはpool[puːl]とpull[pʊl]のように表記します。

[e, ɛ] は口の開きの狭い「エ」と広い「エ」です。[o, ɔ] の違いも口の開きの違いです。英語ではこれらの母音の違いで単語が区別されることはなく，どちらになるかは環境で自動的に決まるので，下の a のように区別せずにすべて [e, o] で表記することも，b のように表記し分けることもあります。

| | bay | bed | bear | bow | boy | bore |
|---|---|---|---|---|---|---|
| a. | [bei] | [bed] | [beər] | [bou] | [boi] | [boːr] |
| b. | [beɪ] | [bɛd] | [bɛər] | [boʊ] | [bɔɪ] | [bɔːr] |

[ʌ] は国際音声記号では [ɔ] に対応する非円唇音ですが，英語の発音表記では [ə] に近い中寄りの発音を表します。

表の台形に示された調音位置は，国際音声記号での各記号が表す音の基本的な位置を示したものであり，英語の発音表記に使用される記号は少しずれた位置の音を表しています。

## ii. 子　音

舌の先を歯茎に付け，後ろにずらしていくと硬い部分が続き，さらに奥にずらしていくと軟らかい部分があることがわかると思います。

調音器官

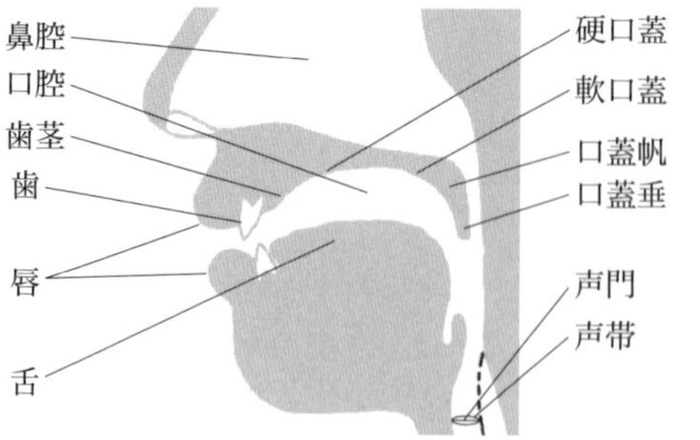


硬い部分を硬口蓋(こうこうがい)，軟らかい部分を軟(なん)口蓋と呼び，その奥の口蓋垂(すい)(喉彦(のどひこ)，のどちんこ)が垂れ下がっている軟らかい部分を口蓋帆(はん)と呼びます。声帯の振動を伴うのが有声音，伴わないのが無声音ですが，表では，各記号は無声音は左寄せに，有声音は右寄せに配置しています。

・**鼻音：** m n ŋ

口蓋帆から唇までのどこかで閉鎖を作り，肺からの気流を鼻腔に抜いて出す音です。同じく鼻腔から気流が出る音と言っても，どこで閉鎖を作るかで音の感じがずいぶんと変わります。

・**破裂音：** p b t d k g ʔ

肺からの呼気を声帯から唇までのどこかで止めて，一気に放出する（破裂させる）ことで作る音です。破裂するところではなく，その前の気流を止める部分に焦点を当てる場合には「閉鎖音」と呼ばれます。「破裂音」と言っても，破裂がなく閉鎖だけしかない場合もあります（cf. hatpin [hæt̚pin]）。[ʔ] は咳をするときのように閉じた声帯を急に開放して出す音で，声門破裂音と呼ばれます。

・**摩擦音：** f v θ ð s z ʃ ʒ ç x ɣ h

破裂音と違い完全に閉鎖するのではなく調音位置で狭めを作り摩擦音を作り出します。[ç, x, ɣ] は現代英語では使用されませんが，英語の歴史的な音変化を考えるときに重要になります。[ç] は日本語の「ヒ」の子音に似た発音です。[x] は [k] と調音点は同じですが，近づけるだけでくっ付けずに摩擦を作って出す音です。[ɣ] は [x] の有声音です。

・**破擦音：** ts dz tʃ dʒ

破擦音は，一度完全に閉鎖を作るという点では破裂音と同じですが，止めた気流を一気に開放するのではなく，緩やかに開放して出す音です。緩やかに開放する結果，破裂音の後に摩擦音が続くような音になります。日本語では，例えば「座敷」zashiki の先頭の音が摩擦音 [z] となっても破擦音 [dz] となっても別の単語にならず，また，「お座敷」ozashiki では通常摩擦音になるなど，[z] と [dz] の違いで単語が区別されることはありませんが，英語では cars [z]–cards [dz] のように摩擦音か破擦音かで異なる単語になるので，違いをしっかりと理解しておく必要があります。

なお，現代英語の標準的な発音では tr, dr も破擦音になります。発音をしっかり押さえておかないと，train を chain，dry を July と聞き間違えたりします。

**・ふるえ音：** r

うがいをするつもりで喉のところで「ガラガラガラ . . . 」とすると口蓋垂が震えますが，このときの音がふるえ音になります。英語では使わない音なので上の表には挙げませんでしたが [ʀ] で表します。同じように舌の先で「ルルルル . . . 」と音を立てると [r] というふるえ音になります。いわゆる巻き舌です。現代の標準的な英語の発音では使用されませんが，昔の英語ではrはこの発音だった可能性があります。現代英語の right の語頭音は下で説明する接近音 [ɹ] ですが，[r] と [ɹ] の対立がないため，ɹ の代わりに r で接近音を表記するのが普通です。

**・側音：** l

側音とは口腔内中心部で閉鎖し，両側または片側で開放する音ですが，英語で使われるのは [l] のみです。英語の [l] には 2 種類あります。little の最初の l は明るい感じで，2 つ目の l は「ウ」「オ」とも聞こえるような暗い感じの音で，前者を「明るい L」（clear *l*），後者を「暗い L」（dark *l*）と呼びます。後者の発音を明示的に示すときは，[ɫ] と表記します。

**・接近音：** ɹ j ʍ w

表にある小さな母音の台形は子音の調音位置との対応を表しています。a から舌の位置を上げていき，さらに上げて息の妨げができる前までが i で，それをさらに上げると j という接近音になります。同じように u を上に近づけると w になりますが，これは意外かもしれません。試しに両唇を開いたままで動かさず，wa wa wa と言おうとしてみると，正確ではないけれどもそれらしい音が出，舌の奥のほうが動いていることが観察できます。つまり，w の音を発音するときは唇だけでなく舌の奥も使っているわけです。小さな台形の u の上に ʍ w が来ているのは，その関係を表しています。ʍ は w の無声音です。英語の辞書では hw で代用表記していることが多いので意識していないかもしれませんが，what などの発音でよく使われる音です。

英語の right の語頭の子音は，辞書などでは r で表すのが普通ですが，国際音声記号では歯茎接近音の [ɹ] に当たります。

## iii. 音　節

例えば，英語の ten は 1 拍，father は 2 拍，consider は 3 拍，graduation は 4 拍で発音されますが，これらの語の各拍の中心を成しているのは母音です。

| ten | father | consider | graduation |
|---|---|---|---|
| ● | ● • | • ● • | • •● • |

このような，母音を中心に前後に子音が 0 個以上付いてできる単位を音節と言います。中心となる母音を「**音節主音**」または「**音節核**」と呼びます。

母音で終わる音節を「**開音節**」(open syllable)，子音で終わる音節を「**閉音節**」(closed syllable) と言います。

開音節の例：　say [sei],　sea [siː],　me [miː] [mi]
閉音節の例：　sad [sæd],　seat [siːt],　past [pæst]

日本語の音節は，撥音(「ん」)と促音(「っ」)で終わる音節を除き，開音節で音節構造は比較的単純ですが，次章以下で見るように，英語では開音節か閉音節かで出現可能な母音が変わったりするなど，発音や綴りについて考える際に，開音節・閉音節の違いは重要となります。

母音ではなく子音が音節主音となることもあります。例えば，little [lítl], rhythm [ríðm] にはそれぞれ母音は 1 つしかありませんが，2 拍で発音され，[l] と [m] が 2 つ目の音節の核となっています。このような子音を「**音節主音的子音**」(syllabic consonant) と呼びます。音節主音であることを明示的に示すには「ˌ」を付け，[lítl̩], [ríðm̩] とします。

以上，簡単に調音の仕方に基づいて言語音を分類する方法と音節について見ました。次の章では，英語の発音と綴りの規則について見ていくことにします。

# 第II章

# 発音と綴り字

## ——基礎編——

アルファベットは“表音文字”であり，発音と綴りを対応付ける規則が存在するはずですが，その規則を体系的に学ぶことはあまりありません。英語ではなぜ name のように読まない e を語末に付けるのか。sit の -ing 形では t を重ね sitting とするのに，visit では visiting と t を重ねないのか。このような綴り・発音の関係，原理について体系的に詳しく見ていきます。

# A. 英語の文字

英語の表記に使われるアルファベットは 26 文字からなり，各文字に**大文字**と**小文字**があります。大文字は capital, majuscule（形容詞形 majuscular）と呼ばれます。活版印刷では植字台上部のケースに大文字を，下部のケースに小文字を入れたことから，大文字のことを upper case とも呼び，“in upper case”, “upper case letters” のように表現します（cf. pp. 173–74）。小文字は small, minuscule（形容詞形 minuscular）, lower case と呼びます。

大文字：A B C D E F G H I J K L M N O P Q R S T U V W X Y Z
小文字：a b c d e f g h i j k l m n o p q r s t u v w x y z

A から Z までの 26 文字は，主に母音を表すか子音を表すかで**母音字**と**子音字**に分けられます。

| 母音字 | 子 | 音 | 字 | | |
|---|---|---|---|---|---|
| A | B | C | D | | |
| E | F | G | H | | |
| I | J | K | L | M | N |
| O | P | Q | R | S | T |
| U | V | W* | X | Y* | Z |

以下では，v で母音字 1 字を，c で子音字 1 字を表すことにします。

上の表で * の付いた W と Y は，wet [wet], yes [jes] のように子音字として用いられるだけでなく，law [lɔː], gym [dʒim] のように母音字としても用いられるという点で少し特殊です。Y は単独でも母音字として機能しますが，W が母音字として働くのは他の母音字と組み合わされる場合のみです（aw, ew, ow　cf. au, eu, ou）。

表音文字のアルファベットは，基本的に各文字がある特定の音（音価）を表します。1 つの文字に 1 つの音であれば話は簡単ですが，英語の場合にはいろいろ事情があってそうはなっていません。しかし 1 文字 1 音価でないからといって，ある文字がどんな音でも表せるわけではなく，文字の音価は基本的に決まっています。この章では，各文字がどんな音価を持つのか，また，複数の音価がある場合，どんなときにどんな音価になるのかについて見ていきます。英音と米音では異なる部分がありますが，特に両方の発音を示す必要がない場合，米音のみを示すことがあります。

## B. 各文字の読み方

この節では綴りと発音の対応関係について見ていきますが，本書では発音を示すのに次のような補助記号を用います[1]。

| | | | |
|---|---|---|---|
| 普通の綴り | nation | national | nationality |
| 本書の表記 | nā́t̯i*o*n | nắt̯i*o*n*a*l | nằt̯i*o*nắl*i*ty̆ |
| 発音記号 | néiʃən | nǽʃənəl | næ̀ʃənǽləti |

単語の発音は発音記号を用いて表記したほうが直接的でわかりやすいですが，本書の目的は，文字・綴りと発音の関係，発音への対応付けの仕組みを示すことにあり，文字・綴りから発音への橋渡しとして，綴り自体に補助記号を付けて発音を示します。

この後は，「i. 母音字の読み方」「ii. 子音字の読み方」の順番で文字の読み方について見ていくことにしますが，以下で説明する内容は付録の「B. 各文字の読み方」(pp. 232–37) にまとめられているので，まずはそちらを見て全体の構成を確認してもいいでしょう。

では，母音字の読み方から始めましょう。

### i. 母音字の読み方

英語の母音字の読み方で重要なのが，**強勢**(アクセント)の有無と，強勢がある場合の**長音**と**短音**の区別です。

---

1　本書で使用する補助記号とその使い方は，竹林滋 (1991)『ライトハウス　つづり字と発音の基礎』に準拠していますが，一部，記号，用法に異なるところがあります。ȯ [ʌ], ȯu/ȯw [au], ȯur [auə*r*] の ȯ の表記は三省堂『表音小英和』によります。ụ [w], ị [j], č [k], ğ [g], g̣ [ʒ] の発音の表記は本書独自のものです。

強勢あり ＜ 短音 / 長音
強勢なし

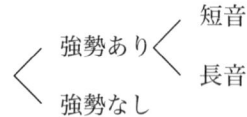

長音・短音とは何か，どういう働きを果たすのかについては後で説明することにし，まずは，大雑把にどんな長音・短音があるのか見ておきましょう。表に示した文字には記号が付いていますが，意味は後で説明します。

アルファベットにはWとYを加えても母音字は7文字しかないため，母音が豊かな英語では，母音字を組み合わせたり，同じ文字に複数の音価を持たせたりして，母音を表記することになります。基本的に母音字2字で綴られる場合は長音ですが，1字綴りの母音字は短音にも長音にもなります。

母音字1字による長音・短音

| | α. 基本的な短音・長音 | | β. 後続の r による変形 | | γ. その他 | |
|---|---|---|---|---|---|---|
| | 短音 v̆ | 長音 v̄ | 短音 v̂r | 長音 v̄r | 短音 v̇ | 長音 v̈ |
| **a** | ă [æ] | ā [ei] | âr [ɑːr] | ār [eər] | (ȧ [i]) | ä [ɑː] |
| **e** | ĕ [e] | ē [iː] | êr [əːr] | ēr [iər] | (ė [i]) | ë [ei] |
| **i** | ĭ [i] | ī [ai] | îr [əːr] | īr [aiər] | | ï [iː] |
| **o** | ŏ [ɑ\|ɔ] | ō [ou] | ôr [ɔːr] | ōr [ɔːr] | ȯ [ʌ] | ö [ɔː] |
| **u** | ŭ [ʌ] | ū [juː] | ûr [əːr] | ūr [juər] | u̇ [u] | ü [uː] |
| **y** | y̆ [i] | ȳ [ai] | ŷr [əːr] | ȳr [aiər] | | |

母音字2字による長音

| | δ. 母音字2字による長音 | | ε. 後続の r による変形 | |
|---|---|---|---|---|
| **a_** | | au aw [ɔː]　ai ay [ei] | | aur [ɔːr]　air [eər] |
| **e_** | ee [iː]　e͞a [iː]　e͝a* [e] | eu ew [juː]　ei ey [ei] | eer　e͞ar [iər]　e͡ar* [əːr] | eur [juər]　eir [eər] |
| **o_** | o͞o [uː]　o͝o* [u]　oa [ou] | ȯu ȯw [au]　ōu ōw [ou]　oi oy [ɔi] | oor [uər]　oar [ɔːr] | our [auər] |

* o͝o, e͝a, e͡ar の扱いについては後述。

母音字1字で綴られるケースが重要な役割を果たすと同時に，これが英語の綴りと発音の関係をわかりにくくしているものでもあるので，まずは上記の表の「α. 基本的な短音・長音」とその変形である「β. 後続の r による変形」をしっかりと押さえてから，「δ. 母音字 2 字による長音」「ε. 後続の r による変形」について確認することにします。「γ. その他」の長音・短音には特殊なところがあるため，補足的に最後に見ることにします。

## a）母音字の長音と短音

### ア）母音字 1 字の長音と短音

まずは基本中の基本を押さえることにしましょう。

母音字 a, e, i, o, u, y には「短音（v̆）」と「長音（v̄）」がある。

英語では母音字に 2 種類の読み方があることをしっかりと理解することが大切です。母音字 1 字を見ただけでは短音と長音のどちらかはわからないので，短音は文字の上に「短音符（breve）˘」を付け，長音は「長音符（macron）¯」を付けて表すことにします。各文字の音価と例を見てみましょう。

| | 短音 | 長音 | 例 |
|---|---|---|---|
| **a** | ă [æ] | ā [ei] | măd - māde |
| **e** | ĕ [e] | ē [iː] | mĕt - mēte |
| **i** | ĭ [i] | ī [ai] | sĭt - sīte |
| **o** | ŏ [ɑ\|ɔ] | ō [ou] | hŏp - hōpe |
| **u** | ŭ [ʌ] | ū [juː] | cŭt - cūte |
| **y** | y̆ [i] | ȳ [ai] | gy̆m - bȳte |

母音の「長短」と言っても，普通日本人が考えるようなものではありません。日本語ではイ [i] が長くなったものはイー [iː] ですが，英語では ĭ [i] の長音は [iː] ではなく ī [ai] です。[iː] は e の長音で，e の短音は [e] です。ややこしい話ですが，約束事として文字ごとに短音と長音を覚えてください。最近は hŏp の米音を [hɑ(ː)p] [hɑːp] と表記する辞書が増えていますが，実際の発音では長く発音されても綴り字上は短音として扱われます。今問題にしている「長短」は綴り字上の問題で，実際の音の長さとは必ずしも対応しない点に注意してください[2]。

---

2　元々 hōpe の母音は長い「オー」，hŏp の母音は「オ」と，実際の発音の長短に対応していましたが，歴史的な音変化によって実際の発音が，イギリス英語で ō [ou], ŏ [ɔ]

さて，各母音字に長音と短音があることを見ましたが，今度は全体を見て何か特徴が見つからないか考えましょう。各文字の短音とはどんな音でしょうか。どうも「ローマ字読み」したときの音価に近いですね（ŭ [ʌ] はほかとはちょっと違う点に注意）。長音の場合はどれも [iː] のように長母音か [ei] [ai] のように二重母音で，文字の名称と同じです（ただし，Y の場合は名称の先頭には w が付く：wȳ）。このことから長音として読むこと，またその発音を「アルファベット読み」と呼ぶ人もいます。

もう 1 つ，上の表の例を見ると，基本的に「母音が長音になる語は語尾に e があり，e 自体は発音しない」ことがわかります。e 自体は読まなくても，あるかないかで単語の発音が違ってきます。そのため，英語圏ではこの e のことを "magic *e*" と呼んだりします。

母音字の読みの基本を見た後はその応用を。母音字に r が続くと次のような音に変化します。

| | 「短音」 | 「長音」 | 例 |
|---|---|---|---|
| **ar** | âr [ɑː*r*] | ār [eə*r*] | câr - cāre |
| **er** | êr [əː*r*] | ēr [iə*r*] | hêr - hēre |
| **ir** | îr [əː*r*] | īr [aiə*r*] | fîr - fīre |
| **or** | ôr [ɔː*r*]* | ōr [ɔː*r*]* | fôr - fōre |
| **ur** | ûr [əː*r*] | ūr [juə*r*] | cûr - cūre |
| **yr** | ŷr [əː*r*] | ȳr [aiə*r*] | tȳre |

母音字部分をそれぞれ短音と長音として扱う。

単純に長音 ā [ei] に r を足せば ār [eir] となるところですが，実際には [eə*r*] となります。r に影響され音価が変わるので，a と r を組にして ār と表すことにします。短音 ă [æ] も r と一緒になると大きく発音が変わり [ɑː*r*] となります。こちらは ăr ではなく âr と表記するのが一般的なので，本書でもこれに従うことにします。

前の場合と同様に「短音」とは言っても実際に短く発音されるわけではなく，あくまで綴り字上の約束事です。例えば，stâr [stɑː*r*] の母音は実際に長

---

（辞書によっては ō [əu], ŏ [ɒ] と表記），アメリカ英語で ō [ou], ŏ [ɑ(ː)] となってからも，長短の対立，関係が体系として残ったものです。詳しくは第 VII 章で説明します。

く発音されても，母音字 a は綴り字上は短音に分類されます。詳しくは後で説明しますが，starring, starred と，接辞を付けるとき，r を重ねるのも a が短音扱いとなるためです。面倒臭い話ですが，英語ではそういうお約束ができてしまっているので，そういうものとして覚えるしかありません。また，上の表で * を付けた or は，後に e があってもなくても発音は同じですが，母音字が後続すれば ōr，それ以外は ôr として扱います。

例を見てみると，ここでも短音・長音の違いは，次に発音されない e が来るかどうかに対応していることがわかります。ただし，綴りだけから発音を正確に言い当てることはできないケースもあるので，記号でマークして発音を明記すると便利です。

| | | | | |
|---|---|---|---|---|
| căr̆ry [kǽri] | mĭrror [mírər] | hŭrry BrE [hʌ́ri] | vĕry [véri] | spâ̂rse [spɑ́ːrs] |
| stârry [stɑ́ːri] | fîrry [fə́ːri] | hûrry AmE [hə́ːri] | sphēry [sfíəri] | scārce [skeərs] |

例えば，carry は上の表によれば [kɑ́ːri] となるところですが，a は r の影響は受けず，cărry [kǽri] と発音されます。hurry の発音は英音 [hʌ́ri]，米音 [hə́ːri] で，英音では u は r の影響を受けないのに対し，米音では影響を受けた発音となっています。

### イ）2 字綴りの母音字の音価

さて，次に母音字が 2 つ組み合わされる場合について見てみましょう。次の母音字 2 字の組み合わせも規則的な発音を表します。

| | 母音字 2 字による長音 | | 例 | |
|---|---|---|---|---|
| **a_** | | au aw　ai ay | | auto　mail |
| | | [ɔː]　[ei] | | law　may |
| **e_** | ee　ēa　ĕa* | eu ew　ei ey | see　sēa | neutral　feint |
| | [iː]　[iː] [e] | [juː]　[ei] | hĕad | new　they |
| **o_** | o͞o　o͝o*　oa | ȯu ȯw [au]　oi oy | so͞on　boat | out cow　oil |
| | [uː] [u]　[ou] | ōu ōw [ou]　[ɔi] | bo͝ok | soul low　boy |

* の付いた o͝o, ĕa, e͡ar 以外は長音扱い。

ou/ow の基本的な発音は [au] ですが，[ou] という発音（例．shoulder, low）も多いので，ȯu/ȯw [au], ōu/ōw [ou] と表記し分けることにします。すると同じ綴りの語の発音もこんなふうに表記し分けられます。

ḃow [bau]（お辞儀）, ṙow [rau]（口論）, ṡow [sau]（雌豚）, ṁow [mau]（干し草置き場）
bōw [bou]（弓）,　 rōw [rou]（列）,　sōw [sou]（播く）, mōw [mou]（刈る）

次に上の母音字の組み合わせに r が続く場合について。2 字綴りの母音字に r が続く場合，次のような音変化を受けます。

| | 後続の r による変形 | | | | | 例 | | | |
|---|---|---|---|---|---|---|---|---|---|
| **a_** | | | | aur<br>[ɔːr] | air<br>[eər] | | | dinosaur | hair |
| **e_** | eer | e̅a̅r<br>[iər] | e͡ar*<br>[əːr] | eur<br>[juər] | eir<br>[eər] | deer | he̅a̅r<br>he͡ard | neural | heir |
| **o_** | oor<br>[uər] | oar<br>[ɔːr] | | our<br>[auər] | | poor | roar | sour | |

*e͡ar を除き，r を除いた母音字の部分を長音に準じて扱う。

前の表では aw, ay のように w, y を含む綴りもありましたが，こちらにはありません。w と y で終わる綴りに直接 r を付けることはできず，awer のように er を付けることになりますが，そうすると，下に示したように，our/ȯwer [auər] を除き，u/i で終わる綴りに r が付いた場合の発音とは違ってしまいます。

au　[ɔː]　aur　[ɔːr]　　eu　[juː]　eur　[juər]
aw　[ɔː]　awer　[ɔːər]　　ew　[juː]　ewer　[juːər]

ȯu　[au]　our　[auər]　　ōu　[ou]　—
ȯw　[au]　ȯwer　[auər]　　ōw　[ou]　ōwer　[ouər]

ai　[ei]　air　[eər]　　ei　[ei]　eir　[eər]
ay　[ei]　ayer　[eiər]　　ey　[ei]　eyer　[eiər]

ȯwer も含め，er で終わる綴りでは，単純に 2 字綴りの母音字の発音に er [ər] が付いたものと捉えることができるため，表には含めていません[3]。

[3] 歴史的に見ると，ȯwer [auər] には，i) ȯw＋er から生じたものと，ii) our に相当す

our［auə*r*］には ȯu に対応する発音のみで ōu に対応する発音はありません。区別の必要がないため ȯur とはしていませんが，ȯur と表記してもいいでしょう。

ear には基本的に e͡ar［əːr］と e͞ar［iə*r*］の 2 つがありますが，後ろに子音字が続くと e͡ar，それ以外は e͞ar となるのが普通です。he͞ar［híə*r*］の過去形の綴り he͡ard［hə́ːrd］は，発音と綴りの対応から見れば規則的ということになります。

例．e͡ar*n*, e͡ar*th*, e͡ar*ly*, he͡ar*d* (cf. he͞ars), de͡ar*th* (cf. de͞arly); e͞ar, re͞ar, he͞ar, fe͞ar
例外．be͞ar*d*

**ウ）その他の長音・短音**

上で見たもののほかに次の長音を表す文字があります。ā, ē, ī, ō, ū と区別するため，¯ ではなく ¨ を付けて長音であることを示すことにします。

| | | | |
|---|---|---|---|
| ä | ［ɑː］ | | fäther, gräss BrE, miräge, läger |
| ë | ［ei］ | （＝ā） | suëde, bëta (bēta) |
| ï | ［iː］ | （＝ee） | machïne, gasolïne, lïter, trïo, skï |
| ö | ［ɔː］ | （＝au） | löst AmE, dög AmE |
| ü | ［uː］ | （＝o͞o） | rüle, süper, rüby |

ë を除き，ローマ字読みした母音を長く発音したものになっています。ë も同様に発音すれば［eː］となりますが，英語には［eː］という長母音はなく，二重母音の［ei］となります。

英音 grass に見られる ä［ɑː］は，［s, f］の前で米音の ă［æ］に対応します。2 つをまとめて表示するときは補助記号を重ねて grä̆ss と表記します。これは規則的なもので，英音と米音を区別する発音上の特徴の 1 つにもなっていま

---

るものに遡るものとがあります。flower（花）も flour（小麦粉）も元々同じ語で，異なる綴りで別語として扱われるようになったものです。同じ語だったので発音も［fláuə*r*］と同じですが，綴りの違いから，分綴では flour は分割不可の 1 音節語とされるのに対し，flower は 2 音節語扱いされ，flow･er と分割されるという違いが生じました。i, ii のどちらのタイプであっても，現代英語では ow＋er と見なすことができるので同じものとして扱います。

す。ただし，father は米音でも ä [ɑː] の音で発音されるので例外的です[4]。father 以外にも a を [ɑː] と発音する単語はありますが，それらは基本的に外来語です。例えば，mirage [mirɑ́ːʒ] はフランス語，lager [lɑ́ːgər] はドイツ語からの借入語です。

i が ï [iː] と発音される単語は借入語です。machine も liter もいかにも英語という感じがしますが，フランス語からの借入語です。英語の [i] と [iː] は音質がはっきり違います。英語の [i] はかなり緩んだ音で，フランス語の鋭い [i] は，母音の長さとは関係なく，英語話者には [iː] と認識されます。lïter [líːtər], trïo [tríːou] などは発音を間違えやすいので注意しましょう。

lost などの o はアメリカ英語で ö [ɔː]，イギリス英語では ŏ [ɔ] となります (cf. pp. 91–92)。

AmE ö [ɔː] BrE ŏ [ɔ]：　cŏ̈st　lŏ̈st
　　　　　　cf.　ō [ou]：　pōst　mōst

ü は特定の子音に続く場合に ū の [j] が脱落したものです。

[juː] → [uː] / {j, ch, r, l, s, n, t, d} __

[juː] の [j] が落ちる現象は，news [njuːz] で [j] が落ち [nuːz] となるように，ū 以外の綴りでも見られる現象ですが，この傾向はアメリカ英語で顕著です。rule, truth のように必ず ü と読むものもあるので，実際の発音は 1 つ 1 つ覚えるようにしたほうが確実です。[uː] と発音されるものの例をいくつか挙げます。

blue-blew [bluː], flu-flue-flew [fluː], clue-clew [kluː], slue-slew [sluː],
glue [gluː], grew [gruː], drew [druː], rude [ruːd], ruby [rúːbi], crew-cruel [krúːəl]

pi<u>e</u>ce, beli<u>e</u>f のように ie で [iː] を表す語も少なくありません。ie の 2 文字

---

4　ちなみに，*New Oxford American Dictionary* では father と hop の発音は /ˈfäT͟Hər/ /häp/ となっており，fäther の ä と hŏp の ŏ は同じ記号で表されています。

で［iː］を表すということで，タイ記号を付けi͜eと表記することにします[5,6]。このi͜eは元々古フランス語の二重母音に由来しますが，フランス語からの借入語（e.g. niece, piece, grief, chief, relief）だけでなく，field, believe, liefなどの本来語でも使われ，よく目にする綴りとなっています。i͜e（＝ē/ee）にrが続いたierは，e͞r/eerと同じ［iər］という発音になりますが，i͜erで表すことにします[7]。

| | | | |
|---|---|---|---|
| i͜e | ［iː］ | （＝ee） | pi͜ece, chi͜ef, fi͜eld, beli͜eve, reli͜ef |
| i͜er | ［iər］ | （＝eer） | pi͜er, ti͜er, pi͜erce, fi͜erce, cashi͜er |

次に短音について。o, uの短音の基本はŏ［ɑ|ɔ］, ŭ［ʌ］ですが，o［ʌ］, u［u］の発音もあります。比較的よく現れるものなので，文字の上に点を1つ付け，ȯ［ʌ］, u̇［u］で表すことにします。点2つのä, ë, ï, ö, üは長音，点1つのȯ, u̇は短音となります。

| | | | |
|---|---|---|---|
| ȯ | ［ʌ］ | （＝ŭ） | ȯther, mȯther, brȯther, ȯven |
| u̇ | ［u］ | （＝o͝o） | pu̇t, fu̇ll, pu̇ll, pu̇sh, cu̇shion |

cf. 長音・短音の比較

| | | | |
|---|---|---|---|
| pōle | löst | ȯther | pŏt |
| mūle | rüle | pu̇t | pŭtt |

**エ）外来語の発音**

借入語の場合，綴りはそのままで原語の発音に近い英語の発音で置き換えられるため，通常の発音と綴り字の対応から外れるものが出てきます。

---

5　音価がわかりにくい場合には，1字を黙字と見なしɨē（ēの長音でiは黙字）やïe̸（長音ïでeは黙字）と表記してもよいでしょう。

6　理屈から言えば，ai, awなどでもタイ記号を付けることになりますが，通常，明示しなくてもわかるので記号は付けていません。しかし，次の例に見られるとおり，ie(r)ではどの発音になるのか紛らわしいケースがあるため，区別のためタイ記号を付けることにします。

発音の比較　ie:　tīe̸d［taid］，　dīet［dáiət］，　beli͜ef［bilíːf］
　　　　　　ier:　tí͜er［tíər］，　tīer［táiər］（＜tīe＋er），　háppĭer［hǽpiər］（＜happy＋er）

7　i͜er（＜i͜e＋r）もĭer（＜ĭ＋er）も発音は簡略表記では［iər］となりますが，両者の発音は異なり，精密表記ではそれぞれ［ɪər］, ［iər］となります。前者が1音節であるのに対し後者は2音節であり，分綴の際（詳細はIV章を参照），前者は分割できないが後者は分割可能という違いがあります。この違いがわかっていれば，i͜erの代わりにĭerと表記してもよいでしょう。

| | 外国語での発音 | 英語での類似音 |
|---|---|---|
| a | [a] [a:] | [ɑ] [ɑ:] |
| e | [e] [e:] | [e] [ei] |
| i | [i] [i:] | [i] [i:] |
| o | [o] [o:] | [ɔ] [ɔ:] [ou] |
| u | [u] [u:] | [u] [u:] |

独 lager [lά:gə*r*]
仏 suede [sweid], fete [feit]
仏 chic [ʃi:k]
伊 graffiti [grəfí:ti]
仏 tableau [tæblóu]

フランス語の i [i] が英語に入ると [i:] となることがありますが，これは，フランス語の [i] が緊張した鋭い音であるのに対し，英語の ĭ ([i] と区別するときは [ɪ] と表記) は緩んだ音であるため，[i:] のほうが響きが近くなるためです。e [e] も ĕ [e] でなく ā [ei] の音で読まれますが，これも，英語の ĕ はやや口を広く開いた発音 ([e] と区別する場合は [ɛ]) であるため，二重母音の ā のほうが近い音と認識されるためです (cf. met [mɛt]-mate [meɪt])。

## b) 音節構造と母音の長短

上で母音字が長音として読まれるケースについて見ましたが，ここではそれも含め，母音の長短についてまとめておくことにします。強勢(アクセント)の有無，母音の長短に注目して英単語を観察してみると，次のようなパターンが見えてきます (v は母音字，c は子音字を表す)。

| | | |
|---|---|---|
| 1) 語末の強勢付き母音字は長音として発音する。 | pī<br>cv̄ | [pái] |
| 2) 語末の子音字の前の強勢付き母音字は短音として発音する (例外. -īnd, -īld, -ōld, -ōlt, -ōst*, -īgh(t))。 | pĭn<br>cv̆c | [pín] |
| 3) 子音字 1 つと e が続き単語が終わる強勢付き母音字は長音として発音し，語末の e は発音しない。 | pīne<br>cv̄ce | [páin] |
| 4) 重子音字の前の強勢付き母音字は短音として発音する。 | pĭnning<br>cv̆cc- | [píniŋ] |

* -ŏst と発音される場合もある。

例として挙げた <u>pi</u>, <u>pi</u>n, <u>pi</u>ne, <u>pi</u>nning はどれも pi で始まっていますが，その後に続く文字の違いにより，pĭ [pi] と発音されたり pī [pai] と発音されたりしています。このような母音の長短が何から生じるのか考えていきましょう。

まず，1) について。「語末の強勢付き母音字」ということですが，例の pi を見てみると，語末に母音字の i があり，この母音字に強勢があるので，条件に合っていることになります。すると母音字 i は長音 ī［ai］として発音され，単語全体は子音字 p と合わせ［pai］と発音されることになります。bē, shē, Ī, gō, nō なども同様です。

次に 2) について。今度は「語末の子音字の前の強勢付き母音字」となっています。最低でも 1 つ子音字があれば「子音字の前」にあることになるので，例の pin はこの条件に合っていることになります。

では 3) について。説明を読むとちょっと複雑な感じがしますが，実際には難しい内容ではないですね。

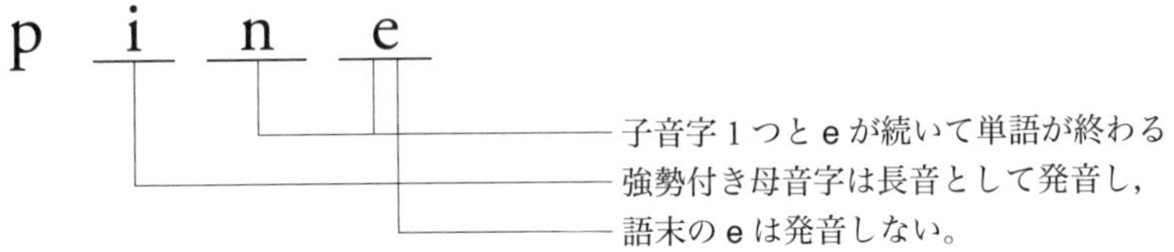
p i n e
子音字 1 つと e が続いて単語が終わる
強勢付き母音字は長音として発音し，
語末の e は発音しない。

最後に 4) について。これは下のように並べて比べてみるとよくわかるでしょう。ū̆ のように記号が重ねられているものは ū または ŭ を表します。

| | | | | | | |
|---|---|---|---|---|---|---|
| 短音： | lătter | bĕtter | dĭnner | hŏpping | cŏmma | sŭpper |
| 長音： | lāter | Pēter | dīner | hōping | cōma | sūper |

上のペアを比べてみると，例えば t が 2 つの latter では ă［æ］，1 つの later では ā［ei］と，子音字が重なっているほうはその前の母音が短音で，重なっていないほうの母音字は長音となっています。ただし，次の例からわかるとおり，子音字が 1 つであれば先行する母音字が長音となるとは限らない点に注意してください。

| | | | | | | | |
|---|---|---|---|---|---|---|---|
| 長音： | stūdent | stā̆tus | lāter | Pōlish | mōdal | ōpera（<opus） | ēven |
| 短音： | stŭdy | | lăteral | pŏlish | mŏdel | ŏpera | sĕven |

student でも study でも，u の後ろには d は 1 つしかありませんが，student では長音 ū［juː］，study では短音 ŭ［ʌ］です。また，status には a が長音の stātus [stéitəs] という発音と，短音の stătus [stǽtəs] という発音があるというように，子音字 1 つの場合，母音字の長短は自動的には決まりません。

さて，ここでちょっと考えてください。確かに，英単語の綴りと発音を観察してみると，上の 1)～4) のようなパターンが見られますが，これはなぜでしょうか。

まずは 1) と 2) について考えてみましょう。これらの規則は一方が成立すれば必然的に他方は成立しないという関係にあり，両方の条件を満たす綴りは存在しません。

1) 語末の強勢付き母音字は長音として発音する
2) 語末の子音字の前の強勢付き母音字は短音として発音する

音声学では母音で終わる音節のことを「**開音節** (open syllable)」と言い，子音で終わる音節のことを「**閉音節** (closed syllable)」と言います。この用語を使って整理すると，「強勢がある音節の母音字は，開音節なら長音に，閉音節なら短音になる」とまとめられます。下の例の各組を比較しながらこのことを確認してください。

音節構造(開音節・閉音節)と母音の長短

開音節: -v → 母音字は長音(v̄)に　例. ā, bē, pī, nō, mū, mȳ
閉音節: -v(. . .)c → 母音字は短音(v̆)に　例. ăn, bĕt, pĭt, nŏt, mŭg, my̆th

1) と 2) が語末の音節に関する規則なのに対し，3) と 4) は語中の音節に関するものです。順番は入れ替わりますが，まず 4) について考えましょう。

4) 重子音字の前の強勢付き母音字は短音として発音する

重子音字というのは，tt や mm のように同じ子音字が 2 つつながったものです。英語では音節の最初に同じ子音(字)が 2 つ来ることはなく，基本的に重子音字で始まる単語は存在しません。したがって，重子音字があるということは，その 2 つの子音字の間で音節が分かれることになります。

latter　×lā/tter　○lăt/ter

最初の子音字が前の音節に付き「閉音節」になるため，「閉音節の母音字は短音」という規則が適用されることになります。

次に 3) についてですが，e があるとなぜその前の母音が長音になるのでしょうか。

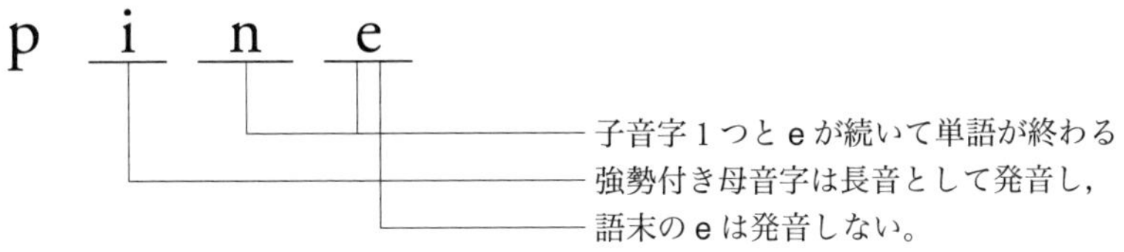
p i n e
子音字 1 つと e が続いて単語が終わる
強勢付き母音字は長音として発音し，
語末の e は発音しない。

それ自体は発音されないので一見余分に見える e ですが，実はこのダミーの母音字 e により**見かけ上の開音節**が作り出され，それによって母音字が長音として発音されることになっているのです。

pin という単語の発音は［pin］ですが，それは，母音字 i に n が続き閉音節となるため，2) の規則が適用され，i が短音として発音されるからでした。同じ pin という綴りを含んでいても，pining では pin の部分は［pain］と発音されます。なぜかというと，pining の場合，pi/ning と分割できるため，pi- を開音節と見なすことができ，i を長音として読ませることができるからです。逆に，［píniŋ］と読ませたいときは，閉音節にするために子音字を重ね pinning とするわけです。n を重ねれば pin/ning と分割され，pin- は閉音節となり［píniŋ］と発音されることになります。ややこしい話ですが，こういう原理で母音字の発音が決まるわけです。

語末の e と重子音字の働き（| は音節の境界）

| 開音節<br>-V̄ \| | 閉音節<br>-V̆C \| | | |
|---|---|---|---|
| pī | pĭn | | |
| pī \| ne | | ←語末の e：“開音節” を作る | →先行母音字は長音 |
| pī \| ning | pĭn \| ning | ←重子音字：先行音節を “閉音節” に | →先行母音字は短音 |

i には短音（ĭ［i］）・長音（ī［ai］）両方の読みがあるけれども，勝手にどちらで読んでもよいわけではなく，決まりがあることを見ました。これは i 以外の他の母音字の場合も同様で，mē［miː], mĕt［met], mēte［miːt］の綴りと

発音を見てみると，e の発音についても同じことが言えることがわかります。met では mēt［miːt］と読ませることができないので，末尾に e を付け mēte とし，e を長音で読ませるわけです。とはいえ，一々音節構造のことを考えるのも面倒です。母音が長音であることを明示してしまえばそんな面倒もないわけで，実際，直接長音であることを示す方法があります。それは meet, meat のように母音字 2 つを使うことです。e の長音だから e を 2 つ並べ ee とするのは日本人にはわかりやすいですね。現在では ee も ea も［iː］を表しますが，昔は ee［eː], ea［ɛː］と発音が異なっていました。「ee よりも口が開いた a に近いほうの［ɛː］」ということで ea と綴られました。oo と oa も昔は長母音で oo［oː］(［ɔː］), oa［ɔː］という発音を表していました。ea, oa は同じ母音字の組み合わせではありませんが，それに準じたものとして「重母音字」として扱うことにします。

| 開音節 | 閉音節 | |
|---|---|---|
| me<br>mete | met | meet meat |
| 単母音字 | | 重母音字 |

ここで，head は［hed］で look は［luk］と，「ea と oo には短音もあるのでは？」と思った人もいるかもしれません。たしかに今では短音もありますが，昔は長音だけでした。一部が短音に変わったために，長音と短音が混在する状況になってしまいました。room, roof などでは短く発音する人と長いままの人がいて，2 通りの読みがあります。

ro͞͝om, ro͞͝of, rēad/rĕad, lēad/lĕad, hēat/hĕad, lo͞op/lo͝ok　　o͞͝o：o͞o または o͝o

元々長音だったので綴り字上は長音扱いで，現在短音になっているものでも -ing を付けるときに子音字を重ねません。

ro͞͝oming, ro͞͝ofing, lĕading, hĕading, lo͝oking

-ing を付けたときに，put が putting となるのに，look が lookking ではなく looking となるのは，こういう事情からです。

### ・母音の短音化

上（p. 27）で ear は後ろに子音字が続くと e͡ar［ə:r］，それ以外は ēar［iər］となることを見ました（例．e͡ar*n*, e͡ar*th*, e͡ar*ly*; ēar, rēar, hēar, fēar）。ēa［i:］という元々長音を表す二重母音字に子音字 r が続き閉音節を形成していますが，さらに子音字が続くと母音（ēa）が短音化し（ĕa），ĕar［er］→ e͡ar［ə:r］となるわけです。このような「長音＋子音字」にさらに子音字が付き母音が短化する現象は ear 以外でも観察されます（ee, oa には長音しかありませんが，長音であることを明示するため長音符を付けます）。

| | | | | |
|---|---|---|---|---|
| hēar–he͡ard | dēar–de͡arth; | hēal–hĕalth | stēal–stĕalth | wēal–wĕalth; |
| ［iər］→［ə:r］ | ［iər］→［ə:r］ | ［i:］→［e］ | ［i:］→［e］ | ［i:］→［e］ |
| wīde–wĭdth | wīse–wĭsdom | dēep–dĕpth | brōad–brĕadth | |
| ［ai］→［i］ | ［ai］→［i］ | ［i:］→［e］ | ［ɔ:］→［e］ | |
| thief–thĕft | fīve–fĭfth | clēan–clĕanse | | |
| ［i:］→［e］ | ［ai］→［i］ | ［i:］→［e］ | | |

形容詞 wârm［wɔ:rm］に th を付けると wârmth［wɔ:rmθ］となり，語幹は変化しませんが，wīde［waid］の場合は wĭdth［widθ］となり，語幹の母音が短くなります。

上の例は英語固有の語ですが，ラテン語由来の語でも類似したパターンが見られます。convēne［-vi:n］を例にとると，長音 ē＋子音字 n にさらに子音字 t が付くと，長音 ē が短音 ĕ に変わり，convĕntion［-ven-］となります。

| | | | | | |
|---|---|---|---|---|---|
| convēne | intervēne | descrībe | assūme | consūme | receive |
| convĕntion | intervĕntion | descrĭption | assŭmption | consŭmption | recĕption |

動詞の中には，過去形・過去分詞の接辞が付く場合にも短化を起こすものがあります。次の例では［i:］→［e］の音変化が見られます。

fēel–fĕl*t*,　dēal–dĕal*t*,　mēan–mĕan*t*,　lēave–lĕf*t*,　kēep–kĕp*t*,　slēep–slĕp*t*

drēam の場合，規則的な変化の場合は drēamed［dri:md］，短化を引き起こす場合は drĕamt［dremt］と綴られます。次の動詞はこのパターンと一見関係ないように見えますが，実は，語幹末子音と接辞が同音であったため重子音となり，母音の短音化を引き起こした後で重子音が単音化し，綴りからも消えてしまったものです（mēet＋t → mēett → mĕtt → mĕt）。

mēet–mĕt*t*, fēed–fĕd*d*, blēed–blĕd*d*, lēad–lĕd*d*, rēad–rĕad*d*

語幹末子音が［t, d］で母音が元々短音の場合，過去形・過去分詞も同形となり，無変化動詞となりました[8]。

cŭt–cŭt*t*, shŭt–shŭt*t*, pu̇t–pu̇t*t*, hĭt–hĭt*t*, sĕt–sĕt*t*, sprĕad–sprĕad*d*,
hȗrt–hȗrt*t*, cŏ̈st–cŏ̈st*t*

何となくこれらの動詞には共通点があるなと感じていた人は多いのではないかと思いますが，それはこのような事情によるものです。

### c）強勢の有無と長音・短音の対立

これまでに見てきたものは基本的に1音節語でした。母音は1つなので強勢はその母音に来ます。2音節語を扱う場合でも，これまでは強勢を持つ母音のことしか扱いませんでした。ここからは強勢を持たない母音について見ていくことにしましょう。

不定冠詞のa, anは1音節語ですが，強勢なし（弱形）で発音されることが多く，強形と言われてもピンと来ない人もいるかもしれませんが，“I'm speaking of the book — not ‘a’ book.”のように対比させたり，“the indefinite article *a*”のように不定冠詞そのものに言及する場合には強勢が置かれ強形が使われます。また，すぐに次の語が出て来なくて *a* の後ろにポーズが入るときなどでも，強形が使われたりするなど，強形も意外とよく使われます。辞書で強形，弱形を確認すると，大体こんなふうになっていると思います。

---

[8] 現代英語を見る限りlĕtも同じグループに分類することができますが，歴史的にはcutのような例とは異なる理由からこのパターンになったものです。costには長音ö［ɔː］の発音もありますが，これはずっと後になって長音化したもので，問題の短音化が起きた時期では短音のみでした。

| 強勢がある場合 | 強勢がない場合 |
|---|---|
| ā　[éi] | a　[ə] |
| ăn　[ǽn] | an　[ən] |

この表を基に母音字の長短について見てみましょう。強勢がある場合には，母音字 a は長音 ā [ei] と短音 ă [æ] の場合があり，その区別はこれまでに見てきた規則に合っています。ところが，強勢がない場合についてはどうでしょうか。強勢がない場合は，開音節 (a) でも閉音節 (an) でも，a は曖昧母音 [ə] になってしまっています。

強勢がない音節では開音節か閉音節かによる母音の長短の対立がなくなり，母音が曖昧な母音になってしまうというのは，次の例を見るとわかるように，不定冠詞の場合だけでなく，他の場合にも当てはまる，英語に一般的な傾向です。次の例で，強勢がある場合(上列下線)と強勢がない場合(下列下線)を比べてみてください。例えば，動詞 graduate [grǽdʒuèit] (卒業する) の最後の音節には第 2 強勢が来るため -āte [eit] となりますが，名詞 graduate [grǽdʒu(i/ə)t] (卒業生) では最後の音節に強勢はなく，-ate [(i/ə)t] ([it] または [ət]) となっています。

| | | | |
|---|---|---|---|
| ā́te [eit]<br>prívate [ət] | ā́ge [eidʒ]<br>víllage [idʒ] | gráduāte *v* [eit]<br>gráduate *n* [(i/ə)t] | |
| ā́ble [eibl]<br>éatable [əbl] | fā́ce [eis]<br>súrface [(i/ə)s] | chā́se [eis]<br>púrchase [(i/ə)s] | |
| lĕ́dge [edʒ]<br>knówledge [idʒ] | allĕ́ge [edʒ]<br>cóllege [idʒ] | expérimĕ̀nt *v* [ent]<br>expériment *n* [ənt] | |
| suffī́ce [ais]<br>óffice [is] | sī́te [ait]<br>ópposite [it] | cómpromī̀se [aiz]<br>prómise [is] | oblī́ge [aidʒ]<br>véstige [idʒ] |
| pṓse [ouz]<br>púrpose [əs] | trū́ce [uːs]<br>léttuce [əs] | | |
| cȳ́cle [ai]<br>bícycle [i] | implȳ́ [ai]<br>símply [i] | trȳ́ [ai]<br>mínistry [i] | drȳ́ [ai]<br>láundry [i] |

同じ語でも，強勢ありでは長音，強勢なしでは曖昧な母音になり，脱落し

てしまうこともあります。

| | | |
|---|---|---|
| 強勢あり | cándidāte [-dèit] | júvenīle [-nàil] BrE |
| 強勢なし | cándidate [-dət] | júvenile [-nl] AmE |

## d) 弱母音（強勢のない音節に現れる母音）

英語では強勢のない音節の母音は弱く曖昧に発音されます。「曖昧母音」(schwa [ʃwɑː]) と呼ばれる [ə] は実は結構広い範囲の音を表しているのですが，それらに加えさらに様々な弱母音があります。弱化が進むと脱落することもあります[9]。

| | | |
|---|---|---|
| [ə] | *a, e, o, u, ou* など | 例. agó, fúel, cómmon, álbum, fámous |
| [ər] | *ar, er, ir, or, ur, yr* | 例. cóllar, swímmer, circumflúent, mírror, Sáturday |
| [i, ə] | *i, y, ie, ė,* | 例. vísit, cíty, róokie, remémber, apóstrophė; |
| | *ai, ay, ey, ȧ* | cértain, Súnday [-di], mónkey, víllȧge |
| [ju, jə] | *ū, eu* | 例. cúmulate, ridículous, pneumónia [nju-, (njuː)] |

ė と ȧ の上の点は「i の発音になる」と考えると覚えやすいですね。手書きで記号を加える場合，該当個所を斜体にすることはできませんが，強勢記号，長音符・短音符が付いていなければ，弱母音ということで，明示しなくてもいいことが多いでしょう。明示的に示す必要があるときは下線を引いて示すといいでしょう。

**〈参考〉**

n か l に続く弱母音 i は，後ろにさらに弱母音が続くと半母音化し [j] となることがあります。例えば opinion は [əpíniən] ではなく [əpínjən] と発音されます。ほかの例としては，sen*i*or, mill*i*on, famíl*i*ar など。ただし，familĭárity の発音は [fəmiliǽrəti] で，i は半母音化しません (cf. pp. 69–72)。lenient, salient のように半母音化しない [-iənt] に加え半母音化を起こした [-jənt] の発音がある

---

9　区別が必要な場合には次のように表記し分けてもよいでしょう。発音記号の斜体は脱落することもあることを示します。

| | | | |
|---|---|---|---|
| i [i/ə]: | ĭ [i] | *i* [ə] | ɨ 脱落 |
| ȧ [i/ə]: | ȧ [i] | *a* [ə] | ⱥ 脱落 |
| ė [i/ə]: | ė [i] | *e* [ə] | ɇ 脱落 |

ものや，英米で発音が異なるものもあります。他の子音では母音のままか (cf. cámĭ̱on [kǽmiən], férmĭ̱on [fə́ːrmiɑ̀n], binómĭal [bainóumiəl], trívĭ̱al [tríviəl], oblívĭ̱on [əblíviən])，後で見るように(pp. 60–61)，口蓋化を引き起こして脱落します。半母音化していることは明示しなくても困らないことが多いですが，必要がある場合には下に点を付け ị と表記することにします[10]。ĭ と ị の両方の発音がある場合は，lenị̆ent のように記せばいいでしょう[11]。

## e) 開音節に生じる母音

開音節では母音が音節の最後に来ますが，どんな母音でも現れることができるわけではなく，次の制約があります。

> 短音 (ă [æ], ĕ [e], ŏ [ɑ|ɔ], ŭ [ʌ], ŏŏ [u], ĕa [e] など) は開音節には生じない。したがって，開音節に生じるのは長音 (長母音・二重母音) と弱母音である。

この制約により英語の発音がどんな影響を受けるかを，日本語からの借入語 sake (酒) の発音を例に見てみましょう。日本語での発音は [sake] で日本人にはとても簡単な発音ですが，実は英語母語話者には難しく，英語では (säkė) [sáːki] に化けてしまいます。[a] の音がないから [ɑː] で代用するというのはわかりやすい話ですが，英語に [e] という音があるにもかかわらず [sáːke̱] と発音しないのはどういうことでしょうか。

外国語の発音の難しさというと，単純に，母語にもある音は易しく，ない音は難しいと考えがちですが，音の発音のしやすさは環境にも影響されます。英語に [e] という音はありますが，この音が現れるのは閉音節だけです。sake [sake] の語尾の [e] は開音節にあるので，英語話者にとっては非常に発音しにくい音になります。

各音とその音が現れる環境について理解できれば，ea には長音 [iː]，短音 [e] 両方の発音 (例. hēat, hĕad) があるにもかかわらず，sēa のように開音節では長音として発音されるケースしかないことがわかります。oo についても同様のことが言えます。

---

10　半母音 ụ [w] (e.g. lanɡụage, persụade, qụick) の表記に合わせ，下に点を付けています。

11　view [vjuː], lieu [luː, ljuː] の i も ị と見なすこともできますが，ew, eu だけでも [juː] になるので特殊な例になります。cf. yew [juː]–ewe [juː]

sēa [siː] / ×sĕa [se]　cf. rēad [riːd] / rĕad [red]　　mōo [muː] / ×mŏo [mu]　cf. fōod [fuːd] / hŏod [hud]

上の制約が身に付けば，ion, neon, trio などの発音も間違えることもなくなります。日本語の影響で [íən], [néən], [tríou] と発音されがちですが，上の制約に反しているので英語話者には発音しにくいものです。次のように，正しい発音と間違った発音をペアにして比べてみるとわかるでしょう。

ī·on / ×ĭ·on　　nē·on / ×nĕ·on　　trï·o (＝trē·ō) / ×trĭ·o

neon は 2 音節語で，第 1 音節の母音字 e と第 2 音節の母音字 o の間に子音字はないため，必然的に ne·on と分割され，nē·on と発音されることになります[12]。

日本語では英語のような制約はないので，[aoiie]（「青い家」）のような発音も問題ありませんが，英語話者が 1 音 1 音はっきり発音しようとすると，AH OH EE EE AY (ä ō ï ï ë＝ä ō ē ē ā) のようになってしまいます。英語のドレミの発音が dŏ, rĕ, mĭ ではなく dō, rë, mï [dou rei miː] となるのも同じ理由からです。

| | | | | | | |
|---|---|---|---|---|---|---|
| dō | rë (rē) | mï | fä | sōl\|sŏl | lä | tï/sï |
| [dou | rei (riː) | miː | fɑː | soul\|sɔl | lɑː | tiː/siː] |

**f) 母音の三角形——前母音(字)・後母音(字)**

第Ⅰ章で日本語の発音を考えたときに母音の三角形について見ましたが，英語での母音字の読み方とも関係してきます。

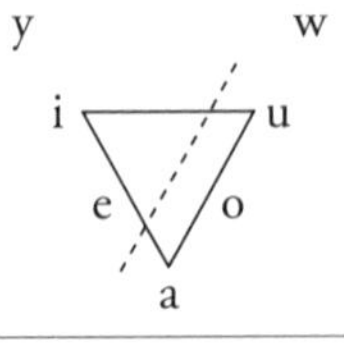


e i (y)——以下「前母音字」と呼ぶ
a o u——　〃　「後母音字」　〃

[12] ea, eo には，ē·a [iːə], ē·o [iːə] に加え，ėa, ėo [iə] の発音もあります。

ea　[íːə, íə | íə, íːə]　rēal
eo　[íːə, íə | íə, íːə]　thēory, thēorem

調音点を a-e-i と上げていき，さらに上げると母音ではなくなり半母音の y [j] となります。同じように a-o-u と上げていくと w になりました。y は半母音を表す子音字としてだけでなく母音字としても使われます。ここでは y も含めた e, i, y を**前母音字**と呼び，残りの a, o, u のことを**後母音字**と呼ぶことにします。

**前母音字**，**後母音字**であって**前母音**，**後母音**ではないことに注意してください。前母音字では文字としての，前母音では音としての性質が問題になります。この違いをしっかりと押さえておきましょう。母音字を前母音字と後母音字に分類してみると，今まで１つ１つ覚えていた英語の綴りと発音の関係に潜む規則性が見えてきます。

### g) w/qu の後の後母音字 a, o の発音

英語を習いたての頃，want が「ワント」ではなく「ウォント」なのはなぜかと不思議に思いませんでしたか。warm は「ウォーム」で worm は「ワーム」なんて，逆のような気がします。こんな発音になるのには規則があるのでしょうか。あるとしたらどんな規則でしょうか。表にまとめてみましたので見てください。

| w　　u　　o　　a | 例 |
|---|---|
| ŏ ← ă<br>[ɑ\|ɔ]　[æ]<br>ôr ← âr<br>[ɔːr]　[ɑːr] | want　→　(wŏnt)　[wɑnt\|wɔnt]<br><br>war　→　(wôr)　[wɔːr] |
| ŭ ← ŏ<br>[ʌ]　[ɑ\|ɔ]<br>ûr ← ôr<br>[əːr]　[ɔːr] | won　→　(wŭn)　[wʌn]<br><br>world　→　(wûrld)　[wəːrld] |

下の図に示したように，母音の三角形に当てはめてみると，w に続く後母音字が短音の場合，w に引っ張られて１段ずつ上の文字として発音されているのがわかります。

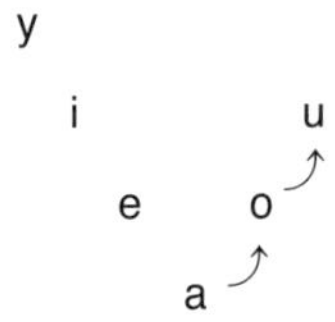


warm –（wo͡rm）［wɔːrm］“ウォーム”
worm –（wu͡rm）［wəːrm］“ワーム”

この規則を適用すると，wa͡rm–wo͡rm は wo͡rm–wu͡rm として発音されることになります。これが「warm はウォームで worm はワーム」のからくりです[13]。発音を示す場合，want（wŏnt）, worm（wu͡rm）のように書き換えるか，w の影響で a, o の音価が変化することをタイ記号で表し，w͜ant, w͜orm のように表記することにします。

この変化は長音には適用されず（e.g. wāke, wa͞re），また，短音でも活用形には適用されません（e.g. swăm, wo͡rn）[14]。

wa → wo の変化はすべての場合に起きるわけではないので単語ごとに確認する必要がありますが，軟口蓋音［k, g, ŋ］が続く場合はこの変化を受けないことは覚えておくといいでしょう。

［k］が続く場合：wăx
［g］が続く場合：wăg, wigwăg, swăg, swăgger
［ŋ］が続く場合：twăng, wăngle

wo → wu についても，この変化を受けないものもあるので（e.g. wŏbble），単語ごとに確認する必要があります。

ほかの単語でも worm の場合と同様の規則が働いています。worry では英米で次のような発音の違いも生じますが，もともと hurry などの w による影響のない単語でも見られる違いがここでも生じているだけなので，問題ありませんね。

---

[13] 歴史的には，wa͡rm → wo͡rm のように w の後ろで a が o になるのは，発音上 w に引っ張られ a が o になったものですが，wo͡rm → wu͡rm のように o が u になるのは，u は w の後ろでは読みにくいため，本来 u と綴られるべきものが o に置き換えられたことによります（cf. 第 VI 章「C. 手書き書体の発達」，p. 166）。ただし，word のように，［woːr］→［wuːr］→［wur］→［wʌr］→［wəːr］と変化し，発音上は［o］→［u］の変化を経たが綴りは o のままというものもあります。wolf（＝wu̇lf［wulf］），woman（＝wu̇man［wúmən］）のように，ŭ でなく u̇ となるものもあります。

[14] 理由については，第 VII 章「C. 歴史的な音変化」の pp. 214–26 をご覧ください。

| | | | |
|---|---|---|---|
| worry (wurry) | (wŭrry) [wʌ́ri] BrE | cf. | hŭrry BrE |
| | (wû͡rry) [wə́ːri] AmE | | hû͡rry AmE |

dwarf（小人）の発音が dwo͡rf [dwɔːrf] となるように，wharf（波止場）の発音も who͡rf [hwɔːrf] となります。a の前は h で w ではないのに同じ変化を被るのは，a → o の変化は綴りではなく発音に基づくものだからです[15]。wharf も発音上は w のあとに母音が続き，上の規則が適用されることになります。what もこの変化を受け，発音は hwŏt [hwɑt|hwɔt] となります。米音では，ŏ が [ɑ] で，what の発音は [hwɑt] よりも [hwʌt] のほうが優勢であり，さらに弱形が [hwət] であることもあって気付きにくくなっていますが，英音の [hwɔt] を見れば，規則の適用を受けることがわかります。

さてここで問題です。swan の発音はどうなるでしょう。正解は [swɑn|swɔn] です。上で見た規則を適用すれば swŏn になるためです。swăm [swæm] からの類推で，swăn [swæn] と思っていた人も多いのではないでしょうか。

**・qu の後の a の発音**

qu [kw] の後に a が来たときも同様の変化（ă [æ] → ŏ [ɑ|ɔ], ar [ɑːr] → or [ɔːr]）が起きます。

qu̯alify [kwɑ́ləfài|-ɔ́-], squ̯at [skwɑt|-ɔ-], qu̯arry [kwɔ́(ː)ri, -ɑ́-], qu̯arter [kwɔ́ːrtər]

ただし適用範囲は広くないので個別に覚える必要があります。qu̯aff [kwɑf|-ɔ-]/quăff [kwæf] のように両方の発音があるものもあります。w の場合と違い，o には適用されません（e.g. quŏd [kwɑd|-ɔ-], quŏndam [kwɑ́ndəm|-ɔ́-]）。

w の場合と同様に，軟口蓋音 [k, g, ŋ] が続く場合はこの変化を受けません（e.g. quăck [kwæk], quăgmire [kwǽgmaiər]）。

## h) i と y

i は母音字としてだけ使われるのに対し[16]，y は子音字（半母音の [j]）としても使われるという違いはありますが，母音字としては i も y も基本的に同じ音を表します。では，母音字として使われる場合の y と i の違いは何でしょうか。

---

15　昔は hw (hƿ) と綴られていました。詳細については第 VII 章，pp. 190–91 を参照。
16　ただし，view [vjúː], opinion [əpínjən] のように半母音となることもあります。

英語本来の綴り字の決まりからすると語末に i は来ません。では，単語の最後の音が ī [ai]，ĭ [i]（弱音）になったらどうするか。その場合には，i の代わりに y を使うか，黙字の e を利用し ie と綴ることになります。

| | | | | |
|---|---|---|---|---|
| cit*i* | → cit*y* | | | |
| | → cit*i* | + -(e)s | → cities | |
| cook*i* | → cook*y* | | | |
| | → cook*ie* | | | |
| | → cook*i* | + -(e)s | → cookies | |
| twent*i* | → twent*y* | | | |
| | → twent*i* | + -(e)s | → twenties | [-iz] |
| | → twent*i* | + -(e)th | → twentieth | [-iəθ] |
| dr*i* | → dr*y* | | | |
| | → dr*i* | + -er | → drier | |
| d*i* | → d*ie* | | | |
| | → d*i* | + -ed | → died | |
| | → d*y* | + -ing | → dying | |
| d*i* | → d*ye*[17] | + -ed | → dyed | |
| | → d*ye*[17] | + -ing | → dyeing | |
| beaut*i* | → beaut*y* | | | |
| | → beaut*i* | + -ful | → beautiful | |

happy → happier,　dry → drier のように，「y を i に変えて er を付ける」と習いますが，逆の見方をすると「接辞や黙字の e が付かず i が語末に来るとき，i の代わりに y を用いる」と考えることもできます。

happy に -ness, -ly を付けると，happiness, happily になりますが，元の語が短いもの，接辞の独立性が比較的高いもの，派生形があまり馴染みのないものの場合，y はそのままになることがあります。

shyness, shyly; slyness, slyly; dryness, dryly
ladyship, suretyship; ladyhood, babyhood; rubylike, fairylike

[17] dye の e は 3 文字以上にするため添えられたものです。詳細については，第 III 章「B. 内容語の最低文字数」(pp. 66–68) を参照。

「〜に満ちている，〜の傾向のある」の意味の形容詞を作る -ful を名詞・動詞・形容詞に付ける場合，語末の y は i に変わりますが，「〜一杯(の量)」の意味の名詞を作る -ful を belly に付ける場合は i に変えません。

beauty ＋ -ful ＞ beautiful [-fəl]
　　　　　　　　ほかの例．dutiful, fanciful, merciful, pitiful, plentiful, weariful
belly　＋ -ful ＞ bellyful [-ful]

business は元々 busy＋-ness から来ていますが，現在では「職業，営業，商業，企業」などの特定の意味を表し，i が黙字になり発音は [bíznis] です。busy に -ness を付け，「忙しいこと」を表す名詞を作る場合には，business と区別するため，y はそのままにし busyness と綴られます。

固有名詞は複数形の接辞が付いても変化しません（e.g. three Marys, two Germanys）。

「語末の i は y と書く」という規則からすると，語尾に i が現れる語は英語としては例外的なもので，語尾に i が現れるのは基本的に外来語ということになります。

e.g.　イタリア語：　spaghetti, graffiti, timpani
　　　ラテン語(経由)：foci (＜focus), fungi (＜fungus), magi (＜magus)
　　　ノルウェー語：　ski

spaghetti はイタリア語 spaghetto の複数形です。「弱奏部」という意味の piano には piani という複数形もあります。Bangladeshi, Kuwaiti, Iraqi, Israeli, Pakistani など，中東近隣の地域名などから形容詞を派生するときに -i を付けることがありますが，この -i も外来の接辞です。

### i）語尾の u と w

外来語などは別として，英語本来の語は基本的に u で終わることはありません。語末では代わりに w を使うか（au, ou, eu → aw, ow, ew），blue, sue のように，e を付けて，u で終わらないようにします。you は英語を勉強し始めてすぐに学ぶ単語ですが，実は u で終わる珍しい綴りの単語ということになります。

ところで blu → blue, su → sue のように -au, -ou, -eu の場合も e を付け，

-aue, -oue, -eue としないのはなぜでしょうか。これは昔は母音字 u と子音字 v の区別がなかったことによります。昔は文字として区別されていなかったことは，形としては V が 2 つでも W を “double U” と呼んでいることからもわかります[18]。母音と子音が現れる位置の違いから，多くの場合，どちらで読めばいいかわかりますが，困るのが末尾の場合です。u が子音を表していれば母音字が続くことが多いことから，黙字の e を添え子音字であることを示すようになりました。したがって，-aue, -oue, -eue だと -ave, -ove, -eve と解釈されてしまうため，この方法は使えなかったわけです。現代英語で v で終わる単語が珍しいのも，こういう事情によります。

cf.　語尾の v：少数（e.g. Slav, rev）

　　末尾の［v］に母音が続かないときは，黙字の e を付けるのが原則

　　例．（hăv）→ hăvɇ，（gĭv）→ gĭvɇ，（lĭv）→ lĭvɇ（cf. līve）

Iraq, Iraqi など一部の単語を除き，q には必ず u が続くことになっているため，語末の［k］音を q で表す場合 qu と綴られることになりますが，単語を u で終わらせることはできないので e を付け，que と綴られることになります（e.g. opaque, cheque, technique　cf. check, technic）。

### j）l の前の後母音字 a, o の発音

al の発音はかなり複雑です。一覧表を下に示します。

| | | |
|---|---|---|
| 1）āl | ［eil］ | tale, scale, gale, halo, kale, male, pale, sale, Salem, salient, vale, valence, Yale, scale, stale |
| 2）ăl | ［æl］ | calendar, balcony, balance, fallow, gal, galaxy, gallery, Halley, hallow, Halloween, halogen, jalap, jalousie, malady, malediction, malice, mallet, mallow, pal, palace, palatable, palatal, palate, palindrome, pallid, pallor, pally, palmate, palpable, rally, salad, salary, salify, sally, talc, talent, talisman, talon, valance, valid, valley, valorize, valve, scallion, scalp, shall, shallop, shallow, shalt |
| 3）ăł | ［æ］ | salmon |

18　ちなみに，“double V” という呼び方もありました。フランス語では今でも W を “double V”（ドゥーブル ヴェ）と呼んでいます。

| | |
|---|---|
| 4) ăɫ　[æ\|ɑː] | half, calf　(cf. stăff, grăss) |
| 5) a̮l (=aul) [ɔːl] | always, call, malt, Balkan, cobalt, false, halt, hall, halter, Malta, Maltese, palsy, palter, Salisbury, tall, walnut, walrus, Walt, Walter, walts, scald, skald, small, stall, stalwart, squall, withal |
| 6) a̮ɫ (=au) [ɔː] | talk, balk, calk, stalk, walk |
| 7) äɫ/äl/(ŏl) [ɑː(l), ɑl] | calm, palm, balm, psalm, alms, malmsey, palmer |
| 8) äl　[ɑːl] | taler　(cf. läger) |

その他：falcon, almond (a̮l/a̮ɫ/ăl/ăɫ) [ɔː(l), æ(l)], salve [æ|æl, ɑː], Salzburg [ɔːl|æl], Yalta [ɔːl|æl], scallop (ŏl/ăl) [ɑ, æ], valse [ɑːl, æl, ɔːl]

1) と 2) は a の長音，短音の後に続く子音字が l であるだけなので，特に説明は必要ないでしょう。

3) と 4) では l が発音されません。l が黙字であることを斜線を付け ɫ で表すことにします。黙字の l は発音されなくなった後も綴りに残ったものです。ちなみに，元々同じ言語から分かれてできたドイツ語では，halb（ハルプ）(半分)，Kalb（カルプ）(子牛) と今でも l を発音しています。4) は英米で発音が異なりますが，grass の a と同じパターンで，米音では ă，英音では ä です。

3) は英米ともに ă と同じ発音です。日本語の「サーモン」から [sɑ́ːmən] と思いがちですが，正しい発音は [sǽmən] です。語源となるラテン語では l も発音されていましたが，フランス語経由で英語に入った段階ですでに発音されておらず，l もありませんでしたが，元のラテン語であったからと後で加えてしまったもの(語源的綴り字)です。

次に 5) と 6) について。5) の l は「暗い L (dark *l*)」と呼ばれる l (IPA での表記は [ɫ]) で，「オ」とか「ウ」のように聞こえる音です。apple, unbelievable の l も暗い L で「アポー」「アンビリーバボー」のように聞こえたりします。a の後にこの l が来ると，a の後に u が続くと発音が [ɔː] となるのと同様に，[al] → [aᵘl] → [ɔːl] のように a が l に影響され [ɔː] という母音に変化します。

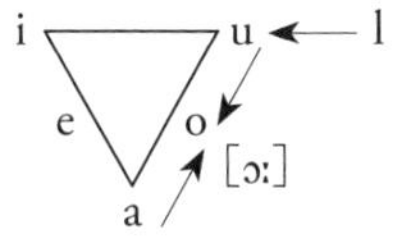

w と u が後続母音を変化させることを示すのに w͜ant, qu͜ality と表記したように，l が a の音価を変化させるということで a͜l（＝aul）と表記することにします。この l の音が脱落し黙字になると 6) の a͜ɫ（＝au）になります。

7) は複数の発音があるものです。

8) は外国語の発音を取り入れたもので，英語本来の発音と綴りの関係からは外れたものです。日本人にとってはこちらのほうがわかりやすいですが。

次に ol の発音について。

| | | |
|---|---|---|
| 1）ōl［oul］ | a. | bole, cole, dole, condole, hole, whole, mole, pole, role, sole, holy, moly, Polish, stolen　(cf. whōlly［hóullí］＜whōle＋-ly) |
| | b. | old, cold, colt, hold, holt, fold, revolt, bolster, boll, roll, toll, control, patrol, poll（投票） |
| 2）ōɫ（ōl）［ou(l)］ | | folk, yolk, holm, Holmes |
| 3）ŏl［ɑl\|ɔl］ | a. | doll, loll, poll（普通卒業者） |
| | b. | folly, jolly, hollow, holly, polish, troll(e)y, abolish, demolish, diabolic, metabolic, symbolic, solid |

1a) の長音 ō と 3) の短音 ŏ は，後続子音が l というだけで，特に問題ないでしょう。問題は 1b) と 2) です。すでに見たとおり（cf. pp. 39–40），閉音節では母音字は短音となるのが一般的な規則です。ところが，これらの語では閉音節であるにもかかわらず長音になっています。これはなぜでしょうか。

次のように並べて，一般的な規則から外れるものをマークしてみると，a と o が同じようなパターンを示すことから，o の長音化も，a と同様に l に影響を受けた結果であることがわかります。

| | （見かけ上の）開音節 | | 閉音節 | | | | | |
|---|---|---|---|---|---|---|---|---|
| | _ne | _le | _ll | _lk | _lt | _ld | _nt | _nd |
| e | scēne | urodēle | wĕll | ĕlk | bĕlt | hĕld | sĕnt | sĕnd |
| i | mīne | mīle | mĭll | mĭlk | kĭlt | mīld | mĭnt | mīnd |
| a | bāne | bāle | ba͜ll | ba͜ɫk | ha͜lt | ba͜ld | pănt | bănd |
| o | bōne | bōle | bōll | fōɫk | bōlt | bōld | fŏnt | bŏnd |
| u | tūne | mūle | dŭll | bŭlk | adŭlt | | bŭnt | fŭnd |

a の場合，長音ではなく au に相当する音に変化しましたが，o の場合，暗い l の影響で u が挿入されると o の長音に類似した二重母音になり，その結果 l の前で o が長音として読まれることになるわけです。

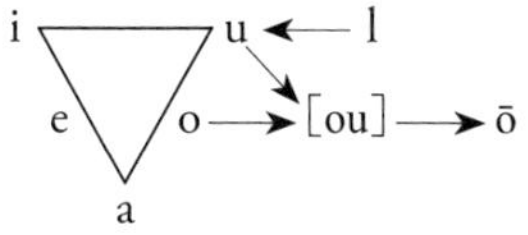


長音化の理由を考慮すれば，a̯l と同様に o̯l とすることも可能ですが，音価が明瞭な ōl の表記を使うことにします。al の場合と同様に，l が脱落し黙字になると 2) の ōɫ になります。3b) の folly のように後ろに母音が続く場合は暗い l にならず，長音化しません[19]。

次の語の o の後の u/w は，上記の過程で挿入された [u] が明示的に綴られるようになったものです。

shoulder [ʃóuldər], soul, poultry, mould, smoulder, bowl

語中で ou/ow が ōu/ōw [ou] と読まれる場合，必ず後ろに l が来るのは，上記の過程を通じて生じたものであるためです。mould には u を入れない mold の綴りもありますが，al にも，ba(u)lk, ca(u)lk, ha(u)lm のように u が入る綴りと入らない綴りを持つものがあります。

old, bold, cold の母音は，問題の変化が生じる前から長音でした。これは，mild, mind などの i が長音であるのと同じ理由によるものです。[l, n, d] は調音方法は異なりますが，調音点が同じ（歯茎音）で有声という点でも共通しています。昔，このような子音連続（e.g. [ld], [nd]）が先行母音の長化を引き起こしたことがあり[20]，それが現代に引き継がれているものです。

---

19　歴史的には，3a）の 3 語は問題の変化が起きた後に作られたり借用されたりしたもので，この変化を受けずに短音として発音されます。

20　「同器性長化」（homorganic lengthening）と呼ばれる音変化（cf. 第 VII 章「C. iv. 同器性長化」，pp. 219–20）。ground, field（古英語 grund, feld）などの母音もこの音変化により長音となったものです。u の長音は ou と綴られるようになり，この環境の e の長音は ie などの綴りに置き換えられたため，-old, -ind などのケースと違い，母音字の綴りから長音であることがわかるため，後続子音が何であるかを考慮する必要はありません。

このように，母音の長音化に複数の要因が関係しており，一見，似たような綴りでも，変化を受けるものと受けないものがあるため，規則性がないように見え，混乱してしまいますが，表にまとめるとこうなります。

| | | l の影響による u 挿入 | |
|---|---|---|---|
| | | 有 | 無 |
| 同器性長化[21] | 有 | -ōld | -īnd　-īld[22] |
| | 無 | -ōll　-ōlt　-ōłk　-ōłm<br>-a̮ll　-a̮lt　-a̮łk　-a̮łm<br>-a̮ld | -ĭnt　-ĭlt |

## ii. 子音字の読み方

### a) 1 音価を基本とする子音字

子音字には 1 字 1 音価のものが多くあります。下に挙げた子音字は基本的に発音記号（国際音声記号，IPA）が表す音と同じ音を表します[23]。j, y の場合，文字と発音記号は一致しませんが，英語ではそれぞれ [dʒ], [j] という一定の音を表します。

b　d　f　h　j [dʒ]　k　l　m　n　p　r　t　v　w　y [j]　z

次に複数の子音字で一定の音を表すものを見てみましょう。次に挙げる子

[21] 例外はありますが，i の発音は，n, l の後に有声音の d が来れば長音（ī [ai]），無声音の t が来れば短音（ĭ [i]）となります。したがって，-īnd [aind], -ĭnt [int], -īld [aild], -ĭlt [ilt] が基本となります。

i.　-ind:　[ai] bīnd, fīnd, hīnd, kīnd, mīnd, blīnd, rīnd, grīnd; [i] rescĭnd;
　　　　[ai, i] wīnd–wĭnd
　　-int:　[i] hĭnt, bĭnt, dĭnt, lĭnt, clĭnt, flĭnt, glĭnt, splĭnt, tĭnt, stĭnt, prĭnt, sprĭnt, skĭnt, quĭnt, squĭnt; [ai] pīnt
ii.　-ild:　[ai] chīld, mīld, wīld; [i] gĭld, sĭld
　　-ilt:　[i] gĭlt, hĭlt, jĭlt, kĭlt, lĭlt, mĭlt, quĭlt, sĭlt, spĭlt, stĭlt, tĭlt, wĭlt

[22] 元々 build の ui は長母音 [yː] を表す綴りで（cf. fruit），-ld の前で長化した母音が後に短化したもの。

[23] 正確に言うと，母音の前の r は接近音で IPA では [ɹ] で表されますが，英語にはふるえ音の [r] はないので，辞書では [r] で代用して表記しています(cf. p. 16)。

音字の組み合わせも一定の音を表します。1つずつ詳しく見ていきましょう。

1. 重子音字:
   bb (lobby), dd (add), ff (off), ll (tell), mm (summer), nn (tunnel), pp (happy), rr (mirror), ss (boss), tt (putt), zz (buzz)
2. ch [tʃ] (child), tch [tʃ] (match), ck [k] (back), ng [ŋ] (sing), ph [f] (photo), qu [kw][24] (quick), sh [ʃ] (ship), wh [*h*w][25] (why)

1は同じ子音字を重ねるケースで単独の場合の音価と同じです。だったら1文字で綴ればいいじゃないかと言いたくなるところですが，すでに見たとおり (p. 30「b) 音節構造と母音の長短」)，直前の母音字の音価を示したりするために2文字で綴っているわけです。

〈参考〉

原則は上で述べたとおりですが，そのまま単純にすべてのケースに適用することができるわけではないため，少々厄介です。例えば，同じ子音字が重なっても，filmmaker のように，単独で発音されるものが隣り合ったものは2つ分発音されます。2の ph などでもそうです。mophead (mop＋head) の下線部は [f] ではなく [ph] となります。また，beautiful [bjú:tifl]＋-ly [li]＞beautifully [bjú:tifli] の ll のように，[ll] と読んでもよさそうなものが [l] としか読まれないものもあります (cf. thin [θin]＋-ness [nəs]＞thinness [θínnəs])。これは l [l] で終わる形容詞に -ly を付けて副詞を作る場合に一般的に言えることです。ただし，fully と wholly にはそれぞれ [fúlli] [fúli]，[hóulli] [hóuli] の発音がありますが，これらは例外になります。

では次に2について。このグループは様々な理由で複数の文字で1音または音連鎖を表すようになったものです。1つ1つについては後で見ますので，ここでは各組み合わせの発音を確認しておいてください。

〈参考〉

2の ch は [tʃ] が基本ですが，よく見る単語でもそれ以外の発音も結構多い

---

[24] technique [-k] のように u が黙字となるケースと区別し，u が [w] を表すことを明示する場合には，u の下に点を付け qụ と記します。cf. languạge [-gwidʒ], persụade [-sweid]

[25] who, whose, whom, whole, wholly は例外で w が黙字となります。

ので，ちょっと例を見ておきましょう。

ch [ʃ]：　フランス語から入った語に多い。machine [ʃ] など。
ch [k]：　ギリシャ語起源の語かギリシャ語の語根を基に造語したものが多い (e.g. school, psychology)。イタリア語などの言語からの借入語の場合もある。ドイツ語の ch [x, ç] が調音点が同じ [k] で発音される場合も少数だがある。音楽家のバッハ，物理学者のマッハの名前は英語では Bach [bɑ́:k]，Mach [mɑ́:k] となる。

## b) s と th

次に s と th の発音について見てみましょう。次に示すとおり，s と th には有声音の場合と無声音の場合があります。有声音の場合には「¨」を付けるとわかりやすくなります。「¨」がなければ無声音ということになりますが，無声音であることをはっきりと示したいときには「˚」を付け，s̊, t̊h とするといいでしょう。

s と th の発音

| | | | | | | | |
|---|---|---|---|---|---|---|---|
| s [s] | close *a*; | books | | sign | distrust | | |
| s̈ (=z) | clos̈e *v*; | bags̈ | ros̈es̈ | des̈ign | dis̈aster | | |
| th [θ] | south | worth | bath *n* | breath *n* | mouth *n*; | thin *a* | thigh *n* |
| ẗh [ð] | souẗhern | worẗhy | baẗhe *v* | breaẗhe *v* | mouẗh *v*; | ẗhan *conj* | ẗhy *pron* |

*n*=名詞，*a*=形容詞，*conj*=接続詞，*pron*=代名詞

s, th は語頭では無声音が基本ですが，th の場合は例外が多く見られます。しかも，下に示すような基本的な語に例外があるため，規則が見えにくくなっていますが，実際には下の例外を覚えてしまえば，後は無声音と考えていいので話は簡単です (thither は米音 [θíðər]，英音 [ðíðə])。

the, that, this, those, these, than, though, thus, then, thence,
they (their, them, theirs, themselves), thou (thy, thee, thine, thyself),
there (therefore, thereafter, therewith など，there＋前置詞からなる副詞)

語中・語尾で s と th が有声・無声のどちらで発音されるかについては絶対的な規則はないので，１つ１つ覚える必要があります。

下に示した組では「派生関係にある語で，語末子音が一方が有声音で他方

が無声音ならば，有声音は動詞のほうである」というパターンが見られます。単語ごとに覚えなければならないことに変わりはありませんが，記憶する際の助けになるでしょう。

| | | |
|---|---|---|
| [f, v] | f-v: | life–live, proof–prove, safe–save, belief–believe, relief–relieve, thief–thieve, grief–grieve, half–halve, calf–calve, shelf–shelve |
| [s, z] | s-s̈: | close–clos̈e, use–us̈e, excuse–excus̈e, house–hous̈e, mouse–mous̈e; loss–los̈e |
| | s-z: | grass–graze, glass–glaze, brass–braze |
| | c-s̈: | advice–advis̈e, device–devis̈e, choice–choos̈e |
| [θ, ð] | th-ẗh: | bath–baẗhe, breath–breaẗhe, cloth–cloẗhe, wreath–wreaẗhe, loath–loaẗhe, tooth–teeẗhe, mouth–mouẗh |

なお，smooth の発音は品詞に関係なく smooẗh [smuːð] で，booth は米音が booth [buːθ]，英音が booẗh [buːð]（または [buːθ]）です。

### c）環境によって発音が変わるもの

今度は現れる場所によって発音が変わる子音字に焦点を当てて見ていきます。

#### ア）x の発音

x には [ks, gz, z] の 3 つの発音があり，基本的に出現する環境によってどの発音になるかが決まります。

┌語頭　→ [z]（ẋ）　例. ẋylophone, ẋenon, ẋerox
　　　　　　　　　　　[záiləfòun, zíːnɑn, zíərɑks]
└語中・語末
　├無強勢母音と母音の間
　│　→ [gz]（ẍ）　例. *e*ẍhíbit, *e*ẍécutive, *e*ẍíst, *e*ẍháust
　│　　　　　　　　　[igzíbit, igzékjutiv, igzíst, igzɔ́ːst]
　└その他　→ [ks]（x̊）　例. èx̊hibítion, éx̊ecùte; ex̊*p*ress, ex̊*h*ale; box̊, fix̊
　　　　　　　　　　　[èksəbíʃən, éksikjùːt, iksprés, ikshéil, bɑks, fiks]
　　　　　　　　　cf. exit [égzit, éks-], exile [égzail, éks-], luxurious [lʌgʒúəriəs, lʌkʃ-]; exhortation [ègzɔːrtéiʃən]

x が語頭に来る場合は，後に母音が続き，ẋ [z] と発音されます。語頭以外の場所では，前に無強勢母音，後ろに母音が来る場合は ẍ [gz] となり，それ以外は x̊ [ks] となります[26]。eẍhibit と ex̊hibition で x の発音が異なるのは，exhíbit, èxhibítion と強勢の位置が異なり，x の前の e に強勢があるかどうかに違いがあるためです。

**イ）c, g の発音**

c, g は次のように位置により発音が変わります。なぜこのように発音が変わるのか，次ページ以降でその仕組みを 1 つ 1 つ確認していくことにしましょう。

・c の発音

e, i, y の前 → [s]「軟音の C（soft *c*）」　例. ace, city, spicy　cf. Celt
その他　　→ [k]「硬音の C（hard *c*）」　例. cat, come, cut, cream, music
cf. picnic̲king, panic̲ked[27]; foc̲us-foc̲i; spec̲ification-spec̲, bic̲ycle-bik̲e

・g の発音

e, i, y の前 → [dʒ]*「軟音の G（soft *g*）」　例. age, giant, gym
その他　　→ [g]　「硬音の G（hard *g*）」　例. gate, got, gum, green, bag
*c の場合と比べ例外が多い。
e.g. girl, give, get, lager　cf. guitar guide; goose-geese

・sc の発音

e, i, y の前 → (ss)　→ [s]　　例. scene, science, scythe
その他　　→ (sk)　→ [sk]　　例. scale, scope, sculpture, screen, disc

・cc の発音

e, i, y の前 → (ks)　→ [ks]　　例. accent, succinct　cf. soccer
その他　　→ (kk)　→ [k]　　例. account, accurate, accrete

・xc の発音

e, i, y の前 → (kss) → [ks]　　例. exceed, excellent, excite
その他　　→ (ksk) → [ksk]　　例. exclude, excuse, excavate

・cqu の発音

→ (kkw) → [kw]　　例. acquire, acquittal

---

26　歴史的には 15 世紀から 17 世紀のフランス借入語に生じた音変化によるもの。イェスペルセン（Jespersen）は「ヴェルナー（ヴェルネル）の法則」（ゲルマン祖語における音韻推移の法則の 1 つ）になぞらえ，“Verner’s law in English” と呼んでいます。

27　k が挿入されるのは c を硬音 [k] で読ませるためです（cf. 第 III 章「D. 接辞の付け方」，p. 79）。

まずcについて見てみましょう。基本的に，cは前母音字であるe, i, yの前ではc［s］と発音され，それ以外の位置ではc［k］と発音されます[28]。前者を「軟音のC（soft *c*）」，後者を「硬音のC（hard *c*）」と呼びます。軟音をċ，硬音をč，両方の発音がある場合はč̊で表すことにします（e.g. Č̊elt）。ace, city, spicyなどでは前母音字の前にあるのでcは［s］と発音され，cat, come, cut, cream, musicなどはcの後ろに前母音字が来ないので［k］と発音されます。fočus-foċi［-sai］, lyrič-lyriċist［-sist］のように，語尾の変化や接辞が付くことで環境が変わり，cの発音が変わる場合もあります。

specはspecificationの先頭を取ったものですが，元の語ではeの後ろのcはiの前にあるので［s］と発音されるのに対し，specではcの後ろに何も来ないので，硬音の［k］となります。bikeはbicycleを短くしたものですが，bicでcが硬音となり，iが長音であることを示すために語尾にeを付けるとcが軟音となってしまうため，kに置き換えています。nuke（＜nuclear）でも同様の理由からkに置き換えられています。

spěċification［spes-］ → spěč［spek］
bīċycle［bais-］ → bīč［baik］ → bīke
nūčlear［nju:k-］ → nūč［nju:k］ → nūke

「前母音字の前では軟音，それ以外では硬音」という規則はscやccのcにも適用されます。例えばsceneではcの後ろがeという前母音字なので，その前のcはsの発音になります。するとその前のsと合わせてssとなり，結局scは［s］と発音されます。それに対し，scaleのような語では，後ろが前母音字ではないのでcは硬音となり，scはskと同じになり，発音は［sk］となります。ccの場合は，最初のcの後ろはcなので，常にc［k］となります。accentのようにccに前母音字が続くと，2番目のcは軟音（s）となり，両方合わせてcc（＝ks）［ks］となります。accountの場合には2番目のcもk，2つ合わせて（kk）となり，発音は［k］となります。

| | | | |
|---|---|---|---|
| sċene | sčale | ačċent | aččount |
| ssene | skale | aksent | akkount |

[28] カエサル Caesar［síːzər］，シーラカンス coelacanth［síːləkæ̀nθ］では，前母音の前ですが前母音字の前ではないので例外ということになります。C(a)esarean, c(o)eliac, c(o)enobiteなどではaやoを除いた綴りも見られます（cf. am(o)eba）。

フランス語では，硬音ではなく軟音で読ませたいときに，c の代わりに ç を使います[29]。英語で ç の代わりに c が用いられると，c が軟音として読まれることになります（Fr. façade → En. façade, facade［fəsɑ́ːd］）。

次に xc と cqu について。

| | | | | |
|---|---|---|---|---|
| ・xc の発音 | e, i, y の前 | →（kss）→［ks］ | 例. | exceed, excellent, excite |
| | その他 | →（ksk）→［ksk］ | 例. | exclude, excuse |
| ・cqu の発音 | | →（kkw）→［kw］ | 例. | acquire, acquittal |

xc の x は，上で見たとおり，語頭でも母音字に挟まれるわけでもないので必ず x̊（ks）となります。続く c は，前母音字の前では軟音の ċ［s］，それ以外では硬音の č［k］となり，x と合わせると x̊ċ（kss）, x̊č（ksk）となり，それぞれ［ks］,［ksk］と発音されることになります。cqu では c は常に硬音となり，qu（kw）と合わせて，čqu（kkw）［kw］となります。

| | | |
|---|---|---|
| ex̊ċeed | ex̊člude | ačquire |
| eksseed | eksklude | akkwire |
| ［iksíːd］ | ［iksklúːd］ | ［əkwáiə*r*］ |

次に g についてですが，c と同様，前母音字である e, i, y の前では軟音の ġ［dʒ］，それ以外では硬音の g［g］となるのが基本です。ただ，c の場合とは異なり例外が多いのが困ったところ。軟音であることを示すのに ġ と表記します。mirage, potage, rouge のように，フランス語からの借入語で，フランス語の軟音 g の発音が取り入れられ［ʒ］と発音されるものもあります。ġ に似た音ということで，点の位置を変え g̣ と表記することにしましょう。一方，g が硬音であることを明示的に示すときには ǧ を使います。軟音・硬音両方の発音がある場合には ǧ̇ とします。

他の言語，例えばイタリア語でも c, g に同様の発音の区別がありますが，軟音ではなく硬音で読ませたいときには h を挿入します（ci（チ）-chi（キ）, gi（ジ）-ghi（ギ））。

---

[29] 今日，ç は c にセディーユ cedilla（ ̧ ）を付けたものとして扱われますが，元々は ç 全体が z の字形の一種の ʒ の頭の部分が長く丸まったものに由来するそうです。

ꝣ → ç　［http://en.wikipedia.org/wiki/Ç#mediaviewer/File:Visigothic_Z-C_cedille.svg］

ちなみに発音記号の ʒ もこの ʒ の字形を取ったものです（cf. 第 VII 章，p. 192）。

イタリア語

ジェラート スパゲッティー カルパッチョ ピノッキオ
gelato-spaghetti carpaccio-Pinocchio

spaghetti [g], Pinocchio [k] は，英語としてみると不規則な綴りですが，それはイタリア語の正書法によるものだからです。

フランス語では g を硬音として読ませる場合に u を挿入しますが (e.g. gi(ジ)-gui(ギ))，この方法は英語の綴りにも影響を与え，フランス語からの借入語だけでなく，本来語やラテン語由来の語にも適用されました (e.g. guise, guide; guess, guest, guilt, guild; plague)。ただし，すべての場合に一律に適用されたわけではないため，girl, get (cf. got(ten)), give(n) (cf. gave), geese (cf. goose) のように前母音字の前でも硬音のものが残ることになりました。「ギルド，組合」の意味の guild には u のない gild という綴りもあります。guess も u は g を硬音と読ませるためのもので，それ自体は黙字になりますが，linguistic のように半母音 [w] を表す場合もあるので，次のように表記し分けることにします。

g~~u~~ [g]：　guide, g~~u~~ess, leag~~ue~~, plag~~ue~~　(cf. lăğ, plägẹ)
gụ [gw]：　linguịstic, languạge, linguạl, unguạl
cf. qụ, q~~u~~：quịck, qụeen; techniq~~ue~~, opaq~~ue~~
sụ：　persụade, dissụade

ğoose [guːs] の複数形は ğeese [gíːs] ですが，どちらの g も硬音です。mağus [méigəs]（キリスト降誕を祝いに来た東方の博士）の複数形 maġi [méidʒai] では g は軟音になります。funğus の複数形 funği [fʌ́ngiː, -gai, -dʒiː, -dʒai] では，g が硬音の場合と軟音の場合とがあるというように，語によって変わるので，どちらになるかは 1 つ 1 つ覚えるしかありません。

**ウ）dg の発音**

judgment の g は ġ [dʒ] と発音されますが，後ろに前母音字が来ないのにどうして軟音として発音されるのでしょうか。

まずは [bædʒ] と発音するにはどう綴ればいいか考えてみましょう。băg [bæg] に e を付け bage としたら [bædʒ] になるかというとそうはならず，bāġe [beidʒ] となってしまいます。g を軟音にするための e が，その前の a を長音にしてしまうためです。g を重ね bagge とすると最初の g は硬音となってしまい，こちらもだめです。ではどうするか。発音記号を見ると ġ [dʒ] には [d] が入っているので，これを利用し dġe とします。e を付けることで g を軟音化し，その一方で，e が g の前の a を長音化することを阻止するために，d を挿入するわけです。

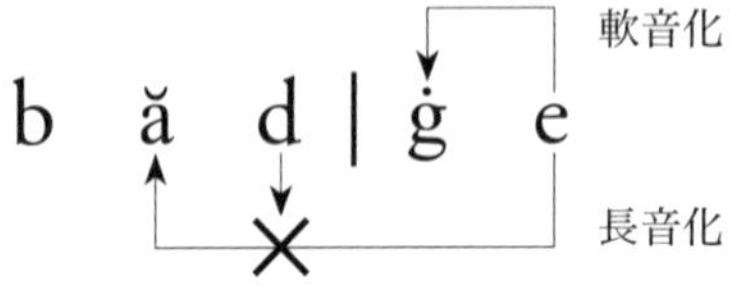


cf. măg – māġe – Mădġe,　dŏg – dōġe – dŏdġe,　batch [tʃ] – badge [dʒ]

これは plague で黙字の u が入るのとちょうど逆のケースと言えます。なぜなら，こちらのケースでは長音標識 e により g が軟音となることを u が防ぐ働きをしているからです。e が軟音標識と長音標識の 2 つの機能を持つため，一方の機能だけを利用する場合には，他方を無効にするための処理が必要になるわけです。

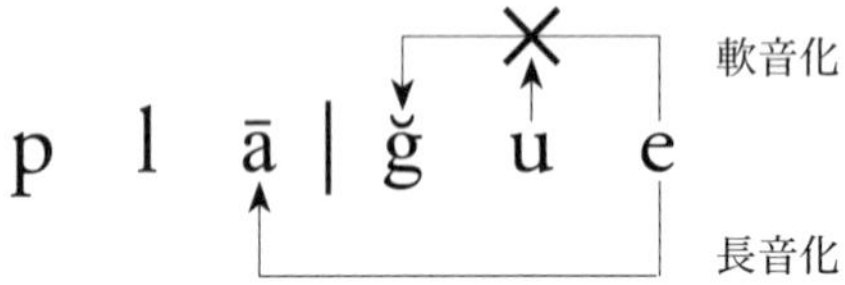


このように，元々 e が g が軟音であることを示し，前の母音字が短音であることを示すために d を付けたわけで，d のせいで g が軟音になっているわけではないのですが，d があれば g が軟音であることがわかることから，黙字の e は不要と思う人が接尾辞を付けるときに e を取って綴るようになり，judgement も judgment と綴られるようになりました。理屈からするとおかしな改変ですが，アメリカでは辞書編纂者のノア・ウェブスター（Noah Webster）がこの綴りを採用し，一般化してしまいました。judgment の g が前母音字の前ではないにもかかわらず ġ [dʒ] と発音されるのは，こういう事情によるものです。

### エ）ng の発音

n の発音は［n］が基本ですが，sink, sphinx, finger のように，後ろに軟口蓋音［k, ɡ］が来ると同化して［ŋ］に変わります。意識せずとも自動的にそうなるので，特に明記する必要はないでしょう。

| | | | |
|---|---|---|---|
| n | ［n］ | sin | 基本的な n の発音 |
| nk | ［ŋk］ | sink | 軟口蓋音［k］により n が［ŋ］となる |
| nğ | ［ŋɡ］ | finger | 軟口蓋音［ɡ］により n が［ŋ］となる |
| nġ | ［ndʒ］ | singe | 軟音 ġ［dʒ］は歯茎音で n は［n］ |
| n͡g | ［ŋ］ | sing | g は n が軟口蓋音であることを示す標識 |

nk, nġ は問題ないでしょうが，紛らわしいのが n͡g［ŋ］と nğ［ŋɡ］の違いです。発音を入れ替えても意味が通じなくなることはないので，神経質になる必要はありませんが，標準的な発音を確認しておきましょう。

finger［fíŋɡə*r*］のように語中では nğ［ŋɡ］で，sing のように語末では n͡g［ŋ］となります。

nğ［ŋɡ］：finğer, hunğer, linğer, Enğland, Enğlish
n͡g［ŋ］：sin͡g, kin͡g, rin͡g, thin͡g, strin͡g, din͡g

sin͡ger（＜sin͡g＋-er）のような派生語の場合，語幹の sing の発音に合わせ［ŋ］となり，［ɡ］は入りません。ただし，頻度の高い lonğer, stronğer, younğer は例外で，nğ［ŋɡ］となります。動詞の lon͡g「待ち望む」に -er「〜する人」を付け lon͡ger という名詞を作ったとしたら，形容詞 long の比較級とは発音が異なることになります。

long *a* ＋ -er ＞ lonğer *a*［-ŋɡə*r*］
long *v* ＋ -er ＞ lon͡ger *n*［-ŋə*r*］

### オ）-ften -stl -stm -sten -scle

f/s と l/m/en に挟まれた t は黙字になります。

f_en:　of*t*en
s_l:　cas*t*le, bus*t*le, hus*t*le, nes*t*le, this*t*le, whis*t*le, wres*t*le
s_en:　lis*t*en, glis*t*en

歴史的には元々発音されていた t がこの環境で脱落したものです[30]。often については t を発音する場合もありますが，これは，一度脱落した後，綴り字にあるからと t を発音する人も出てきたためです。

Chrĭs*t*mas（<Chrīst（キリスト）+măss（ミサ））で t が黙字になるのも同じ理由からです。形容詞などに -en を付けて派生させた動詞でも黙字になります。

sof*t*en, chas*t*en, chris*t*en, fas*t*en, has*t*en, mois*t*en

なお，似たような環境でも，epistle［ipísl］では t は黙字になるが，pistol［pístəl］では黙字にならないというように，発音ではなく綴りを基に考える必要があります。

scle の c は前母音字の前以外では硬音という規則に従えば c［k］となりますが，この環境では脱落し黙字となります（e.g. muscle［mʌ́sl］）。scl が連続しない場合には c は黙字とならないため，muscle の形容詞形 muscular［mʌ́s-kjələr］では c は発音されます（下の例の斜体の c は黙字）。

| | | | | |
|---|---|---|---|---|
| 名詞 | mus*c*le | corpus*c*le | ［kɔ́ːrpəsl］ | （小体，血球） |
| 形容詞 | muscular | corpuscular | ［kɔːrpʌ́skjələr］ | |

### d）弱音節における子音字の口蓋化（母音の弱化・脱落）

弱音節では，［t, d, s, z］に［j, i］が続くと口蓋(こうがい)化し（舌の前の部分が硬口蓋に向かい盛り上がって近づき），その結果，個々の文字の発音の連続とは異なる発音になります。後続の母音字により子音字の音価が変化していることをタイ記号 ‿ で表すことにします（si［si］vs. si‿［ʃi, ʃə, ʃ］）。u の場合，［j］を含むのは短音 ŭ［ʌ］ではなく長音 ū［juː］，ūr［juər］なので，これらの母音は強勢があれば長音となる環境で弱化したものです。弱母音や子音の前では弱化が進むと脱落します。

[30] 一見，subtle, subtlety で b が黙字になるのも同じ現象のように見えますが，この b は語源的綴り字によるものです（cf. doubt, debt）。語源的綴り字については，第 VII 章，p. 211 を参照。

・母音字が後母音字 u の場合

| | | | | | |
|---|---|---|---|---|---|
| tu: | [tjuː] | → [tju] | → [tʃu, tʃə] | nátu̯re, nátu̯ral | cf. Túesday [tjúːz-] |
| du: | [djuː] | → [dju] | → [dʒu, dʒə] | grádu̯al | |
| su: | [sjuː] | → [sju] | → [ʃu, ʃə] | préssu̯re | cf. súgar, súre |
| s̈u: | [zjuː] | → [zju] | → [ʒu, ʒə] | cás̈u̯al, pléas̈u̯re | |
| zu: | [zjuː] | → [zju] | → [ʒu, ʒə] | séizu̯re, ázu̯re, ázu̯rite | |
| xu: | [ksjuː] | → [ksju] | → [kʃu, kʃə] | lúxu̯ry, séxu̯al | cf. luxúrious |
| ẍu: | [gzjuː] | → [gzju] | → [gʒu, gʒə] | lúẍu̯ry | |

・母音字が前母音字 e, i の場合

| | | | | | |
|---|---|---|---|---|---|
| si: | [si] | → [ʃi] | → [ʃ] | ténsi̯on | |
| ci: | [si] | → [ʃi] | → [ʃ] | spècǐ̯ality, préci̯ous | cf. cálcǐum |
| cė: | [si] | → [ʃi] | → [ʃ] | ocė̯ánic, óce̯an | |
| s̈i: | [zi] | → [ʒi] | → [ʒ] | decís̈i̯on | cf. gáseous [gǽsiəs\|-sjəs] |
| zi: | [zi] | → [ʒi] | → [ʒ] | glázi̯er [-ʒər\|-zjə] | |
| xi: | [ksi] | → [kʃi] | → [kʃ] | obnóxi̯ous | |
| gi: | | [dʒi] | → [dʒ] | relígi̯on | |
| gė: | | [dʒi] | → [dʒ] | pígė̯on | |
| di: | [di] | → [dʒi] | → [dʒ] | imméd̯iate | |
| ti: | [ti] | → [tʃi] | → [tʃ] | quésti̯on | |
| | | ↓ | | | |
| | | [ʃi] | → [ʃ] | inítǐ̯ate, iníti̯al | |

óce̯an [óʊʃən] では弱母音は脱落し，ocė̯ánic [òʊʃiǽnɪk] では保持されますが，上では表記し分けていません。発音の違いを明示する必要がある場合には，脱落する場合には消し線を付け cɇ̯ [ʃ] とし，母音が残る場合は cė̯ [ʃi] のようにするといいでしょう（ほかの例．spéciɨ̯alty [ʃəl], spècǐ̯ality [ʃiǽl]; séxʉ̯al [ʃəl], sèxu̯̇ality [ʃuǽl]）。

※ここまでの部分は，付録の「B. 各文字の読み方」(pp. 232–37) にまとめられています。

# 第 III 章

# 発音と綴り字

## ——応用編——

この章では，第 II 章で学んだ綴りと発音の仕組みを基に，アルファベットの文字の名前がエー，ビー，シー，. . . なのはなぜか，冠詞の発音が母音の前と子音の前で違うのはなぜか，-ing などの接辞を付けるときに語末の黙字の e を取ったり，子音字を重ねたりするのはなぜか，などについて考えます。一見，無関係と思われる現象の間に共通の原理が関わっていることがわかってきます。

# A. 各文字の名前

仮名の「あ」の名前が「あ」[a] であるのはこの文字が表す音によりますが，アルファベットのAエー・Bビー・Cシー . . . という名称は，その文字の音価とはちょっと違うような感じがします。アルファベットの文字には一体どういう原理で名前が付けられているのでしょうか。

基本的に仮名1文字は母音を含む1音節を表すので単独でも発音しやすく，そのまま名前として使うことができます。「ん」は母音を含まないので例外となりますが，母音無しでは発音しにくいため，実際に単独で発音する場合には，母音を付け「うん」と発音しますね。アルファベットの各文字も母音無しでは発音しにくいので，子音字には母音を添えます。見かけ上の開音節を作るときにダミーの母音字としてeを使いましたが (cf. p. 33)，ここでもeを使います。子音字が継続音(長く伸ばして発音できる音)を表す場合は前に，そうでなければ後ろに母音字を付けます。まずは自分で実際に子音字を発音してみて，継続音かどうかを確認してください。

a b c d e f g (h) i j k l m n
o p q r s t u v (w) x y z

次のようになることが確認できたでしょうか。

a b c[k] d e f g[g] (h) i j k l m n
o p q[k] r s t u v (w) x[ks] y z

網掛けした文字が継続音になります。c, g は後ろに前母音字がないのでそれぞれ硬音の [k, g] になります。したがって c は [s] ではなく [k] となるので，継続音ではありません。

「継続音なら前に，それ以外は後ろに」eを付けるという規則に従って子音字に母音字を添えると次のようになります(波線，下線付きについては後述)。

a be ce de e ef ge (h) i ja ka el em en
o pe qu ar es te u ve (w) ex wy ze/zed

さて，出来上がったこれらの文字列の発音はどうなるでしょうか。c, g は今度は前母音字 e の前にあるので軟音になる点に注意してください。どれも 1 音節で母音字に強勢があり長短の対立があるので，開音節か閉音節かで母音字の発音が決まることになります。

ā　bē　cē　dē　ē　ĕf　gē　(h)　ī　jā　kā　ĕl　ĕm　ĕn
ō　pē　qū　a͡r　ĕs　tē　ū　vē　(w)　ĕx　wȳ　zē/zĕd

これを順番に読んでいけば，A (ā [ei])，B (bē [biː])，C (cē [siː])，. . . となるわけです。母音字の長音が「アルファベット読み」と呼ばれることがあるように，母音字の名称と長音が同じ発音になるのも，母音字の名称自体がこのような原理に従って決められたものだからです。

規則に合わない名称の文字(波線と下線で示したもの)がありましたが，詳しくは第 VI 章 (pp. 151–55) で説明することとし，ここではいくつか取り上げて簡単に説明しておくことにします。

アルファベットには [k] 音を表す文字が c, k, q と 3 つあるので，区別するために k と q については別の母音字を当て，kā, qū とします。

r の名称は元は規則通りの er でしたが，ある時期，er と ar の間で発音の揺れが生じたことがあり，その結果，ar のほうが定着したものです。star も昔は ster (sterre) でしたが star のほうが残りました。イギリス英語では clerk は cla͡rk のように発音されますが，これは綴りは e のほうが残ったのに対し，発音は a に対応するほうが残ったために生じたずれです。person–parson は元々同じ言葉でしたが，両方の発音が残り，別の単語として独立した言葉となっています。university の略語が versity ではなく varsity なのもこのときの音変化によります。「ハリーポッター」の Harry も，(Henri (フランス語「アンリ」) ＞Henry＞) Herry＞Harry という変化を経て出来たものです。

z の名称 zed はギリシャ文字の Z (zeta) から来ています。もう 1 つの名称 ze (zee) は z の音価に基づくものです。z は継続音なので ez となるべきところですが，b, c, d などのパターンに合わせて ze となってしまいました。

x の名称は ex [eks] ですが，仮に母音字を後ろに付け xe とすると発音は xe [ziː] となり (cf. xenon [zíːnɑn] (キセノン)，xylophone [zái- zí-] (木琴))，z の名称と同じになり区別が付かなくなりますが，ex なら問題ありません。

v も継続音なので，上記の規則に従えば ev (cf. ef) となるべきところです。

u と v が昔は同じ文字として扱われていたことはすでに見ました (cf. p. 46)。u と同じ文字だったので v 独自の名称は必要ありませんでしたが，後に分化して名前が必要になったときに b, c, d などのパターンに合わせて ve [viː] と命名されました。

u と v と同様に i と j も以前は同じ文字でした。分化して独自の名称が必要になったときに直後の ka [kei] に合わせて ja [dʒei] としました。母音字が e では je [dʒiː] となり，発音上 ge [dʒiː] と区別が付かなくなりますが，ja [dʒei] であれば区別が付きます。

y は単純に長音として読むと i と区別が付かなくなりますが，w 音が先頭に添えられるため (wȳ [wai])，区別が付きます。

ちなみに，発音記号でよく見る ð, ŋ, ʃ, ʒ も同様の原理に基づき命名されています。

ð eth (edh) [eð]，ŋ eng [eŋ]，ʃ esh [eʃ]，ʒ ezh [eʒ]

ð は昔の英語でも使われていた eth (edh) [eð] と呼ばれる文字ですが，アイスランド語等では今でも使われています。

## B. 内容語の最低文字数

英語では頻度の高い語 (主に機能語) を除き 3 文字以上で綴るのが普通です。be 動詞と do, go を除き，動詞は 3 文字以上で綴られます。be で [biː] と読めるなら，「見る」[siː] は se でもよさそうですが，3 文字以上にするために ē ではなく重母音字の ee を使います。to と too は元々同じ語ですが，副詞用法では重母音字 oo を使って 3 文字で綴るため，別語となりました。of と off も同じ語でしたが，副詞用法，強勢を持つ前置詞が，of から分化し off として定着したものです[1]。two は too と発音が同じですが，黙字の w を含め 3 文字なので，重母音字を使って twoo とする必要はありません。前置詞・副詞 in と名詞 inn (宿屋) も語源は同じですが，名詞のほうは n を重ねて 3 文字にします。doe [dou] (鹿などの雌), foe [fou] (敵), roe [rou] (魚卵), toe [tou],

[1] of [v] と off [f] の子音の発音の違いは，14〜15 世紀頃，強勢を持たないことが多い機能語の語頭・語末で摩擦音が有声化した現象によります。詳細は第 VII 章 (p. 222) を参照のこと。

woe [wou] (苦悩) では黙字の e を利用し 3 文字にしています。owe [ou], awe [ɔː] (畏敬) も普通なら付けない黙字の e を付け 3 文字にしています (cf. low, law, awful)。few [fjuː] からわかるように ew だけでも [juː] と読めますが，yew [juː] (イチイ)，ewe [juː] (雌羊) では別の方法で文字数を増やしています。eye (＜中英語 iye, ye) は y だけでも [ai] と読めますが，前後の e がないと 3 文字になりません (cf. 代名詞 ye)。英語には [ai] を表す二重母音字は存在しないため (aisle [ail], aye [ai] の ai/ay は例外)，3 文字以上という条件が付くと，必然的に不規則な綴りとなってしまいます。

第 II 章で見たように (cf. pp. 44–45)，英語では基本的に単語を i, u で終わらせることができないため，黙字の e を付け tie, lie, die, cue, due, rue, sue のようにしますが，[ai] の場合，fly, try, cry のように y を用いれば e を付ける必要はありません。語頭の子音が 1 音でも shy なら 3 文字になるのでそのままでいいですが，dy, ry では 2 文字になってしまうため，黙字の e を加え dye, rye とします。前置詞であれば by のままでよく，e は不要です (cf. bye)。

発音が a の長音 [ei]＋子音 1 音の場合，aim のように母音に ai を使ったり，ale のように黙字の e を加えて 3 文字にすることができますが，a の短音 [æ]＋子音 1 音では，母音を 2 字で綴ることもできず，黙字の e も付けられません。ash のように子音を 2 字で綴ることができる場合を除くと，残る選択肢は子音字を重ねることになりますが，固有名詞，外来語を除き英語では ss, ff, ll 以外の重子音字は語末では基本的に使用されません。しかし，ほかに方法がなく重子音字により文字数を増やさざるを得ないので，bb, dd, gg, nn, rr という例外的な重子音字が使用されることになります。

|  |  |  |  |  |  |  |
|---|---|---|---|---|---|---|
|  | ebb | add | odd | egg | inn | err |
| cf. | web | bad | pod | leg | kin | sir |

頻度の高い機能語以外は 3 文字以上で綴るという制約のために，発音だけを考えれば不要な文字が追加され，一般的なパターンから逸脱した綴りを生じさせていることがわかります。

operation, education の先頭の音節を基に略語を作る場合，元の単語に重子音字はないため選択の余地はなく，op, ed になりますが，application の場合，ap と app の 2 つの選択肢があります。語末に pp が来ることは稀ですが，上記の制約のため子音字を重ねた app のほうが英語の綴りとしては自然ということになります。

pp で終わる語は見たことがなくても，ap よりも app のほうが自然と感じるとすれば，add, odd, egg などの例から，「最低 3 文字」ルールあるいは「単語が母音字 1 字で始まり（1 字で綴られる）子音 1 音で終わる場合，子音は重子音字で表記する」という抽象的な規則が無意識のうちに頭の中に作られていたということになります。

## C. 母音の弱化と冠詞と to の発音

前章で強勢を持たない母音は弱化して [i] [ə] となり脱落することを見ましたが，ここでは母音の弱化という観点から冠詞や to の発音について考えましょう。

定冠詞 the の発音は，母音の前では [ði]，それ以外では [ðə] と習った人が多いと思いますが，実際はどうでしょうか。『ロングマン発音辞典』には次のように書かれています（ʔ は声門破裂音（咳をするときのように閉じた声帯を急に開放して出す音）を表す）。

> *Longman Pronunciation Dictionary* (*LPD*, 3rd ed., p. 818)
> **the** *strong form* **ðiː**, *weak forms* **ði, ðə** — *The EFL learner is advised to use* **ðə** *before a consonant sound* (the boy, the house), **ði** *before a vowel sound* (the egg, the hour). *Native speakers, however, sometimes ignore this distribution, in particular by using* **ðə** *before a vowel (which in turn is usually reinforced by a preceding* **ʔ***), or by using* **ðiː** *in any environment, though especially before a hesitation pause. Furthermore, some speakers use stressed* **ðə** *as a strong form, rather than the usual* **ðiː**.

この辞書の説明によると，母音の前でも [ðə] と発音したり，[ðə] を強形として使う母語話者もいるようですが，強形は [ðiː]，弱形は母音の前では [ði]，それ以外では [ðə] が標準と考えていいようです。しかし，弱形の場合，なぜ母音の前かどうかで発音が変わるのでしょうか。the [ðə] apple, the [ði] book のように，母音の前では [ðə]，その他は [ði] と逆にならないのは，偶然でしょうか。

## i. 緊張音と弛緩音

これまで多くの場合，「イ」「ウ」と聞こえる音は [i, u] という発音記号で表してきましたが，英語には 2 種類の [i, u] があります。下に seat–sit, pool–pull の発音を書きましたが，いくつかの辞書を比べてみると，i, u という記号を使っているものと，i/ɪ, u/ʊ(ᴜ) という異なる記号を使っているものがあることがわかります。

| | A | B |
|---|---|---|
| seat | [si:t] | [si:t] |
| sit | [sit] | [sɪt] |
| pool | [pu:l] | [pu:l] |
| pull | [pul] | [pʊl] |

i　ɪ

u　ʊ　(ᴜ)

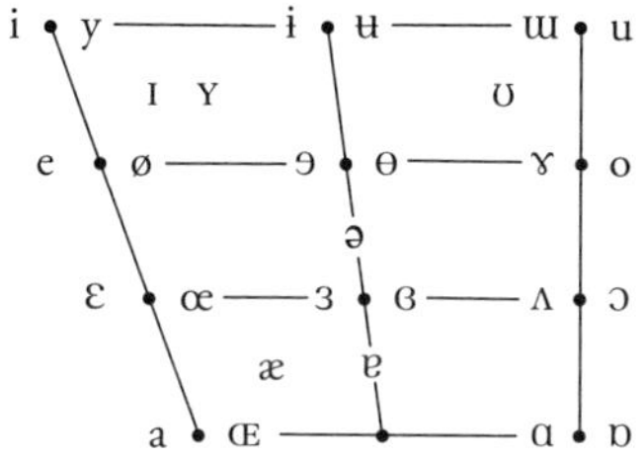


seat と sit の母音は長さだけでなく音質も違います。seat のほうが緊張した音で，sit のほうが緩んだ音です。どちらになるかは規則で決まるので，明示不要と考える辞書では A のような表記になり，区別が重要と考える辞書では B のような表記になります。この後の議論では違いが重要なので区別して表記し，[i, u] を「**緊張音**」，[ɪ, ʊ] を「**弛緩音**」と呼ぶことにします。

## ii. [í:] [í] と無強勢母音 [i] [ɪ] [ə]

happy の活用形・派生語の発音は，i と ɪ を区別して表記するとこうなります。

| | | | | | |
|---|---|---|---|---|---|
| happў | hæpi̠ | | | | |
| happĭlў | hæpɪ̠li | happĭėst | -i̠ɪst | happĭnėss | -i̠nɪs |
| happ*i*lў | hæpə̠li | -ĭ*e*st | -i̠əst | -ĭn*e*ss | -i̠nəs |
| happɨlў | hæpli | | | | |

happy の y は -ly が付くと i になりますが，よく見ると発音も変わっているのがわかります。happy̠ では緊張音の [i]，happi̠ly では弛緩音の [ɪ] です。接尾辞が付くと [ɪ] になるかというと，-est, -ness を付けた happi̠est, happi̠ness では [i] のままです。それでは ў/ĭ が [i] になるか [ɪ] になるかは何で決まる

のでしょうか。

happy, beauty のように y で終わる語に接辞が付く場合に，y の発音がどうなるかまとめてみると，こうなります。ポイントは接辞が母音と子音のどちらで始まるかです。

| 母音で始まる接辞 | 子音で始まる接辞 | |
|---|---|---|
| studying -iɪŋ | studies -iz | |
| happier -iər | studied -id | |
| happiest -iɪst -iəst | happiness -inɪs -inəs | happily -ɪli -əli |
| lobbyist -iɪst -iəst | likelihood -ihʊd | pitiless -ɪlɪs -ɪləs |
| | bellyful -ifʊl | pitiful -ɪfəl -ɪfl |
| [i] | | [ɪ] |

-(e)s [z], -ed [d], -ness, -hood, -ful, -ly, -less のように子音で始まる接辞の場合は [i] のままの場合と [ɪ] になる場合とがありますが，母音で始まる接辞が付く場合(つまり，語幹末が開音節のままの場合)は，i/y は [i] になることがわかります。弱母音の後に母音が続くと区別が付きにくくなるので（cf. ocean [óʊʃən] vs. oceanic [òʊʃiǽnɪk]），独立した音節を維持するにははっきりした発音にしておく必要があるからです。一方，後続音が子音なら区別は明瞭なので，緩んだ音になっても大丈夫です。弛緩音の [ɪ] はさらに弱化が進んで [ə] となり（happily [hǽpəli]），子音に挟まれている場合，脱落することもあります（happily [hǽpli]）。

次に接辞の re- について見てみましょう。まず，強勢があると rē [iː]，強勢がないと rė となりますが，rė の発音は react のように母音の前なら [ri]，relate のように子音の前なら [rɪ]（[rə]）となります。

| | 新英和大 | 本書 |
|---|---|---|
| rehab | ríːhæ̀b | rḗhằb |
| react | riǽkt | rėắct |
| relate | rɪ/əléɪt | rėlā́te |

同様のパターンはほかでも出てきます。create と cremate の違いは cre の後ろに m があるかないかだけです（m の代わりに・を入れて cre•ate と表記）。どちらの語にも強勢を第 1 音節に置く発音と第 2 音節に置く発音があります

が，第 1 音節に強勢がある場合はどちらも同じ crē̄ [krí:] となります。第 2 音節に強勢を置いた発音では，強勢が来ないため crė となりますが，母音が続く create では [kriéɪt]，子音が続く cremate では [krɪméɪt] となり，弱化すると [krəméɪt] となります。

| 前に第 1 強勢 | | | 後ろに第 1 強勢 | | |
|---|---|---|---|---|---|
| create | crḗ•āte | [krí: èɪt] | crė•âte | [kri éɪt] | |
| cremate | crḗmāte | [krí:mèɪt] | crėmâte | [krɪméɪt] | [krəméɪt] |

ここまでのところを整理しましょう。まず，緊張音 [i:] が強勢を失うと短化し [i] となります。開音節ではそのままですが，子音が後ろに続くと弛緩音 [ɪ] となり，弱化が進むと [ə] となり，子音間では脱落することもあります。

| | 長母音 | 短母音 | | |
|---|---|---|---|---|
| 緊張音 | ḗ [í:] | | ĭ ė [i] | |
| 弛緩音 | | ĭ́ [í] | ĭ ė [ɪ] | *i e* [ə] |
| | 強勢有 | | 強勢無 | |

i: → i → ɪ → ə → 脱落

ここまでの話を踏まえ，定冠詞の発音について考えましょう。the は単独では常に開音節ですが，単語が続けばその語頭音によって音節構造が変わります。定冠詞に強勢が来る場合は thē [ðí:] となりますが，強勢が来ないと短化して thė [ði] となります。母音が続く場合はそのままですが，子音が続く場合は緊張が緩み thė [ðɪ] [ðə] となり，母音が脱落し [ð] となることもあります。

| | | | | | | | | | |
|---|---|---|---|---|---|---|---|---|---|
| crḗ | krí: | – | crė• | kri | cre•ate | kri•éɪt | | | |
| | | | crėC | krɪ | cremate | (kriméɪt) | krɪméɪt | krəméɪt | (krméɪt) |
| rḗ | rí: | – | rė• | ri | re•act | ri•ǽkt | | | |
| | | | rėC | rɪ | relax | (rilǽks) | rɪlǽks | rəlǽks | (rlǽks) |
| bḗ | bí: | – | bė• | bi | be•atitude | bi•ǽtitju:d | | | |
| | | | bėC | bɪ | believe | (bilí:v) | bɪlí:v | bəlí:v | blí:v |
| thḗ | ðí: | – | thė• | ði | the •apple | ði•ǽpl | | | |
| | | | | | | (ðiʔǽpl | ðɪʔǽpl | ðəʔǽpl) | |
| | | | thėC | ðɪ | the battle | (ðibǽtl | ðɪbǽtl) | ðəbǽtl | ðbǽtl |

C 子音，• 開音節末，⬭ 標準的な発音，(　) 普通辞書には掲載されないもの

日本人には the [ðə] apple, the [ði] battle のように発音が逆でも不自然には感じられませんが，英語の音体系全体の中で見ると，母音の前で [ði]，それ以外で [ðə] であるのは偶然でないことがわかります。

### ・不定冠詞の発音

定冠詞の次は不定冠詞の発音について見ておきましょう。不定冠詞の場合，母音の前では n が付き an となりますが，この n は歴史的には数詞 one の昔の形 ān の n に由来します（ā は現代英語における長音 [ei] ではなく長母音を表す）。ān は歴史的な音変化を受け one となりましたが[2]，音変化を被る前に強勢のない母音が短化し，数詞から独立したものが不定冠詞の a です。元々どの単語の前でも付いていた n が母音の前を除き脱落したわけです。

不定冠詞の発達

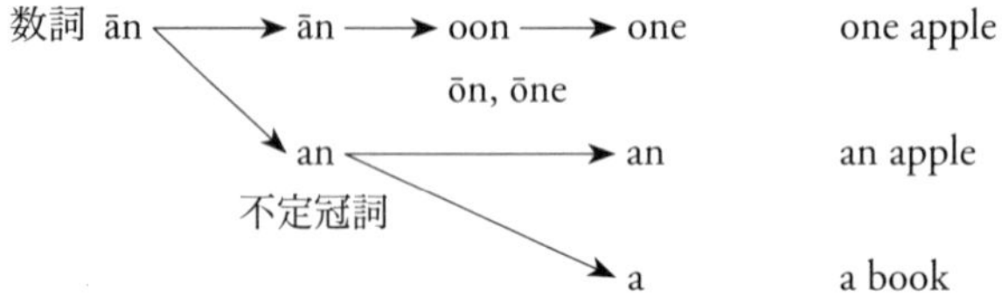


my も昔は n が付いていましたが，所有代名詞の mine を除き，すべて落ちてしまいました。所有格では一時期 my book, mine apple のように使い分けたこともあり，今でも詩などで母音や h で始まる語の前で mine を使用することもあります[3]。

さて，my (mine) では母音の前でも n は落ちたのに不定冠詞では残ったのはなぜでしょうか。もし [ən] の n が落ちたらどうなるか考えてみましょう。上で見たとおり，[ə] に母音が後続すると音節の境界がはっきりしなくなり，後続母音が弱母音だと融合して脱落してしまいます。ocean [óʊʃən] の場合，単語内での変化なので単語全体の識別には影響しませんが，a approach

---

2　現代英語の one の発音は [wʌn] ですが，これはある方言の発音が取り入れられたもので，規則的な音変化によるものではありません。alōne (<all＋one)，ōnly (<one＋-ly) の発音が示すとおり，本来は [oun] と発音しているはずのものでした。

3　Ann, Edward, Ellen の愛称が Nan, Ned, Nell になるのは，mine Ann, mine Edward, mine Ellen のように mine を使っていたときの名残りで，Nan, Ned, Nell の先頭の n は mine の n に由来します。

[əəprouʧ] → [əprouʧ] となったら，不定冠詞自体が消失してしまいます。oceanic [òuʃiǽnɪk], the apple [ðiǽpl] のように後続母音が強勢を持つケースでは [i] を使い独立した音節を維持しましたが，e の弱化のケースと違い不定冠詞には弱母音は [ə] しかないため，この方法は使えません。したがって，不定冠詞が独立性を維持するには n は不可欠ということになります。一方，後続音が子音なら [ə] とは融合しないため，n が落ちても不定冠詞そのものが消えてしまうことはありません。また，my/mine の場合，母音が長音 (ī, 二重母音 [ai]) で後続母音と融合しないため，n が落ちても困りません。

the の場合，子音の前で弱化が進み母音が脱落しても (e.g. the book [ðbʊk])，語頭の [ð] が残り冠詞が消失することはありませんが，語頭に子音がない a [ə] では，母音がなくなれば何も残らなくなるため，いくら弱化が進んでも落とすことはできません。それに対し an [ən] の場合は，母音が脱落しても語末に [n] が残り語が消失しないため，母音を落として [n] となることがあります (e.g. “eat ’n apple”)。my でも語頭の子音により識別できるため，弱化が進むと母音が落ちることもあります (cf. my lord, milord, m’lord; my lady, milady, m’lady)。

定冠詞の場合と同様に，日本人には an [ən] book, a [ə] apple でも不都合はないように思えても，英語の体系の中では a [ə] book, an [ən] apple となるのが自然ということになります。

## iii. [úː] [ʊ́] と無強勢母音 [u] [ʊ] [ə]

[i, ɪ] の場合と同じパターンが [u, ʊ] についても見られます。

| | 長母音 | 短母音 | | |
|---|---|---|---|---|
| 緊張音 | úː | | u | |
| 弛緩音 | | ʊ́ | ʊ | ə |
| | 強勢有 | | 強勢無 | |

uː → u → ʊ → ə → 脱落

次の例を見ると，母音の前では緊張音の [u] で，弛緩音の [ʊ] が現れるのは子音の前ということがわかります。緊張音の [u] は子音の前にも出現可能です。

〈子音の前〉

| | | |
|---|---|---|
| manipulate | mənípjuːlèɪt | -ju- -jʊ- -jə- |
| manuscript | mǽnjuskrɪ̀pt | -nj(ʊ/ə)- |
| manufacture | mæ̀njufǽktʃər | -nj(ʊ/ə)- |
| popular | pápj(ʊ/ə)lər | |
| ridiculous | r(ɪ/ə)díkj(ʊ/ə)ləs | |

〈母音の前〉

| | | | |
|---|---|---|---|
| manual | mǽnjuəl | mǽnjʊl | |
| annual | ǽnjuəl | ǽnjʊl | |
| usual | júːʒuəl | júːʒəl | júːʒl̩ |
| actual | ǽktʃuəl | ǽktʃəl | ǽktʃl̩ |

| | 母音の前 | 子音の前 |
|---|---|---|
| 緊張音 [u] | ○ | ○ |
| 弛緩音 [ʊ] | × | ○ |

上の例の右下の 2 例（usual, actual）の発音を見ると，緊張音 [u] が母音の前で緩んだ場合，独自の音節を維持することができず，次の母音と融合してしまうことがわかります。逆に言えば，弱母音 u が独自の音節を維持するためには，弛緩音の [ʊ] ではなく緊張音の [u] でなければならないことになります。上 2 例（manual, annual）の 2 つ目の発音では，弛緩音の [ʊ] が現れていますが，これは [əl] の母音が脱落し子音が後続しているためです。

### ・to の発音

上記の観察を踏まえて，to の発音について見てみましょう。『ロングマン発音辞典』は次のように述べています。

> **to** *strong form* **tuː**, *weak forms* **tu, tə** — *The BrE-oriented EFL learner is advised to use* **tə** *before a consonant sound,* **tu** *before a vowel sound. Native speakers, however, sometimes ignore this distribution, in particular by using* **tə** *before a vowel (usually reinforced by a preceding* **ʔ** *— see HARD ATTACK) or, in very formal speech, by using* **tu** *even before a consonant. In AmE the weak form* **tə** *is used before both consonants and vowels.* (*LPD*, p. 827)

アメリカ英語では弱形は子音の前でも母音の前でも [tə] であるのに対し，イギリス英語においては，定冠詞の場合と同様に区別があり，イギリス英語指向の学習者は子音の前では [tə]，母音の前では [tu] を使うのがよいとされています。定冠詞の発音と同様に，to [tuː] の弱形は母音の前とその他で異なり，母音で始まる単語でも声門破裂音 [ʔ] が入ると，子音で始まる単語の場合と同じように振る舞うことになります。

> When hard attack is used, and the word in question is preceded by **to**, then the weak form appropriate before a consonant is often used, namely tə. Thus **to eat** is usually tu ˈi:t but sometimes tə ʔi:t. (*LPD*, p. 367, コラム "HARD ATTACK", 下線は青字)

次のように変化をまとめてみると，定冠詞の場合と同様のパターンに従っていることがわかります。

| | | | | | |
|---|---|---|---|---|---|
| | tù: | tu | tʊ | tə | t |
| to beat | tù:bí:t | tubí:t | tʊbí:t | (təbí:t) | tbí:t |
| to eat | tù:ˀí:t | tuˀí:t | tʊˀi:t | təˀi:t | |
| | tù: í:t | (tu í:t) | | | |

『ロングマン発音辞典』ではイギリス英語とアメリカ英語で発音が違うとされていますが，ほかの辞書を見てみると英米を区別せずに発音を示すものが多いようです。

a. *before consonants* tə; *before vowels* tu; *strong form* tu:
b. tə; *before vowels* tʊ; *strong form* tu:
c. (弱) (子音の前) tə, tʊ, (母音の前) tu, (句・節・文の終わり) tu:; (強) tú:
d. 前《弱》tə| 子音の前 tə, t, 母音の前 tu; 文または節の終り tu:,《強》tú:; 副 tú:
e. (子音の前で) tə, (母音の前で) tu, (強) tu:
a. *OALD*, b. *LDOCE*, c.『新英和大』, d.『ジーニアス英和大辞典』, e.『ウィズダム英和辞典』

辞書で示されている発音は完全には一致しませんが，一致しないといっても「母音の前では [tə], [t]，子音の前では [tu]」のようなものはなく，上で見た「u: → u → ʊ → ə → 脱落」という大きなパターンと矛盾しないものとなっています。

## iv. 縮約形のパターンと冠詞，to の発音

英語には it's（＜it is），we'll（＜we will）のように（子音＋）母音が脱落し 2 語が 1 語になるものがあります。定冠詞の弱形は，後続母音から独立した音節を維持するため母音の前では［ði］となると説明しましたが，そもそも，母音を落とし th'apple としてはいけないのはなぜでしょうか。

フランス語には，弱母音 e［ə］を持つ短い代名詞，冠詞，接続詞などが，母音で始まる語が後続した場合に弱母音を落とし次の語と連結する，エリジオン（élision）と呼ばれる現象があります。

| | | | | | | |
|---|---|---|---|---|---|---|
| je ai | ce est | le or | de or | le ai | se en | que il |
| ↓ | ↓ | ↓ | ↓ | ↓ | ↓ | ↓ |
| j'ai | c'est | l'or | d'or | l'ai | s'en | qu'il |

このうち l'or（le は定冠詞，or は「金」）は「定冠詞＋名詞」なので，まさに th'apple に当たる形になり，言語によってはこのような縮約が可能ということになります。では，なぜ英語では th'apple とならないのでしょうか。

フランス語の c'est（＜ce（it）est（is））は，一見すると英語の it's に対応しているように見えますが，よく見てみると，フランス語では**前の語が母音を落とし後ろに付く**（弱形が後ろの語に付く**後接語**タイプである）のに対し，英語では**後ろの単語が母音を落として前に付く**（弱形が前の語に付く**前接語**タイプである）という違いがあることがわかります。英語では，she is のように母音が連続する場合でも，後ろの単語の母音を落として she's とすることはできても，フランス語式に前の語の母音を落として sh'is とすることはできません。

| | it is | she is | we are | she applied | she enjoyed |
|---|---|---|---|---|---|
| ○ | it's | she's | we're | — | — |
| × | — | sh'is | w'are | sh'applied | sh'enjoyed |

こうやって見てみると，th'apple や t'eat（＜to eat）はフランス語タイプの言語で認められても，英語では認められない形式であり，定冠詞の発音が英語の音体系のパターンに従ったものであることがわかります[4]。

[4] ここで問題にしているのは標準的な現代英語の話で，過去には，th'earth, th'immortal gods, t'enjoy, tamend（＜to amend）のような形が使われたこともあります。

# D. 接辞の付け方

この節では前章で見た規則を基に接辞の付け方について見ていきます。

## i. 接辞と綴り

中学で英語を習うと比較的早い段階で「-ing 形の作り方」を習います。発音の上では［iŋ］を動詞の原形に付けるだけなのに，綴り字上は語末の子音字を重ねたり e を取ったりするのには，綴り字上の音節構造と母音字の読みとの関係が関わっていることはすでに見ました。中学や高校で規則として指導するのは -ing, -ed, -er を付けたときの綴りについてだけなので，これらの接辞の場合だけの特殊な規則だと思っている人も多いかもしれませんが，ほかの接尾辞の場合でも当てはまるものです。

綴り字上注意が必要なのは，主に母音字で始まる接辞の場合です。母音字始まりの接辞が付くと，語幹の音節構造に影響を与えることになるためです。

母音字で始まる接辞：-**i**ng, -**e**d, -**e**r, -**y**, -**e**ss, -**a**ble, -**a**nce, -**e**nce, . . .
子音字で始まる接辞：-**l**ess, -**m**ent, -**f**ul, -**n**ess, -**l**y, . . .

子音字で始まる接辞 -ly でも，happy̲＋-ly → happi̲ly のように綴りが変わる場合がありますが，母音字で始まる接辞でも同様に変わるので（happy＋-er → happier），音節構造の問題ではなく，y の位置が語末かどうかによる変化と考えたほうがいいですね。名詞の複数や三人称単数現在を表す -s，序数の -(e)th でも y が i に変わりますが，これも同じ理由からです。

| | | | | | |
|---|---|---|---|---|---|
| trȳ | → | trī | ＋ (e)s / ed | → | trīes / trīed |
| study̆ | → | studĭ | ＋ (e)s / ed | → | studĭes / studĭed |
| twenty̆ | → | twentĭ | ＋ (e)s | → | twentĭes ［twéntiz］ |
| twenty̆ | → | twentĭ | ＋ (e)th | → | twentĭėth ［twénti$^{ɪ}_{ə}$θ］ |

では，次に母音字で始まる接辞が付くと，綴りにどう影響するのかについて見ることにしましょう。

## ii. 母音字で始まる接辞

### a）発音により子音字を重ねる必要のあるもの

接辞を付けてできる語の語幹末の音節の母音が，i）強勢を持ち，ii）短音であり，iii）1 字で綴られれば，綴り字上閉音節になるよう語末の子音字を重ねます。

i）　強勢を持つ：長短の対立があるのは強勢のある音節においてのみ。対立のない無強勢の音節で子音字を重ねる必要はない。
e.g.　begínning vs. vísiting

ii）短音である：綴り字上閉音節にするため子音字を重ねる必要がある。
e.g.　hŏpping vs. hōping

iii）母音字 1 字：現在は短音になっているものも，2 字以上で綴られるものは元々長音扱いで適用外。
e.g.　sĕtting vs. hĕading

i）に示したとおり強勢の位置が重要になりますが，occúr–occúrrence, refér–réference のように，接辞によっては語幹の強勢の位置が変わり，綴り方に影響が出るケースがあるため，注意が必要です。このように接辞の種類が強勢の問題に深く関わってくるため，以下では，語幹の強勢の位置に変化を引き起こさない接辞と，変化を引き起こすことがあるものとに大きく分けて見ていくことにします。

### ア）語幹の強勢の位置に変化をもたらさない接辞

#### ① -ing, -ed

-ing, -ed の付け方について見ますが，両者に共通することについては -ing のみ例として挙げます。

hōpe ＋ing →　hoping　→ hō|ping (v̄|cv)　　tāke ＋ing →　taking　→ tā|king (v̄|cv)

hŏp　＋ing →
- ×hoping　→ hō|ping (v̄|cv)
- hopping → hŏp|ping (v̆c|cv)

rŭn　＋ing →
- ×runing　→ rū|ning (v̄|cv)
- running → rŭn|ning (v̆c|cv)

refer ＋ing → { ×refering → refe̅|ring (v̄|cv) ／ referring → refér|ring (v̆c|cv) }　　par ＋ing → { ×paring → pa|ring (v̄|cv) ／ parring → par|ring (v̆c|cv) }

hope も hop も 1 音節語でどちらも母音字 o に強勢が来るので，上記 i) の条件を満たします。hōpe の末尾の e は o を長音として読ませるために付けたダミーの母音字なので，母音字で始まる -ing が続けば不要になります (hōping)。hŏp に -ing を付ける場合には，上記 ii), iii) の条件が当てはまり，o を短音として読ませるために，子音字 p を重ねます (hŏpping)。2 音節以上から成る語の場合，強勢の位置が重要です。begínning のように語幹末尾の音節に強勢があり，母音が短音の場合は子音字を重ねますが，vísiting のように強勢が来ない (条件 i) を満たさない) 場合は子音字を重ねません。format については末尾の音節に第 2 強勢ありとする辞書となしとする辞書がありますが，強勢なしの場合でも a は弱母音ではなく短音の ă [æ] なので，t を重ねて formătting とします。program(me) の第 2 音節には [græm] に加え [grəm] という発音もあります。元の綴りが programme であればどちらの場合でも programming となりますが，program であれば発音に応じて progrămming (a は短音 [æ])，progr*a*ming (a は弱母音 [ə]) と綴られることになります。hĕad [hed] の母音は強勢のある短音ですが，条件 iii) を満たさないため，d を重ねずに hĕading とします。

push, attach, graph, smith, sing のように 2 字で 1 つの子音を表す場合は，母音字が短音でも子音字は重ねません (cf. put → putting)。dŭmb [dʌm] のように黙字を含み発音上は語幹末子音が 1 つの場合も，そのまま接辞を付けます (cf. dŭmping)。

picnic, panic では k を加え picnicking, panicking としますが，これは音節構造とは関係なく，c が軟音として読まれることを防ぐためです(前母音字の前の c は [s] と読む，cf. p. 54)。arc にはそのまま -ing を加えた綴り (arcing) と，k を追加した綴り (arcking) とがあります。発音は arcing も arcking も同じです。

sinġe [sindʒ] (焦がす) の -ing 形は singeing ですが，規則通りなら singing になるはずです。-ing の i も前母音字なので，黙字の e を取っても g を軟音で読ませることができますが (cf. chanġing)，sing の -ing 形と同形になるのを避けるため，e は残し singeing とするわけです。sing の過去形は sang，過去分詞は sung で，singe の過去形・過去分詞とは同形にならないので，-ed を付ける場合は，規則通り singed とします。

dīe のように īɇ で終わる語に基本的な規則を適用すると dī̱e̱d, dī̱i̱ng になりますが，-ing 形では i が連続する綴りを避け dȳing にします（例．lie–lying, tie–tying）。dȳe は die の -ing 形と同形になるのを避け，e は取らずに dyeing とします。

| | | | | | | | | | | | |
|---|---|---|---|---|---|---|---|---|---|---|---|
| tie | ties | tied | tying | die | dies | died | dying | sing | sings | sang | singing |
| sty | sties | stied | stying | dye | dyes | dyed | dyeing | singe | singes | singed | singeing |

子音字＋y で終わる語の場合，-ed, -er などの接辞では y を i に変えますが（例．study̱–studi̱ed, modify̱–modifi̱er），-ing の場合，i の連続を避け，y のままにします（study̱ing/×studi̱ing）[5]。

（子音字＋）母音字＋l で終わる単語については独特の規則が適用されるので，まとめて見ていくことにしましょう。基本的に 1 音節語（refill のように接頭辞が付いた結果多音節になっているものを含む）が l で終わるときは l を重ねて綴ります。

例．ball, hall, small, shall, bell, well, will, doll, bull, gull,
　　all (cf. almighty), till (cf. until), full (cf. colorful), fill (cf. fulfil(l))

動詞でも同様で，次の動詞は最初から l は重なっているので母音の音価にかかわらずそのまま -ing を付けるだけです[6]。

例．ca̯ll, fa̯ll, sĕll, tĕll, fĭll, kĭll, chĭll, lŏll, pōll, rōll, cŭll, mŭll, pu̇ll

---

[5] i の連続の読みにくさは，昔の書体で綴ってみるとよくわかります。下の例の下段の書体はブラックレター体（ゴシック）です。昔は i に点はありませんでした。

die–diing–dying　　lie–liing–lying　　study–studiing–studying
**dıe–dııng–dyıng　　lıe–lııng–lyıng　　study–studııng–studyıng**

書体の発達に関しては第VI章で扱うので，詳しくはそちらをご覧ください。

[6] pōll, rōll のように閉音節で母音字が長音となる理由については，第 II 章 B. i. の「j) l の前の後母音字 a, o の発音」（pp. 46–50）を参照。

gelのようにlが1つの場合は発音に合わせgellingとします。

1音節語と違い多音節語では語末のlは重ねないことが多いのですが，接辞を付ける際には必要に応じてlを追加します。語幹末の音節に強勢があればlを重ねます[7]。

例. compĕ́l, excĕ́l, repĕ́l, impĕ́l, propĕ́l, dispĕ́l, expĕ́l, distĭ́l(l), instĭ́l(l), fulfĭ́l(l), appá̱l(l), contrṓl, decontrṓl, patrṓl

controlなどではlの前の母音は長音ですがlを重ねます。-able, -erを付けるときも同様でcontrollable, patrollerとします。pétrolは強勢の位置が異なりますがpetrollingとなります。prótocol（-cöl -cȍl -cȍl -c*o*l）にはprotocolling, protocolingの両方があります。

語幹末の音節に強勢がない場合，上で見た規則に従えばそのまま-ingを付けることになりますが，イギリス英語ではlを重ねて綴るため，英米で綴りに違いが生じます（米 traveling vs. 英 travelling）。

例. módel, lábel, gámbol, sýmbol, yódel, pánel, kénnel, fúnnel, túnnel, quárrel, téasel, chísel, fúel, lével, shóvel, tówel, díal, spíral

gambol［gǽmbəl］（はね回る）＋ingはgambol(l)ingとなりますが，発音の似たgamble［gǽmbl］は子音字を重ねることなくgamblingと綴られます。

※contrṓlの第2音節の母音は長音ōなのにlを重ねることに納得がいかない人は，本章の最後の「iii. 発音上の長短，綴り字上の長短，接辞付加時の扱いにおける違い」をご覧ください。

---

[7] 通常であれば，子音字を重ねるのは，接辞を付けてできる語の最後の音節の母音が「短音」という条件が付きますが，lの影響により長音化した-ōl［oul］, -a̱l［ɔːl］が存在するため，まとめて規則化しようとするとこの条件が外れることになります。a, o以外の母音字でこの環境で長音となるものはないので，一般の規則に「-al, -olの場合，長音だがlを重ねる」と例外を指定しても結果は同じとなります。

重ねる
- 短音・単母音字：-ĕl -ĭl -ŭl（e.g. expel fulfil annul）［-ŏl -ăl -ùl -y̆l は該当例なし］
- 長音・単母音字：-ōl -a̱l（＝aul）（e.g. patrol appal）

重ねない
- 長音・単母音字（＋-e）：-āle（-ēle）-īle -ōle -ūle -ȳle（e.g. scale file role ridicule style）
- 長音・二重母音字：-eel -ēal -o͞ol -oal -aul -ȯwl -ȯul -ōwl -ōul（e.g. feel steal cool coal haul howl befoul bowl ensoul）

### ② -er (-ed)

比較級の -er や動詞に付き「〜する者」などを表す -er も -ing, -ed の場合と基本的なところは変わりません。接辞を付けてできる語の語幹末の音節の母音が強勢を持ち，短音である場合に，子音字を重ねます。

下に示した late の比較級について見てみましょう。lat では閉音節なので lăt [læt] となってしまうので，lāt [leit] と読ませるには，ダミーの母音字 e を付けて lāte とします。子音字で始まる -ly の場合は黙字の e は取らずに lately としますが，母音字で始まる -er を付ける場合は，ダミーの e は不要になるので，e を取って -er を付けます。late の比較級には [lǽtər] という形もありますが，母音が短音 ă として読まれるよう，t を重ね lătter とします。

lāte＋-er → later → lā | ter (v̄ | cv)

bĭg ＋-er → ×biger → bī | ger (v̄ | cv)

bĭg ＋-er → bigger → bĭg | ger (v̆c | cv)

lāte＋-er → latter → lăt | ter (v̆c | cv)

sage＋-er → sager → sā | ger (v̄ | cv)

そのほか，-er を付ける際に注意すべき点について説明します。子音字＋y で終わる語の場合，比較級の -er を付ける場合は y を i に変えます。動詞に付いて「〜する者，道具」を表す -er の場合も y を i に変えますが (例. amplify/-fier, qualify/-fier, specify/-fier, defy/-fier, modify/-fier)，語幹が 1 音節の場合には y のままの綴りもあります。

| | | | | | |
|---|---|---|---|---|---|
| dry + -er | → | drier / dryer | cry + -er | → | crier / cryer |
| fly + -er | → | flier / flyer | fry + -er | → | frier / fryer |
| pry + -er | → | prier / pryer | | | |

free の比較級・過去形は freer, freed となりますが，これはちょっと特殊です。-ing を free に付けると freeing となり freing とはならないことからわかるように，語末の e は黙字ではないので，規則に従えば freeer, freeed となりますが，バランスが悪いので e を 1 つ取ってしまいます。このように ee で終わる単語に -er, -ed を付けるときは，eeer, eeed とはせずに，e を 1 つ減らして eer, eed とします。foresee (予見する)＋-er は foreseer になります。tee (〈ボールを〉ティーの上に載せる) に -ed を付けると teed になりますが，同

じ［tiː］という発音でも tea であれば，teaed（tea'd）となります。

### ③ -ess, -y, -ish など

これらについても基本は上で見たものと同じです。

prĭnce＋-ess → princess → prĭn|cess (v̆c|cv)

gŏd＋-ess →
- ×godess → gō|dess (v̄|cv)
- goddess → gŏd|dess (v̆c|cv)

wĭnd ＋-y → windy →
- wĭn|dy (v̆c|cv)
- wĭnd|y (v̆cc|v)

sun＋-y →
- ×suny → sū|ny (v̄|cv)
- sunny → sŭn|ny (v̆c|cv)

prĭnce に -ess を付けるときは，c を軟音として読ませるために付いている黙字の e を取って -ess を付け，princess とします。gŏddess では o を短音として読ませるため d を重ねていますが，lioness では語幹末音節に強勢がなく，子音字は重ねません。mánnish［mǽniʃ］と wómanish［wúməniʃ］の違いも同様の理由によります。panicky に k が付くのは c を硬音で読ませるためです。

wind に -y を付けると windy になりますが，この場合，win/dy と解釈しても，wind/y と解釈しても，i は閉音節に現れることになり，短音として発音できます。

y で終わる語に接辞の -y を付ける場合には，yy の連続を避けるため e を挿入し yey とします（例．skyey［skáii］（天のような），clayey［kléii］（粘土質の），slyey［sláii］（形容詞＋-y，やや～な））。hole に -y を付ける場合は，holy と同綴りになるのを避け，末尾の e は取らずに holey とします。

## イ）強勢の位置に変化をもたらすことのある接辞

### ① -ence

depénd＋-ence → dependénce → depénd|ence / depén|dence

refér ＋-ence → réference → réfer|ence / réfe|rence

occúr ＋-ence →
- ×occúrence → occu|rence (v̄|cv)［əkjúərəns］
- occúrrence → occûr|rence (v̆c|cv)［əkə́ːrəns］

occúr では接辞が付いても強勢の位置は変わらず，r を重ねずに occúrence とすると occūrence [əkjúərəns] となってしまうため，r を重ね occŭrrence [əkə́ːrəns] とします。refer, prefer では，-ence が付いて réference, préference となると強勢の位置が変わり，-ence の前に強勢が来なくなるため，r を重ねる必要はありません。

occúr　occúrring　occúrrence
refér　reférring　réference

díffer–dífference と defér–déference のように紛らわしいものもあるので注意が必要です。transfer の名詞は transference と綴られますが，強勢の位置に 2 種類あり，第 1 音節に強勢がある発音 tránsference では規則通りですが，transférence では例外となります。

### ② -able

understand＋-able → understandable → understăn|dable / understănd|able
descrībe＋-able → describable → descrī|bable
bĭd＋-able → ×bidable → bī|dable (v̄|cv)
bĭd＋-able → biddable → bĭd|dable (v̆c|cv)

bĭd に -able を付ける場合，d を重ねずに bidable とすると bīdable [báidəbl] となってしまうので，bĭddable [bídəbl] とします。bŏŏkable [búkəbl] では k は重ねられませんが，それは ŏŏ は短音でも 2 字で綴られているためです（cf. putting–looking）。

infer＋-able の場合，ínferable または inférrable であれば規則的ですが，実際には inférable となるケースが多く，発音と綴りにずれが生じています。replaceable で黙字の e が保持されているのは，c を軟音で発音させるためです。use＋-able の場合，e を取って usable としても問題ありませんが，語幹が短いと同定しにくくなるので，e は削除せずに useable と綴られることもあります。

**ウ）接辞それ自身に強勢が来るもの：-ee**

-ee はフランス語の過去分詞の語尾 -é に由来するもので，フランス語での発音を真似て，接辞自身に第 1 強勢を置き，語幹の第 1 強勢は第 2 強勢となるのが普通です。

| | | | | | |
|---|---|---|---|---|---|
| ėxámine | → | exàminée | arrést | → | arrèstée |
| prómise | → | pròmisée | íntervieẁ | → | ìnterviewée |

語幹末の音節に強勢がある動詞に -ee を付ける場合，強勢を持つ音節が続くことを避けるため，第 2 強勢の位置が変わることがあります。

| | | | | | |
|---|---|---|---|---|---|
| advíse | → | advī̀sée | ėndórse | → | ėndòrsée |
| | | ằdvīsée | | | ĕ̀ndorsée |
| ėmplóy | → | ėmplòyée | dėtáin | → | dėtàinée |
| | | ĕ̀mployée | | | dḕtainée |

上記の動詞はどれも 2 音節語で，第 1 音節には強勢が来ないため弱母音となっていますが，強勢の位置が第 1 音節に移動すると，環境に応じて短音となったり（e.g. ằd・vīsée），長音となったり（e.g. dḕ・tainée）します。

次のように，短音を表す単母音字に子音字が 1 つ続いて語が終わる場合，子音字を重ねます。

| | | | | | |
|---|---|---|---|---|---|
| permít | → | pèrmittée | allót | → | allŏttée |
| commít | → | còmmittée（監査委員会，後見人） | quĭz | → | quĭzzée |
| | | commíttee（委員会） | | | |
| acquít | → | acquìttée | | | |
| （[əkwít]，無罪とする） | | | | | |

-ence などの場合と異なり，-ee が付いた結果，強勢の位置が語幹末から移動する場合でも子音字を重ねます。commít＋-ee は意味により発音が変わります。「《古》〘法律〙破産管財事務執行に対する監査委員会，（心神喪失者などの）後見人」（『新英和大』）では còmmittée，「委員会」等の意味では commíttee となります。

l で終わる語の場合，-ing 形で見たのと同様のパターンになります。expél

[ikspél] のように最後の音節に強勢が来る場合は l を重ね，lī́bel [láibəl] のように強勢が来ない場合は，アメリカ式では l は重ねず，イギリス式では l を重ねます。

ėnrṓl(l)　→　ėnrṑllée　　lī́bel　→　lī̀belée　AmE,　lī̀bellée BrE
ėxpĕ́l　→　ėxpĕ̀llée
　　　　　ĕ̀xpĕllée
cf.
ėnrṓl(l)　→　ėnrṓlling　　lī́bel　→　lī́beling　AmE,　lī́belling BrE
ėxpĕ́l　→　ėxpĕ́lling

## b）語末の子音字を重ねることのないもの

語幹末の母音字の発音とは関係なく，接辞を付けるときに常に語幹末子音字を重ねないものもあります。発音に合わせ綴りを決めるわけではないので，上で見た綴り字上の音節構造とは別の理由で母音の発音が決まることになります。ある語に当てはまる規則がほかの語には適用されないことも多く，単語ごとに覚える必要がありますが，どんなパターンがあるのか知っておくと，チェックポイントになって，発音を覚えるときの役に立つでしょう。

### ① -ic

次の例を見ると，-ic の直前の音節に強勢が来ること，そして母音が短音となること（ただし網掛けした語は例外）がわかります[8]。

| | | | | | | | | |
|---|---|---|---|---|---|---|---|---|
| stāte | → | stắtic | scēne | → | scḗnic | cōne | → | cŏ́nic |
| volcā́no | → | volcắnic | ắthlēte | → | athlĕ́tic | tōne | → | tŏ́nic |
| órgan | → | orgắnic | Hṓmer | → | Hōmĕ́ric | phōne | → | phṓnic |
| bāse | → | bā́sic | mḗtre | → | mĕ́tric | mícroscṑpe | → | mìcroscŏ́pic |
| thēme | → | themắtic | sphēre | → | sphĕ́ric(al) | mĕ́thod | → | methŏ́dic(al) |
| | | | mī́me | → | mĭ́mic | sýmbol | → | symbŏ́lic(al) |
| | | | sắtīre | → | satĭ́ric | cȳcle | → | cȳ́clic |
| | | | | | | lȳre | → | lў́ric |

[8] mĕtal → metăllic では l が重なっていますが，これは ă の音価とは関係なく，métallùrgy（冶金）の例からわかるように，「金属」を表す metall- が ll を含むためです。

ecŏ́logy–ecolŏ́gical のように -ology で終わる語の形容詞形にも当てはまります。lŏ́gic(al), mắgic(al) などの発音も，-ic の前の母音は短音という同じパターンに従っています。

-ic の前の母音は短音が基本ですが，-ic の前に子音字がないと開音節になるため長音となります（例．álgebr*a* → àlgebrā́ic, fórmul*a* → fòrmulā́ic, herō → herṓic, Romā́ic）。

## ② 強弱弱パターンにおける短音化（-ity, -(at)ive, -al）

hŏ́liday（<hōly＋day），extrĕ́mity（<extrḗme＋-ity）のように，**強弱弱**（**強弱強**）の強勢パターンで終わる語で最初の**強**の部分が短音となることがあり，3 音節短音化（弛緩音化）と呼ばれています。

profóund–profŭ́ndity, renóunce–renŭ́nciation のように綴り自体が変われば どう発音されるかは明白ですが，綴りからはわからないものが多いので注意が必要です。nā́tion–nắtional では適用されるけれども mṓtion–mṓtional は適用外，ímplicā̀tive/implĭ́cative では複数の発音が可能など，一律に適用される規則ではないので 1 つ 1 つ覚える必要があります。

**・-ity**

| | | | | | | | | |
|---|---|---|---|---|---|---|---|---|
| pŏ́pular | → | populắrity | extrḗme | → | extrĕ́mity | audā́cious | → | audắcity |
| sā́ne | → | sắnity | serḗne | → | serĕ́nity | rapā́cious | → | rapắcity |
| nā́tional | → | nàtionắlity | obscḗne | → | obscĕ́nity | vivā́cious | → | vivắcity |
| lṓcal | → | locắlity | brḗve | → | brĕ́vity | | | |
| pṓlar | → | polắrity | divī́ne | → | divĭ́nity | | | |
| rḗgular | → | règulắrity | sublī́me | → | sublĭ́mity | | | |
| húman | → | humắnity | sŏ́lid | → | solĭ́dity | | | |
| váin | → | vắnity | vắlid | → | valĭ́dity | | | |

scārce–scārcity, rāre–rārity などは規則の適用を受けません。homogenḗity [-níːəti], ingenū́ity [-njúːəti] のように -ity の前が母音字の場合は開音節なので，強勢付き母音字となり，必ず長音になります。

**・-(at)ive**

| | | | | | |
|---|---|---|---|---|---|
| compā́re | → | compắrative | derī́ve | → | derĭ́vative |
| declā́re | → | declắrative | índicāte | → | indĭ́cative |
| prepā́re | → | prepắrative | evṓke | → | evŏ́cative |
| narrā́te | → | nắrrative | provṓke | → | provŏ́cative |
| relā́te | → | rĕ́lative | (lṓcal) | | lŏ́cative |
| negā́te | → | nĕ́gative | (vṓcal) | | vŏ́cative |

creā́te［kriéit］→ creā́tive［kriéitiv］では強勢の位置は変わらず，a は長音のままですが，relā́te［riléit］→ rĕ́lative［rélətiv］では強勢は第 1 音節にあり，a には強勢はなく弱母音となっています。

次の例のように 2 通りの発音があるものもあります。

| | | |
|---|---|---|
| connṓte | → | cŏ́nnotàtive / connṓtative |
| denṓte | → | dḗnotàtive / denṓtative |

**・-al**

| | | | | | |
|---|---|---|---|---|---|
| nā́ture | → | nắtural | crī́me | → | crĭ́minal |
| nā́tion | → | nắtional | rī́te | → | rĭ́tual |
| grā́de | → | grắdual | ŏ́rigin, ór- | → | orĭ́ginal |

natural, national などよく見る単語で短化が見られますが，次の例のように母音が短化しないものがほとんどなので，発音を学ぶうえでは短化するものを例外として覚えたほうがいいでしょう。

| | | | | | |
|---|---|---|---|---|---|
| mōtion | → | mōtional | erōsion | → | erōsional |
| occāsion | → | occāsional | educātion | → | educātional |
| sensātion | → | sensātional | operātion | → | operātional |
| relātion | → | relātional | rēgion | → | rēgional |

## iii. 発音上の長短，綴り字上の長短，接辞付加時の扱いにおける違い

前節で見たとおり[9]，（子音字＋）母音字＋l で終わる単語では，-ing など母

[9]「a) 発音により子音字を重ねる必要のあるもの」「ア）語幹の強勢の位置に変化をもたらさない接辞」（cf. pp. 78–81）

音字で始まる接辞を付ける際，最後の音節に強勢が来れば，l を重ねて綴ります（compél(l̠ing), contról(l̠ing)）。「母音が短音の場合」という条件が付かないので，次の例の下段（*β*）の語のように母音が短音でない語でも子音字を重ねることになります。

*α*. compĕ́l [-el], excĕ́l [-el], propĕ́l [-el], distĭ́l(l) [-il], fulfĭ́l(l) [-il]
*β*. appá̯l(l) [-ɔːl], contrṓl [-oul], patrṓl [-oul]

強勢があれば l を重ねるという規則に従っていれば正しい綴りが得られはしますが，なぜ，子音字が l の場合には，母音字が短音でなくても重子音字にするのでしょうか。前節では話が複雑になるのを避けるために説明しませんでしたが，ここでは，長音なのに接辞を付けるときに重子音字にする理由について考えることにします。

第 II 章で，基本的に，2 字綴りの母音字は長音となること，1 字綴りの母音字には短音と長音があり，綴り字上，閉音節であれば短音，開音節であれば長音となることを見ました。au/aw, ai/ay のように 2 字で 1 つの母音を表す場合，may, maw（開音節），mail, maul（閉音節）のように音節構造とは関係なく長音となります。それに対し 1 字綴りの a の場合，măt のように閉音節なら短音，māte なら(見かけ上)開音節で長音となりました。では，mall の a の扱いはどうなるでしょうか。表にしてほかの語と比べてみましょう。

| 1 字綴り（音節構造による長短） | | 2 字綴り → 長音 | |
|---|---|---|---|
| 閉音節 → 短音 | 開音節 → 長音 | 閉音節 | 開音節 |
| mat　bat | mate　bate | maul　bawl | maw |
| mall　ball | male　bale | mail　bail | may　bay |

māle [meil] の長音 a [ei] が（見かけ上の）開音節に現れているのに対し，mal̮l [mɔːl] の長音 a [ɔː] が現れているのは閉音節です。maul [mɔːl] も閉音節ですが，au は 2 字綴りなので長音でも問題ありません。それに対し，mal̮l では母音字は 1 字なので音節構造に基づき本来は短音 ă [æ] となるところですが，第 II 章で見たとおり[10]，後続する子音 l の影響を受け長音となったものです

[10]「B. 各文字の読み方」「i. 母音字の読み方」「j) l の前の後母音字 a, o の発音」(pp. 46–50)

（[al] → [aᵘl] → [ɔːl]）。rōll, contrōl などの ōl [oul] についても同じことが当てはまります。長音となった後も短音であったときの綴り方を踏襲しているため，接辞を付ける際，l を重ねるわけです。

| | | | | |
|---|---|---|---|---|
| 比較 | hā/le(d) | mā/le(d) | wā/le(d) | 音節構造 * に基づく長音 |
| | ha͜l/l(ed) | ma͜l/l(ed) | wa͜l/l(ed) | 後続子音の影響による長音 |
| | hau/l(ed) | mau/l(ed) | wau/l(ed) | 2 字綴りの長音 |

*「音節構造」と言っても綴り上の話で，実際の発音はどれも閉音節です (e.g. hale(d) [heil(d)], hall(ed) [hɔːl(d)], haul(ed) [hɔːl(d)])。

control(ling) では，母音字が短音扱いで l が重子音字となることが見て取りやすいですが，多くの語では閉音節の標識としての重子音字の働きが見えにくくなっています。というのも，1 音節語の場合，綴り字上のバランスから (cf. till vs. until)，接辞を付ける前から l が重ねられているためです。

例．ca͜ll, fa͜ll, sĕll, tĕll, fĭll, kĭll, chĭll, lŏll, pōll, rōll, cŭll, mŭll, pu̇ll

このような事情から ca͜lling, fa͜lling, rōlling のように，長音なのに短音扱いで重子音字を用いるケースは目にしていても，そのことに気付きにくくなっています[11]。

元々短音だったものが，長音化した後も，接辞を付ける際には短音扱いとなる――。何か似た話があったような，と思った人もいるかもしれません。似た話は 2 字綴りの短音 ĕa, ŏo を含む，head, look の -ing 形の説明でも出てきました (cf. p. 34)。a͜l, ōl とは逆に，ĕa, ŏo では，元々長音だったものが短化した後も，接辞を付ける際には長音扱いのままとなっており，ˣheadding, ˣlookking のように子音字を重ねたりはしません。

| 発音上の長短 | | 綴り字上の長短 | | 接辞付加時の綴り字決定における扱い | | |
|---|---|---|---|---|---|---|
| [bed] | 短母音 | bĕd | 短音 | bedding | (bĕd/ding) | 短音 |
| [hed] | 短母音 | hĕad | 短音 | heading | (hēa/ding) | 長音 |
| [biːd] | 長母音 | bēad | 長音 | beading | (bēa/ding) | 長音 |

[11] さらに，分綴において，patrol･ling, patrol･ler に対し roll･ing, roll･er と分割されることも，共通性を見えにくくしている要因の 1 つです。分綴については第 IV 章を参照。

特定の子音の前で母音が長音化する現象は，a̯l, ōl 以外でも見られます。BrE cläss [klɑːs], AmE dög [dɔːg] などがそうです。全体像を把握するために，規則的なものも含めて一覧にしてみましょう。

| | | 綴り字上の長短 | |
|---|---|---|---|
| | | 短音 | 長音 |
| 接辞付加時の扱い | 短音 | A. ă ĕ ĭ<br>ŏ ŭ y̆ | B. ōl a̯l; BrE äf äs äth (cf. AmE ăf ăs ăth)<br>AmE öf ös öth ög (cf. BrE ŏf ŏs ŏth ŏg) |
| | 長音 | C. e͝a o͝o | D. ā ē ī ō ū ȳ; ä ë ï ö ü; ee e͞a o͞o oa;<br>au/aw ai/ay eu/ew ei/ey ȯu/ȯw ōu/ōw oi/oy |

母音字と r の組み合わせのパターンは省略。

A と D ではどちらの観点から見てもずれはなく問題はないので，注意が必要なのは C と B ということになります。C についてはすでに見ているので，B について詳しく見ることにしましょう。

B は，綴り字上長音扱いされるが，接辞を付ける際の綴りの決定においては短音扱いになり重子音字を用いるものでした。それなりの数があるにもかかわらず話題となることが少ないのは，実際に子音字を重ねるかどうかが問題になるのは網掛けした 3 つのみで，かつ，この 3 つでも該当例が少ないためです。

まずは網掛けしていないものについて見てみましょう。BrE staff, shaft, grass, pass, ask, last, bath, path などの a は長音 ä [ɑː] となり (AmE ă [æ])，a が後続の [f, s, θ] の影響で長音化している点で a̯l, ōl と似ています。しかし，これらで「短音」の条件が問題とされることがないのは，[f, s] のケースでは元々子音字が重ねられており，[ft, sk, st, θ] は 2 字で綴られているため，接辞はそのまま付ければよく，接辞を付ける際に子音字を重ねるかどうかを考える必要がないためです。scoff [skɔːf|skɔf], loft [lɔːft|lɔft], toss [tɔːs|tɔs], cost [kɔːst|kɔst], froth [frɔːθ|frɔθ] などでは，逆にアメリカ英語で母音字 o が長音化していますが (AmE ö [ɔː], BrE ŏ [ɔ])，-off, -oft, -oss, -ost, -oth では子音字 2 字が後続しているためそのまま接辞を付ければよく，重子音字とするかどうかを考える必要がありません。

今度は，網掛けした a̯l, ōl, ög について見てみましょう。a̯l, ōl については上で見たとおりで，すでに原形で重子音字となっているため，接辞を付けるときに重子音字にする必要があるかどうかを考える必要がないものがほとんどです。

og で終わる単語のアメリカ英語での発音はなかなか複雑です。辞書により，また単語により，発音(表記)が異なっています。[ɔːg], [ɔg], [ɑg], [ɑːg] のうちの 1 つ，あるいは複数のものが並べられていたり，長音符を括弧に入れた [ɔ(ː)g], [ɑ(ː)g] のような表記も使われています。AmE ög [ɔːg] (e.g. dog [dɔːg], fog [fɔːg], log [lɔːg]) の場合，音声上は長母音 (ö＝au) ということになりますが，それでも綴り字上は短音扱いで，接辞を付けるときは，dogging, fogging, logging と g を重ねて綴ります[12]。AmE ŏg の発音の表記には，最近では [ɑg] に加え [ɑːg] も用いられるようになっています。g の前に限らず，米音では ŏ は長めに発音されるため，辞書によっては [ɑ] ではなく [ɑ(ː)] [ɑ, ɑː] [ɑː] と表記しているためです。[ɑː] なら発音上は長母音ということになりますが，長母音だから子音字は重ねないかというと，もちろんそんなことはなく，実際の発音が [hɑːp] でも，hop の -ing 形は p を重ねて hop/ping とします。hŏp の ŏ は，実際に長く発音されようがされまいが，あくまで綴り字上は短音として扱われるわけです。

このように，英語の発音・綴りでは，いろいろなレベルで“長短”の食い違いが見られます。綴り方はある時代の母音の実際の長短を基に決まりましたが，その後発音が変わり，さらに地域により異なる変化をしたり，同じ方言でも単語によって変化を被ったものと被らなかったものがあったりしたため，現在の実際の発音に基づき綴り方を説明しようとすると，一貫性のない説明にならざるを得ない状況になってしまいました。次頁の表は，レベル間での“長短のずれ”の例を示したものです(「長」の箇所に網掛けしています)。これだけ複雑であれば，英語の綴りは複雑で，規則がわからないと思うのも当然ですね。

[12] *New Oxford American Dictionary* は，catalog の発音は /ˈkatl ˌôg; -ˌäg/，変化形は g を重ねない cataloged, cataloging としています。

| | | | 実際の発音 | | 綴り字上の長短 | | 接辞付加時の扱い | |
|---|---|---|---|---|---|---|---|---|
| A. | | bet | [bet] | 短 | bĕt | 短 | bĕt/ting | 短 |
| | | beat | [bi:t] | 長 | bēat | 長 | bēa/ting | 長 |
| B. | | head | [hed] | 短 | hĕad | 短 | hēa/ding | 長 |
| | | control | [kəntróul] | 長 | contrōl | 長 | contrŏl/ling | 短 |
| C. | | room | [ru:m] | 長 | ro͞om | 長 | ro͞o/ming | 長 |
| | | | [rum] | 短 | ro͝om | 短 | ro͞o/ming | 長 |
| D. | | role | [roul] | 長 | rōle | 長 | rō/ling | 長 |
| | | roll | [roul] | 長 | rōll | 長 | rŏl/ling | 短 |
| | BrE | loll | [lɔl] | 短 | lŏll | 短 | lŏl/ling | 短 |
| | AmE | loll | [lɑl] | 短 | lŏll | 短 | lŏl/ling | 短 |
| | | | [lɑ:l] | 長 | | 短 | | 短 |
| E. | BrE | hop | [hɔp] | 短 | hŏp | 短 | hŏp/ping | 短 |
| | AmE | hop | [hɑp] | 短 | hŏp | 短 | hŏp/ping | 短 |
| | | | [hɑ:p] | 長 | | 短 | | 短 |
| F. | BrE | log | [lɔg] | 短 | lŏg | 短 | lŏg/ging | 短 |
| | AmE | log | [lɔ:g] | 長 | lög | 長 | lŏg/ging | 短 |
| | BrE | jog | [dʒɔg] | 短 | jŏg | 短 | jŏg/ging | 短 |
| | AmE | jog | [dʒɑg] | 短 | jŏg | 短 | jŏg/ging | 短 |
| | | | [dʒɑ:g] | 長 | | 短 | | 短 |
| | | | [dʒɔ:g] | 長 | | 短 | | 短 |

以上，第 II 章で見た綴りと発音の関係を基に，文字の名前，冠詞の発音，接辞の付け方について見てきました。次の第 IV 章では分綴の規則について見ますが，この章はとばし，第 V 章あるいは第 VI 章に進み，第 IV 章・第 V 章は第 VII 章を読んだ後で読んでもいいでしょう。

# 第IV章

# 分　綴　法

日本語では分かち書きせず，基本的には行末で文字単位で自由に語を分割することができますが，英語ではそういきません。この章では，単語を分割する際，どういう規則に従っているのかについて見ていきます。

※V章以下はこの章の内容の理解を前提とするものではないので，先にそちらを読み，後でこの章を読んでもいいでしょう。

※本章のB節では分綴の原理・規則を細かく分類していますが，階層関係を示すのに以下の記号を使っています。

| | |
|---|---|
| i, ii, iii | 大分類 |
| a), b) . . . | 第2の階層 |
| ア), イ) . . . | 第3の階層 |
| ①, ② . . . | 第4の階層 |

# A. 分綴について

英語の辞書を見ると見出し語が “al•pha•bet” のように区切られています。この「•」という点は単語を分割してよい箇所を示すものですが，単語を分割する場合とはどんな場合でしょうか。

最初に思い付くのは次の場合でしょう。

> Twin and adoption studies have shown that inheri-
> tance is a strong determinant of personality. But some

上の例では 1 行目の最後に来た inheritance が 1 行目に入りきらなくなったので inheri と tance に分割され，分割した印として inheri にハイフンが付けられています。このように行末で単語を分割するのはよく見ますが，単語を分割するのはこういうケースに限りません。

次の例は楽譜に歌詞を書く場合です。

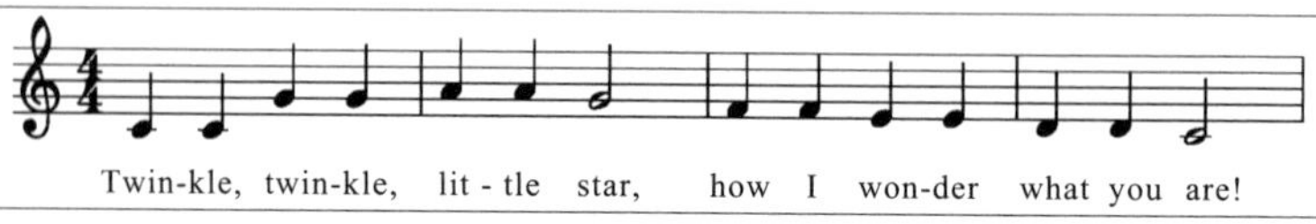
Twin-kle, twin-kle, lit - tle star, how I won-der what you are!

英語の教科書にも英語の歌が楽譜付きで載せてあることが多いので，ほとんどの人が見たことがあるでしょう。ハイフンで区切られている単語が 2 音節語で，ほかは 1 音節語です。このように楽譜では語の音節が音符に対応するように書きます。

次のように，発音問題で単語が分割されて示されることもよくあります。

次の各組から第 1 強勢の位置がほかと異なるものを 1 つずつ選べ。

| | | | | |
|---|---|---|---|---|
| 問 1. | a. nov-el | b. re-spect | c. i-dol | d. fi-nal |
| 問 2. | a. dif-fer-ence | b. del-i-cate | c. em-phat-ic | d. sen-si-tive |
| 問 3. | a. com-fort-a-ble | b. ap-pro-pri-ate | c. ded-i-cat-ed | d. nec-es-sar-y |

この場合も音節単位に分割しています。音節単位で分割するので，この分割の方法を syllabi(fi)cation（分節法，分綴法）と言います。ハイフンを使って語

を分割する（分割されたものをハイフンで繋ぐ）ので，hyphenation とも言います。

このように英単語が分割されることはよくありますが，好きなところで自由に単語を切っていいわけではありません。辞書には切っていいところが書いてありますが，意識して見ることは珍しく，よく知っている単語でも意外とどこで切っていいかわからなかったりします。試しに次の語で分綴可能な箇所を / でマークしてみてください（答えは次ページ上にあります）。

| | | | | |
|---|---|---|---|---|
| a. b r o t h e r | b. p r e s e n t | 形容詞 | c. b a n a n a | AmE |
| m o t h e r | p r e s e n t | 名詞 | b a n a n a | BrE |
| f a t h e r | p r e s e n t | 動詞 | | |
| s i s t e r | | | | |

どうでしょうか。a だけでも全問正解は難しかったのではないでしょうか。b では品詞，c ではアメリカ英語・イギリス英語の違いが示されています。ということは，それで切り方が変わるということですね。辞書を見れば分割してよい場所は確認できますが，説明はなく，なぜそう分割されるのかはわかりません。次の節ではなぜそう分割されるのか，分綴の原理について見ていきたいと思います。

## B. 分綴の規則

分綴は学問的に論じられることが少なく，出版社などの内部資料は表に出て来ないため，関連文献を見つけるのが大変です。本章の内容は特定の文献に基づくものではなく，辞典に示されている分綴を基に独自に規則として述べたものです。例えば次の例から，e の後に子音字 1 文字が来て母音字が続く場合（eCV），e が短音 ĕ なら後続の子音字を付け（ĕC･V），長音 ē なら子音字は次の音節に送る（ē･CV）ことがわかります。

| | | | |
|---|---|---|---|
| ĕC･V: | mĕd･i･cal | nĕv･er | pho･nĕt･ic |
| ē･CV: | mē･di･al | fē･ver | pho･nē･mic |

辞書によって分割の仕方が異なる場合もあります。上記の規則に従うならば specify は spĕc･i･fy と分割されることになりますが，spĕ･ci･fy とする辞書

分綴の答え

| | | |
|---|---|---|
| a. b r o t h/e r | b. p r e s/e n t　形容詞 | c. b a/n a n/a AmE |
| m o t h/e r | p r e s/e n t　名詞 | b a/n a/n a BrE |
| f a/t h e r | p r e/s e n t　動詞 | |
| s i s/t e r | | |

もあります。こういう辞書でも他の多くの語では上記の規則に従っているので，ěc•i ではなく ě•ci としているのは，その辞書では ci は分割不可としているからであろうと推測できます。綴りが同じでも単語によって分割する位置が異なることもあります。例えば，coun•ter（反対する）と count•er（勘定台）では分割する位置が違いますが，こういう例から，分割位置を決める際には発音だけでなく語構成も考慮されていることがわかります。

spěc•i•fy　　coun•ter（反対する）
spě•ci•fy　　count•er（勘定台 ＜count＋-er）

こうして見つけ出したパターンを，共通点を基に整理して示したものが以下で説明する原理・規則です。分綴は国や辞書によっても違い，同じ辞書でも版で変わることもありますが，ここでは日本でよく使用されている辞書で採用されている方式を基に考えていくことにします。

分綴の規則はいろいろあります。ハンドブックなどを見れば細かい規則が列挙されており実用という点では大いに役に立ちますが，個々の規則を並べてみても，そういう規則があるのはなぜか，辞書によって違いが見られるのはなぜかについてはわかりません。そこでここでは，これらの規則をいくつかの大原則の具体的な例として示すことにします。

分綴の大原則は分割したときの**読みやすさ**です。読みやすさとは具体的には**発音のしやすさ**と**語の認識のしやすさ**です。発音のしやすさを２つに分け，語の認識のしやすさとあわせて３つの大原則を立て，各規則をこれらの原則の下位類またはその例外として見ていくことにします。

- 読みやすさ
  - 発音のしやすさ
    - i.　文字とその音価に対する配慮
    - ii.　音節構造に対する配慮
  - 語の認識のしやすさ
    - iii. 語構成に対する配慮

i〜iii をもう少し具体的に言うと次のようになります。

i. **文字とその音価に対する配慮：** 複数の文字がひとまとまりの音を表す場合，それらの文字を分割することはできない。
ii. **音節構造に対する配慮：** 分割してできた音節それぞれが英語として可能な音節構造を成すように分割する。
iii. **語構成に対する配慮：** 語の構成要素の間で分割する。

それでは，この 3 つの原則を基に具体例を挙げながら個々の規則について見ていくことにしましょう。

## i. 文字とその音価に対する配慮

まずは最初の大原則の確認から。

| 複数の文字がひとまとまりの音を表す場合，<br>それらの文字は分割できない。 |
|---|

複数の文字で 1 つの音のまとまりを表すものは分割しません。当たり前すぎてわざわざ言うまでもないことと思われるかもしれませんが，問題は「ひとまとまりの音」とは何かです。まずは辞書間で差が出ない確実なところから見ていきましょう。

### a) 複数の母音字（w, y を含む）で 1 つの母音を表す場合，分割することはできない。

例. ×pl*e*•*a*sure, ×r*e*•*i*gn, ×c*o*•*a*t, ×del*a*•*y*ed, ×n*e*•*u*tral, ×c*o*•*i*nage
cf. rė•ălity, rē•ĭnvest, cō•*a*lition, bė•yond, rē•ūse, cō•ĭncidence

cf. で示したように母音字それぞれが独立して別の音を表す場合は分割できます。

### b）複数の子音字で 1 つの子音を表す場合，分割することはできない。

例. ×fea*t*•*h*er, ×tele*p*•*h*one, ×rea*c*•*h*ing, ×si*n*•*g*er [síŋə*r*]
　　×so*c*•*k*et, ×picni*c*•*k*er (cf. a*c*•*k*nowledge)
cf. swee*t*•*h*eart, mo*p*•*h*ead, fi*n*•*g*er [fíŋgə*r*]

例外. cq [k]:　　a*c*•*q*uire
　　sc [s] [ʃ]: fa*s*•*c*inate, fa*s*-*c*ia　cf. con•*sc*ious
　　dj [dʒ]:　　a*d*•*j*ust

分割できない ch [tʃ]，ng [ŋ] などは（ck を除き）c [k]＋h [h], n [n]＋g [g] のようには分解することはできませんが，例外として挙げたものは，次のように分解して考えることができるという点で違いがあります。

| | | | | | | | | | | | |
|---|---|---|---|---|---|---|---|---|---|---|---|
| cq | [k̲] | < | cq | [k̲k̲] | < | c | [k] | + | q | [k] |
| sc | [s̲] | < | sc | [s̲s̲] | < | s | [s] | + | c | [s] |
| dj | [d̲ʒ] | < | dj | [d̲d̲ʒ] | < | d | [d] | + | j | [dʒ] |

budget などの dġ [dʒ] の扱いは辞書により異なり，同じ辞書でも語によって扱いが異なることがあります[1]。

例. bŭd͜ġ•et / bŭd•ġ̮et, găd͜ġ•et / găd•ġ̮et, băd͜ġ•er / băd•ġ̮er, blŭd͜ġ•eon / blŭd•ġ̮eon

**・ただし，重子音字はその間で分割できる。**

例. lĭ*t*•*t*le (×li•*tt*le), mĭ*s*•*s*ion (×mi•*ss*ion), optiona*l*•*l*y (×optiona•*ll*y), sŏ*c*•*c*er
cf. ×fi*l*•*l*ing (<fill＋-ing), ×o*d*•*d*ity (<odd＋-ity)

**・n͡g [ŋ] は分割不可。nğ [ŋg] は基本的に分割可だが，例外的に n͡g＋-er が [ŋgə*r*] となる比較級 longer, stronger, younger では分割不可。**

例. [ŋ] ×si*n*͡•*g*er [síŋə*r*]; [ŋg] ×lo*n*•*g*er, ×stro*n*•*g*er, ×you*n*•*g*er
cf. fin•ğer [fíŋgə*r*], hun•ğer, lin•ğer, an•ğle, an•ğler

[1] dg の発音が [dʒ] となる仕組みについては，第 II 章 pp. 57–58 を参照。

England, English は例外で，nğ [ŋg] の発音のみしか挙げていない辞書でも，n と g を分割せず Eng・land, Eng・lish とするのが普通です。*LDOCE* のように En・gland, En・glish とする辞書もあります。

**c）子音字と母音字がひとまとまりの音を表す（他方の影響で音変化を起こす）場合，分割することはできない。**

**ア）後続する母音字のために，子音字の発音が口蓋化する（[si] → [ʃi]，[zi] → [ʒi]，[ti] → [tʃi] → [ʃi] のように変化する）場合。**

① 前母音字（e, i, y）が先行する子音字を口蓋化する場合。

例．oce・anic, ini・tiate（×inĭt-iate）

・弱母音が後続し，問題の前母音字が発音されなくなる場合。

例．prĕ・cious, decĭ・sion, nă・tional, reflĕc・tion, pĭ・geon
cf.　mĭs・sion, lŭs・cious, obnŏx・ious, reflĕx・ion, făsh・ion, lŭnch・eon

あとで見るように（cf. ii.d, pp. 106–7），母音字が短音の場合，閉音節とするため後続子音字が母音字に続くように分割します（e.g. sĕv・en, cf. ē・ven）。mission, luscious の場合，ss, sc の間で分割することで，先行の音節を閉音節とすることができますが，precious などの場合には，ci の連結を優先して，例外的に開音節とします。reflection も reflexion も発音は同じですが，reflection では c と t の間で分割できるのに対し，reflexion では x という文字を分割することはできないので x の後ろで分割します。fashion の場合，[ʃ] 音は i により引き起こされたものではなく，sh という綴りによるものであるため，閉音節にするため短音の ă に付け făsh・ion とします。luncheon の ch と e も同様の理由で分割可能です。

② 後母音字 u が先行子音字 s を口蓋化する場合も分離不可とする辞書もある。

例．plĕa・sure/plĕas・ure，mĕa・surable/mĕas・urable　cf. prĕs・sure

pressureの場合，重子音字の間で分割することで，suの連結を保ったまま，先行の音節を閉音節とすることができますが，pleasureでは子音字は1つであるため，閉音節にするためにsを前の音節に付けるか，suの連結を優先してsを後ろの音節に付けるか，どちらかを選択する必要が出てきます。どちらを優先させるかは，辞書によって異なります。

子音字がt, dの場合には分離可となります。

例. năt•ural (cf. nă•tional [iは前母音字]), ĕd•ucation, grăd•uate

**イ）子音字c, gが後続する前母音字により軟音ċ [s], ġ [dʒ]として発音される場合も，分離不可とする辞書もある** (e.g. *OALD*)。

例. spĕ•ċify/spĕċ•ify, mă•ġic/măġ•ic, lĕ•ġend/lĕġ•end

**ウ）-ign (īgn) のように続く子音字との組み合わせで母音が長音となる場合には分割しない。**

例. assīgn•or cf. advī•sor/advīs•er, assign•er, design•er

advī•sor/advīs•erの対比からわかるように，動詞に -erが付く場合は語の構成を優先して -erの前で，-orが付く場合は発音を基に分割します (cf. iii.b.イ, pp. 110–11)。assignorの場合，かりに基となる動詞の綴りがassīneであったならば，īの音価を基にassī•norと分割するところですが，assignという綴りでは -ignで [ain] という発音を表しており，-ignは分割せずにその後ろで切り，assīgn•orとします。assĭg•nation, sĭg•nal (cf. sīgn) のようなケースでは，gは黙字ではなくなりiも短音となるため，igとnの間で分割されます。paradigmに見られる -īgmも派生形ではigとmの間で分割されてparadĭg•maticのようになります。-igh (īgh) もこの組み合わせで [ai] となりますが，実際にghの前後で分割することが問題になることはありません。

### d）母音字にrが後続し発音が変化する場合。

**ア）強勢がある場合**

① v̆r (短音+rの変形) の場合

例. ca͡r・go, sta͡r・ry, ce͡r・tain, fi͡r・ry, mo͡r・tal, bu͡r・den, e͡ar・ly
cf. căr・ry, mĭr・ror, fĕr・ry

これらは短音の変形なので，音節構造からも r は先行母音に付けることになります（cf. ii.d.イ，p. 107）。

② v͞r（長音＋r の変形）の場合

例. pa͞r・ent, se͞r・ious/se͞・rious, spi͞r・al/spı͞・ral, glo͞r・ious/glo͞・rious, cu͞r・ious/cu͞・rious

ひとまとまりの音と捉え r を母音字に付ける辞書（e.g. ser・ious）と，開音節にするために分割する辞書（e.g. se・rious）がありますが，a͞r については分割可とする辞書はないようです（cf. ii.e.ア.②，pp. 107–8）。［auə*r*］（ȯur/ȯwer），［aiə*r*］（īr/īer/ . . . ）などの場合，［ə*r*］が er に，他の部分が残りの母音字に対応付けられれば分割できます。例えば，flower であれば flow［flau］＋er［ə*r*］と，発音と綴りの間で対応付けができますが，発音が同じでも flour の綴りではこのような対応付けができないため，分割不可になります。

例. flour / flow・er, shȯw・er［ʃauə*r*］（cf. shōw・er［ʃouə*r*］），hire / high・er, fire / fi・ery, shire / shi・er / shy・er, choir［kwaiə*r*］, pair / pare, prayer［préə*r*］/ pray・er［préiə*r*］

**イ）無強勢の「母音字＋r」［ər］に母音字が続く場合**（cf. ii.e.イ，p. 108）

例. refer・endum/refe・rendum（cf. refer・ence ＜refer），liber・al/-e・ral, tempor・al/-o・ral, preponder・ate/-e・rate, decor・ate/-o・rate, elabor・ate/-o・rate, ephemer・al/-e・ral, corpor・ate/-o・rate, corpo・ral

上記の例を見るとわかるとおり，単語間，辞書間で揺れがありますが，これは次のような事情が関係していると思われます。強勢がある場合，例えば vĕry［er］であれば母音字 e と r はそれぞれ独立した音を表していること，sphēry［iər］，me͡rcy［əːr］であれば母音字 e の音価が r により影響を受け変形しており「母音字＋r」でひとまとまりの音を表していることがはっきりとわかります。しかし，強勢があれば ĕr あるいは ẽr と区別される場合も，強勢がないと ər [ər] となってしまい，母音字と r の関係がはっきりしなくなります。辞書，単語により分割点に違いが生じるのも，このような，弱音節における母音と r との結び付きの曖昧性に起因するものと考えられます。

**e)「母音字＋黙字の gh」については ii.b (p. 105) を参照。**

例. daugh•ter, neigh•bor (cf. neigh, weigh)

## ii. 音節構造に対する配慮

次に音節構造に関する規則について見ましょう。

| 分割してできる音節それぞれが英語で可能な音節構造を成すように分割する。 |
|---|

**a) 通常，子音だけでは音節を形成できないため，母音を含まない音節が生じないように分割を行う。よって 1 音節語は分割できない。**

例. ×mark•ed, ×twenti•es, ×wrap•ped, ×sa•ke, ×frie•nd's, ×thou•ght
cf. mark•ėdness, twenti•eth, mat•tėd, sa•kė (酒)

綴りが同じでも，形容詞の blessėd [blesid] は bless•ed と分割できるのに対し，過去形・過去分詞の blessed [blest] は 1 音節なので，分割できません。strengths は 9 文字もありますが，母音は [e] 1 つで 1 音節語なので，分割することはできません。every の 2 つ目の e は常に黙字で独自の音節を形成することはできないため，前に付け eve•ry とするか，後ろに付け ev•ery とします。

**・発音上，音節主音的子音[2] [l, m, n] は他の子音と結合し母音なしで音節を形成するが (e.g. little [lítl̩], rhythm [ríðm̩])，前に母音字が来ることが多く，綴り字上は母音字を中心に音節を形成する。**

[2] 第Ⅰ章「B. 調音音声学」の「iii. 音節」を参照(p. 17)。

例. princi・pal [prínsəpəl, -pl̩], ris・en [rízən, -zn̩]

問題の子音字の前に母音字が来ないときには分割できないとする辞書が多いですが（×pris・m [prízəm], cf. pris・on [prízən]），*LDOCE* のように分割可とする辞書もあります（pris・m, pris・on）。

例. rhythm/rhyth・m, prism/pris・m, naturalism/naturalis・m

not の縮約形 n't に母音字は含まれませんが，[n] が中心となり独立の音節を形成する場合は分離可能となります。

1 音節　aren't, ain't, don't, can't, won't
2 音節　is・n't, was・n't, does・n't, did・n't, have・n't, has・n't, had・n't
　　　　could・n't, should・n't, would・n't, must・n't, might・n't, ought・n't

weren't は were・n't とする辞書と分割不可とする辞書があり，[wə́ː*r*nt] に加え 2 音節の [wə́ːrənt] という発音を挙げる辞書もあります。may・n't にも [méɪənt] [méɪnt] の 2 通りの発音があります。

### b) 各音節の子音の連続が英語の音節構造で許されるものになるように分割する。

| | | | |
|---|---|---|---|
| 例. dān・ger | (×dā・*ng*er | cf. ng- [ndʒ] で始まる語は英語には存在しない) | |
| chām・ber | (×chā・*mb*er | cf. mb- [mb] | 〃 ) |
| sōl・dier | (×sō・*ldi*er | cf. ldi- [ldʒ] | 〃 ) |
| in・habit | (×i*nh*・abit | cf. -nh [nh] で終わる語は英語には存在しない) | |
| ig・nite | (×i*gn*・ite | cf. si~~g~~n [-ain]) | |

**・黙字の gh は音節末に現れるが（e.g. neigh, weigh, cf. laugh, enough [-f]），音節先頭に現れることはないので，先行母音字に付ける。**

例. neigh・bor, daugh・ter

**・[tl, dl, zl, ʒ] は語頭には生じないが，語中・語末の音節の先頭には来てよい。**

例．lit•tle, mid•dle, noz•zle, lei•sure

**c）語末の -le [l] は単独では音節を形成できず，先行する子音（字）と共に音節を形成するため，先行子音は -le と同じ音節に属するように分割する。**

例．twin•kle, lit•tle, mid•dle, tri•ple/trip•le, dou•ble/doub•le

trĭple の場合，i が短音なので，第 1 音節を閉音節にしようとすれば，p は i に付けることになりますが，そうすると，第 2 音節は le [l] のみで音節を形成することになります。多くの辞書では le のみで音節を形成することを避け trĭ•ple としますが，*LDOCE* のように，-le が単独で音節を形成することを可とし trĭp•le と分割するものもあります。doubly, doubler では，-ly, -ler が子音 b を伴わずに単独の音節を形成することは可能ですが，double の分節に合わせて分割する辞書が多いようです（dou•ble → dou•bly, doub•le → doub•ly）。

**・直前の子音字が黙字である場合も同様の扱いを受ける。**

例．căs•tle, whĭs•tle, mŭs•cle

castle の t は黙字なので，発音上は前に付けても後ろに付けても変わりませんが，t が黙字とならない場合（e.g. gen•tle [dʒéntl]）と同じように t の前で分割し cas•tle とします。

**・ただし，2 字 1 音で分離不可の ck の場合**（cf. i.b, p. 100），**-le 単独で音節を成すよう分割してよい。**

例．tăck•le, sĭck•le

**d）母音字が短音（短母音）の場合，直後に子音字が来る（閉音節になる）ようにする。**

ア）**ă, ĕ, ĭ, ŏ, ŭ, ĕa, ȯ [ʌ], ou [ʌ]** など。

例. mĭn•ute, rĕc•ord *n*, banăn•a AmE, pŏl•ish, mŏd•el, ŏp•era
cf. mī•nute, rė•cord *v*, banä•na BrE, Pō•lish, mō•dal, ō•pera (<ōpus)

例. fĕath•er, cous•in (cŭṡ•in), bus•y (bĭṡ•y), bur•y (bĕr•y)
cf. fēa•ture, cou•pon (cü•pon), Sü•sy, fū•ry

sŭb•tle, sŭb•tle•ty では b は黙字ですが，発音される場合と同様に扱われます。*OALD* は以前の版では ăr は一部の語で分割可としていましたが，現在では不可としています。

4版 că•ri•ca•ture, că•ri•bou, că•rou•sel cf. căt•ar•act
8版 cări•ca•ture, cări•bou, căr•ou•sel

**イ）v̂r（短音＋r の変形）: âr, êr, îr, ôr, ûr, ŷr, e͡âr など**（cf. i.d, pp. 102–3）。

例. cêr•tain, bûr•den, môr•tal, câr•go, e͡âr•ly
cf. pār•ent, sēr•ious/sē•rious, spīr•al/spī•ral, glōr•ious/glō•rious,
cūr•ious/cū•rious

長音＋r の変形の場合，*v̄r* で 1 つの音と見なし分割しないとする規則と，母音字が長音であれば開音節にするという規則の間で衝突が起き，どちらの規則を優先するかで辞書により分割点に違いが生じますが，*v̂r* ではどちらの観点からも母音字と r は切り離さないことになり，辞書間で違いは生じません。

## e）上の d）に示した母音字以外では子音字が後続しないように分割を行う。

### ア）強勢のある場合

① 長音（長母音・二重母音）ā, ē, ī, ō, ū, ȳ およびそれらに相当するもの（ee, ēa, o͞o, ou［au, ou, uː］, ai［ei］など）は，その直後で分割する。

例. lā•dy, sē•quence, mī•nute, ō•pen, dǖ•plicate, psȳ•chology, pȯw•der;
dai•sy, pï•cot, accou•ter, accou•terments（ou＝ü［uː］）

② *v̄r*: ēr, īr, ōr, ūr, eer などでも，*母音字を長音と見なせば*，*母音字と* r の間で分割することになる。ただし，*v̄r* で 1 音と見なし分割不可とする規則と対立す

るため，どちらを優先するかで，分割点に違いが生じる（ār は例外で常に分割不可：par•ent/×pa•rent）（cf. i.d, p. 103）。

cf. se̅•̅r̅ious/sēr̄•ious, spi̅•̅r̅al/spīr̄•al, glo̅•̅r̅ious/glōr̄•ious, cu̅•̅r̅ious/cūr̄•ious, ee•rie, fai•ry/fair•y, dai•ry/dair•y（cf. dai•ly）

**イ）強勢のない場合（弱母音）も，母音字の直後で分割する。**

例．b*a*•nána, cóm*e*•dy, beáut*i*•ful, cúm*u*•late

ただし，子音字が r の場合，辞書により分割の仕方が異なります（cf. i.d.イ, pp. 103–4）。

例．comméM*o*•ràte/commém*or*•àte, rèf•*e*•réndum/rèf•*er*•éndum

## iii. 語構成に対する配慮

3 つ目の原理は語の構成に関するものです。

| 語の構成要素の間で分割する。 |
|---|

構成要素の間で分割すると言うと簡単そうに聞こえますが，これが結構大変です。日本語でも，語の構成要素で区切ると言われると，意外と手こずります。例えば，次の日本語を構成要素に分割せよと言われたら，ちょっと迷うのではないでしょうか。

| | | | | | |
|---|---|---|---|---|---|
| inosisi | いのしし(猪) | (<猪(い)の獣(しし)) | metoru | めとる(娶る) | (<妻(め)取る) |
| mizuumi | みずうみ(湖) | (<水海(みずうみ)) | katadoru | かたどる(象る) | (<形取る) |
| egaku | えがく(描く) | (<絵書く) | | | |

日本語の文章では漢字・仮名は文字単位で自由に分割できるので悩む必要はありませんが，英語ではこういうことを考えなければならないため話は簡単には済みません。

次に挙げたのは，photograph と派生語の分綴です。

辞書・版による違いの例

| 発音に基づく分綴 | 新英和大 (6 版) | *OALD* (8 版) | *OALD* (4 版) |
|---|---|---|---|
| phṓ•t*o*•grằph<br>phṑ•t*o*•grắph•*i*c<br>ph*o*•tŏ́g•r*a*•ph*y*<br>ph*o*•tŏ́g•r*a*•ph*er* | pho•to•graph<br>pho•to•graph•ic<br>pho•tog•ra•phy<br>pho•tog•ra•pher | photo•graph<br>photo•graph•ic<br>pho•tog•raphy<br>pho•tog•raph•er | pho•to•graph<br>pho•to•graphic<br>pho•to•graphy<br>pho•to•grapher |

(斜体字は弱母音)

単純に発音に従い分割すれば左端のようになります。『新英和大』の分綴も同じであることから，この辞典ではこれらの語に関しては発音を優先して分割していることがわかります。*OALD* で分割点が異なるのは，語構成も考慮しているからですが，版によって切り方が違うことから，語構成を考慮に入れると言っても，そんなに簡単な話ではないことがわかります。

まずはわかりやすいところから始めましょう。単独で単語として使われるものを結合して作られた複合語は，語の構成がわかりやすく，切る場所もはっきりします。

## a）複合語は元々の語の切れ目のところで分割する。

例．light•house, green•house, stand•out (×stan•dout), cast•off (×cas•toff)

## b）語幹＋接辞

わかりにくいのは接辞が付く場合ですが，**屈折接辞**と**派生接辞**を区別して考える必要があります。例えば，(he) invents, (it was) invented, (two) books のように文中での働きに応じて付けられる接辞が屈折接辞，invention, inventor, reinvent のように付加して新しい語を作るのが派生接辞です。英語では屈折接辞はすべて接尾辞で，派生接辞には接頭辞と接尾辞があります。接中辞もありますが俗語のみで例外的です。

### ア）屈折接辞の場合

① 基本的に屈折接辞はその前で分割する。

例. mak•ing, want•ėd, saf•er, princ•ės, spac•ės
×mā•king, ×wan•tėd, ×sā•fer, ×prin•cės, ×spā•cės

屈折接辞は頻繁に現れ認識しやすく，屈折接辞の前で分割されます。屈折接辞と同形の派生接辞の場合も同様で，例えば，名詞＋-ed で「～を持った」という意味の形容詞になりますが，(strong-)fisted［fístid］は fist•ėd と分割し，×fis•tėd とはしません（cf. plas•tid［plǽstid］: id は屈折接辞ではなく，発音に基づき s と t の間で分割される）。

② 過去分詞に付く -en の場合，語幹部分が原形と（末尾の e を除き）同じ綴りなら -en の前で(α)，異なれば音節構造に基づき(β)分割する。

例. α. fall•en, gĭv•en, ēat•en, bēat•en, shāk•en, tāk•en
β. spō•ken, stō•len, frō•zen, brō•ken, chō•sen, swōl•len; drĭv•en, rĭs•en

wake の過去分詞 woken はこの規則に従えば spoken や stolen のように wo•ken になりますが，英英辞典では wok•en が多いようです[3]。β の最後の 2 語は，綴りだけを見れば α に分類することも可能です。drink の過去分詞には drunk に加え drunken という形もありますが，drunken は ×drun•ken ではなく drunk•en と分綴します。形容詞の drunken についても同様です[4]。

**イ）派生接辞の場合**

① -y, -er, -ist, -able, un-, in- などの接辞では語構成を優先させて分割する。

例. cloud•y, ēat•able, flüt•ist, art•ist (cf. ar•tis•tic), in•accurate
examin•er (cf. examin•ee/exami•nee)

したがって次のような違いが生じます。

---

[3] 理由ははっきりしませんが，語幹部分が 2 文字になるのを避けようとする意識が働いているのかもしれません（cf. 第 III 章「B. 内容語の最低文字数」，pp. 66–68）。

[4] 発音を基に分綴すると drun•ken となりますが，drunk•en と分割するのは，過去分詞 drunk に合わせ，drunk＋-en という意識が働くためでしょう。

例. form・er（形成者）, count・er（勘定台）, wīld・er *a*（＜wild＋-er）, hard・er
cf. for・mer（前の）, coun・ter（反対の）, wĭl・der *v*（彷徨う）, bor・der

×angl・er（＜angle＋-er, 釣り人）のように，語構成を基に分割すると英語では不可能な音節が生じてしまう場合には，音節構造を優先し an・gler とします。photógrapher（＜phótogràph＋-er）は photograph・er とする辞書もありますが，多くの辞書は発音に基づき photogra・pher としています（通常，-er が付いても元の動詞の強勢の位置は変わらず，photographer は例外）。

| | 語構成優先 | 発音優先 |
|---|---|---|
| photographer | photograph・er | photogra・pher |
| stranger | strang・er | stran・ger |
| convenient | conven・ient | conve・nient |

② -or, -ive, -ity, -ic などの接辞では音節構造に従って分割する。

例. advī・sor, convē・nor, dĕn・sity, sĕn・sive, scē・nic（scĕn・ic）
cf. advīs・er, convēn・er, ŏdd・ity

-er/-or はどちらも動詞に付き「～する者・道具」を表す名詞を作りますが，-er は語構成優先，-or は発音優先となります。どちらが用いられるかは動詞によって決まっていますが，advis<u>or</u>/advis<u>er</u> のようにどちらも用いられる場合もあり，分割点に違いが生じることがあります。sailor（船員）は上記の規則に従えば sai・lor ですが，実際には sail・or になります（sail・er は「帆船」を表す別単語）。designer と assignor はそれぞれ design・er, assign・or となりますが，-or の assignor でも語幹と接辞の間で分割するのは，文字と音価に対する配慮からです（-ign [ain], cf. i.c.ウ，p. 102）。

③ 辞書・項目によって違うもの（複数の辞書で確認した上で分類したが，絶対的なものではない）

・-en（形容詞等に付き「～化する」を意味する動詞を形成）：語幹が無変化なら -en の前で（*α*），それ以外では（先行する t が黙字なら）音節構造に従い分割する（*β*）（cf. eat・en vs. spo・ken）。

例. α. whit•en,　black•en,　sick•en,　hard•en
　　β. fas•ten,　chris•ten　(cf. of•ten)

βの規則に従えば soften は sof•ten となりますが，αに従って soft•en とする辞書もあります。

・-ee（行為を受けるもの，ある状態にあるものを表す）：語構成優先のもの（α），音節構造に従うもの（β），辞書によって異なるもの（γ）がある。

例. α. address•ee, adopt•ee, arrest•ee, assign•ee, award•ee, return•ee, train•ee, detain•ee, beil•ee, consign•ee, garnish•ee, libel•(l)ee
　　β. refu•gee, absen•tee, biogra•phee, obli•gee, devo•tee
　　γ. examin•ee/-•nee, vend•ee/-•dee, mortgag•ee/-•gee, debauch•ee/-•chee, parol•ee/-•lee, vaccin•ee/-•nee, escap•ee/-•pee, appoint•ee/-•tee, deport•ee/-•tee, trust•ee/-•tee, vaccin•ee/-•nee

・-ize（〜になる，〜化する）：単語，辞書によって異なる（α, β, γ の分類は同上）。

例. α. penal•ize, real•ize, visual•ize, global•ize, local•ize, vocal•ize, hybrid•ize, liquid•ize, method•ize, item•ize, system•ize, character•ize, regular•ize, objectiv•ize
　　β. itali•cise, romanti•cize, Catholi•cize, Gothi•cize, mythi•cize
　　γ. final•ize/-•lize, civil•ize/-•lize, organ•ize/-•nize, activ•ize/-•vize

βの例からわかるとおり，-ic で終わる形容詞に -ize が付く場合は，発音に従い -i•cize となります。

・-al（名詞に付き「〜に関する，〜の性質の」の意味の形容詞を形成；動詞に付き行為名詞を形成）：単語，辞書によって異なる（α, β, γ の分類は同上）。

例. α. remov•al, conjectur•al, architectur•al, conjunctur•al, structur•al, gestur•al, herb•al, sector•al, doctor•al, humor•al, post•al, nation•al,

prefectur•al
β. natu•ral
γ. arriv•al/-•val, procedur•al/-•ral, figur•al/-•ral, cultur•al/-•ral

④ その他

・比較級の接辞 -er と動詞に付き「～する者」などを表す -er は，ee で終わる単語に付く場合，-eeer とはせずに -eer とします（例. freer, sightseer）。freeer なら free•er と分割できますが，freer という綴りでは 2 つ目の e は -ee の e と -er の e を兼ねたものなので，前で切っても後ろで切っても問題が出ます。分割不可とする辞書もありますが，音節単位で切る場合には fre•er とします。tee＋ed も teed になりますが 1 音節なので分割しません。同じ［tiː］という発音でも tea であれば e の 3 連続は避けられるので，teaed（tea'd）とすることができますが，これも 1 音節なので分割しません。

・『新英和大』は次のように接頭辞の re- を 2 つに分類しています。

re-[1] *pref.* /rɪ̵ə/［ラテン語系の接頭辞として；またはその転用として英語の造語で］
re-[2] *pref.* /riː/［語源に関係なく自由に動詞またはその派生語に添えて］「また，再び，新たに」

re-[1] は［re］と発音されることもありますが，その場合は閉音節になるように，子音字を付けて分綴します。

例. re-[1] rĕc•reation, rĕc•ollect, rĕl•ic, rĕt•icent
cf. re-[2] rē-creation, rē-collect

cf. の例のように，re-[2] が付いた結果 re-[1] 付きの語と綴りが同じになってしまう場合，同じ綴りになることを避けハイフンを入れることがありますが，この場合は，ハイフンの後ろで切ります。

・peninsula［pənínsjʊlə］は「pen（ほとんど）＋insula（島）」から来ていま

すが，発音に従えば pe•ninsula，語構成に従えば pen•insula となります。penultimate（終わりから 2 番目の）も pen＋ultimate ですが，語構成優先の pen•ultimate とする辞書，音節構造優先の pe•nultimate とする辞書があります。

## C. 規則間の優先順位

複数の規則を 1 つの語に適用しようとすると，矛盾した結果になってしまうことがあり，どの規則を優先させるかにより結果が変わってきます。

| | | | | | |
|---|---|---|---|---|---|
| 語構成 | ＞ | 長音開音節 | tak•ing | ＞ | ×tā•king |
| 語構成 | ＞ | 長音開音節 | tāk•en | ＞ | ×tā•ken |
| 語構成 | ＜ | 長音開音節 | ×froz•en | ＜ | frō•zen |
| 語構成(?) | ＜ | 重子音字分割 | ×hopp•ing | ＜ | hŏp•ping |
| 語構成 | ＞ | 重子音字分割 | add•ing | ＞ | ×ad•ding |
| 語構成 | ⪌ | 重子音字分割 | add•ition | ⪌ | ad•dition |
| 語構成 | ＞ | 重子音字分割 | odd•ity | ＞ | ×od•dity |
| 語構成 | ＜ | 無母音音節不可 | ×mark•ed | ＜ | marked |
| 語構成 | ＜ | 弱音節開音節 | ×natur•al | ＜ | nat*u*•ral |
| 語構成 | ＞ | 弱音節開音節 | nation•al | ＞ | ×nati*o*•nal |
| 弱音節開音節 | ＜ | 重子音字分割 | ×dė•ssert | ＜ | des•sert |
| -le 単独音節不可 | ⪌ | 短音閉音節 | tri•ple | ⪌ | trĭp•le |
| 多字一音不分割 | ⪌ | 長音開音節 | glo̅r̅•ify | ⪌ | glo̅•̅rify |
| 多字一音不分割 | ＞ | 短音閉音節 | na•t̯ional | ＞ | ×năt•ional |
| 多字一音不分割 | ⪌ | 短音閉音節 | ma•g̯ic | ⪌ | măg•ic |

辞書間で違いが見られない場合もありますが，違うものもかなりあります。一般にアメリカでは発音を，イギリスでは語構成（語源）を重視した分割をすると言われています。同じ辞書でも版によって分綴が変わる場合もあります。このことからもわかるように，すべての規則の間に絶対的な優先順位を定めることはできません。辞書により分綴の方法が異なっている場合，どの方法に従っても大丈夫ですが，規則間で矛盾が生じる箇所では分割を避けるのも 1 つの手でしょう。

第V章

# 文字の種類・発達・用法

具体的にローマ字（アルファベット）の発達について見る前に，まずは世界にいろいろある文字の中で文字の機能という点からローマ字がどういう位置付けを与えられるものなのか，また発生的にはどういう文字と同じ系統に属するものなのかについて見ることにします。さらに，日本語の例なども交えながら，文字の構成原理，用法についてもいくつか取り上げて説明します。

# A. 文字の種類・系統・分布について

## i. 文字の種類・分類

### a) 文字と他の記号との違い

文字とは何でしょうか。とりあえず「(固定的な)空間的なパターン」を持ったものであることはわかります。それでは，文字が「空間的なパターン」を持つものだとしたら絵や模様とはどう違うのでしょうか。文字は「意味・メッセージ」を持っているけれど絵や模様にはそういうものがないと考える人がいるかもしれません。しかし，模様や絵でもメッセージを伝えることができます。たとえば，次の右の絵を見れば，そこが「非常口」であることがわかります。つまり「非常口」という文字と同じくメッセージを伝えることになります。

| 非　常　口 |
|---|

文字にせよ絵にせよ，一定の形式で特定のメッセージ(=「意味」)を伝えるものは「記号」と呼ばれます。形式は区別可能なものであればいいので，聴覚的なもの，視覚的なもの，触覚的なものなど，いろいろなものが用いられます。

記号：意味 ⟷ 形式

- 聴覚
  - 言語音：単語の発音，...
  - その他：警笛，...
- 視覚
  - 動　画：手旗信号，手話，...
  - 静止画：交通信号，交通標識，文字(墨字)，...
- 触覚
  - 動　的：着信を知らせる振動，...
  - 静　的：点字，...

モールス信号は聴覚的にも視覚的にも触覚的にも表すことができます。人間の嗅覚は鋭くないので普通用いられませんが，臭いを形式として用いることも可能です[1]。

上で「文字は空間的パターンを持っている」と言いましたが，この空間的パターンが形式に当たります(「空間的パターン」では長すぎるので，以下では「図形」という表現も使いますが，同じものを指します)。文字(点字と対比するときには「墨字（すみじ）」と呼ばれる)の場合，形式が視覚的なものです。視覚的と言っても，文字の場合，交通信号のように色で記号同士が区別されることはありません[2]。

記号が伝える“意味”はいろいろです。音楽で使われる音符はある高さ・長さの音を表しますが，ここで言う「意味」は，こういう音のことも指します。「意味」と言うと，こういうものは入らないように思われてしまうかもしれないので，ここでは「**シニフィエ**」(signifié) と呼ぶことにしましょう。シニフィエとはフランス語で「意味されるもの」という意味で，「所記」と訳されたりします。これに対し，「形式」のほうは「**シニフィアン**」(signifiant) と呼ばれます。「意味するもの」という意味で，「能記」と訳されます。

シニフィアンとシニフィエは相対的なものです。例えば，五線紙に書かれた音符は記号の一種ですが，その図形(シニフィアン)は，特定の高さ・長さの音(シニフィエ)を表します。また，その音連続自身も何らかの別の意味を表すように(例．学校のチャイム → 授業開始)，記号として用いることができます。

シニフィアン ............................................ シニフィエ<br>
シニフィアン － シニフィエ<br>
[五線紙に書かれた音符] ⇔ [特定の高さ・長さの音] ⇔ [メッセージ]<br>
シニフィアン － シニフィエ

さて，文字が記号だとすると，絵や交通標識などの他の記号とは何が違うのでしょうか。文字と他の記号とを分ける重要な点が**言葉との対応関係**です。

---

1　プロパンガスは無色・無臭の可燃性の気体ですが，ガス漏れがあったときにわかるように臭いが付けてあります。臭いがガス漏れを知らせる機能を持っており，記号の一種と考えることもできます。

2　文字の場合，色により「強調」などが示されることはあっても，色で文字が区別されることはあまりありませんが，絵文字(的性格の強い文字)の場合には，色による区別も行われるようです。西田龍雄『生きている象形文字』によると，シャバ文字，トンパ文字(納西（ナシ）文字)では色彩も文字の区別に利用していたそうです。

文字というのは，言葉を目に見える形で表すための，線や点(時に面)からなる記号です。文字は，基本的に言語の存在を前提とし，言語表現が与えられれば文字にして表記でき，文字が与えられれば言語表現化できるものです。「非常口」という空間的パターンのほうは｛ひじょうぐち｝という特定の言語表現に対応しています。それに対して，の標識は対応する特定の言語表現を持ちません。他と区別可能な空間的パターンを持ち言語表現と対応付けられるなら，文字として使えることになります。

| 空間的パターン | | 言語表現 | | 意味 | | 空間的パターン |
|---|---|---|---|---|---|---|
| **非常口** | ⇔ | ｛ひじょうぐち｝ | ⇔ | “非常口” | ⇔ |  |
| 文字 | | | | 他の記号 | | |

日常的には，図形を指して「文字」と呼ぶことも多いかもしれませんが，厳密に考えると図形そのものだけでは文字になりません。次の例を見てください。A の先頭の図形（□），B の 2 つ目の図形（ー）は文字でしょうか。

| | A | B |
|---|---|---|
| 1. | **□頭発表** | **統一的に扱う** |
| 2. | **□ーマ字** | **テーマを決める** |
| 3. | **□○△** | **3－1＝2** |

四角（□）や横棒（ー）の図形は物理的には同じものですが，A でも B でも，1 と 2 は文字，3 は文字ではないと判断されたと思います。つまり，図形そのものだけではなく，言語表現との対応付けがあって初めて文字となるわけです。図形と言語表現との対応付け，あるいは，言語表現に対応付けられる(ことを前提とした)図形が文字ということになります。

### b）対応する言語的なレベルによる分類

「言語表現との一定の対応付け」が可能なものが文字ならば，「1 つの文字がどの言語学的なレベルに対応するか」で文字を分類することが可能になります。

意味を持つ最小の単位のことを「**形態素**」と呼びます。例えば，wondered の ed は単独では**語**を形成できませんが，ちゃんとそれ自身の意味を持っているように，意味の最小単位は，語ではなく，語を構成する形態素です。形態素が１つ以上まとまって語を形成し，語が集まると**句**や**節**になり，その上のレベルが**文**になります。文は**命題**を表す最小の単位と言われます。何かを断定したり，問うたり，命令したりすることができるのがこのレベルです。そして，文が１つ以上集まり**談話**を形成します。

wondered は意味を基に wonder と ed に分解できますが，wonder をさらに意味を持った単位に分割することはできません。さらに分解しようとすれば，意味のことは考えずに，音だけを問題にすることになります。wonder [wʌndər] を [wʌn] と [dər] に分ければ**音節**に，[wʌn] を [w] [ʌ] [n] に分ければ**単音**に分けたことになります。第 I 章で見たとおり，[p, t, k] は無声音で [b, d, g] は有声音とか，[p, b, ɸ] なら両唇音など，共通点を基に音を分類することができますが，これらの共通の特徴を抽出したものが**素性**（そせい）です。

これらのどのレベルに対応するかで文字を分類すると次のようになります。

<table>
<tr><td rowspan="6">大<br>↑<br>要素の数<br>↓<br>小</td><td rowspan="3">「意味」に基づく単位</td><td>談話</td><td></td><td>—</td><td></td></tr>
<tr><td>文<br>節・句</td><td></td><td>（絵的記号）</td><td>cf. 空港の標識，交通標識，☞</td></tr>
<tr><td>語<br>形態素</td><td>表意文字</td><td>表語文字<br>表形態素文字</td><td>cf. 漢字，数字，&，@，$</td></tr>
<tr><td rowspan="3">音に基づく単位</td><td>音節</td><td rowspan="3">表音文字</td><td>音節文字</td><td>cf. 仮名，デーヴァナーガリー[3]，ハングル</td></tr>
<tr><td>単音</td><td>単音文字 { 子音だけの体系<br>子音・母音の体系（アルファベット）</td><td>cf. ヘブライ文字，アラビア文字<br>cf. ローマ字，IPA，ハングル</td></tr>
<tr><td>素性</td><td>「素性書記体系」</td><td>cf. ハングル，濁点，IPA 補助記号</td></tr>
</table>

まずは，**表音文字**について見ましょう。**単音文字**は原則として１つの文字が１つの音を表す文字です。狭義のアルファベットは子音も母音も表記する体系のことを指します（日本人が普通「アルファベット」という言葉で指して

---

[3] 古典言語のサンスクリットを表記するのに使用された文字で，現代でもヒンディー語，ネパール語などを表記するのに用いられます。

いる文字は，他のアルファベットと区別する場合は「ローマ字」「ラテン文字」と呼ばれます)。子音と母音を表記するのは当たり前と思うかもしれませんが，アラビア文字のように子音のみを表記するのを基本とする文字もあります。表記するのが子音のみにせよ，子音＋母音であるにせよ，1つの言語で区別して扱われる音の数は比較的少ないため，単音文字の場合には文字の数は少なくて済みます。

単音が集まって音節を形成しますが，仮名のように原則的に1つの文字が1つの音節を表す文字を「**音節文字**」と言います。可能な単音の数と可能な音節の数では，後者の数がずっと大きくなります。話を単純化して，ある言語で母音は [a, i, u] の3つ，音節先頭と末尾では [p, t, k] の3つの音が現れるとすると，単音表記では a i u p t k の6文字あれば十分ですが，音節単位で異なる文字を用意するとなると，3×3×3＝27で，27の異なる文字が必要になります。日本語のように音節構造が単純で可能な音節数が比較的少ない言語であれば音節文字でも問題はありませんが，音の種類が多くかつ複雑な音節構造を許すような言語では，音節文字は利用しにくくなります。

単音はさらに素性に分解できるので，原理的には“表素性文字”も可能ですが，実際には存在しません。しかし“表素性的”要素を含むものはあります。例えば，仮名の「カ」「ガ」の違いは濁点(゛)の有無ですが，この濁点は有声か無声かを表していますね。ハングルはより“表素性的”性格が強く，音声的に類似している音を表記する文字は，形態的にも類似しているように作られています。このように，補助的に素性レベルの音韻的特徴を表示する要素を含む文字は結構あります。通常の文字ではありませんが，音声字母としてベル (A. M. Bell，電話の発明で有名な A. G. Bell の父親) が考案し，スウィート (H. Sweet) が改訂した visible speech は，字形が調音的特性を表し，調音上類似した音は類似した字形を持つという特徴を持ち，“素性文字”的特徴を持っているものでした。しかしながら，こういう文字は，文字同士が似た形を有するため，文字の識別がしにくく，少しの書き損じでほかの文字になってしまうなど，実用面では問題もあります。

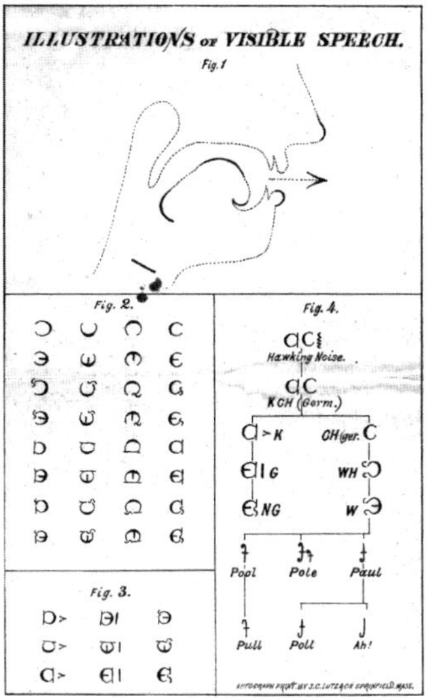


◀スウィートの visible speech
(http://upload.wikimedia.org/wikipedia/commons/b/bd/VisibleSpeech-illustrations.jpg)

次に**表意文字**について見ていきましょう。意味を持つ最小の単位が形態素なので，表意文字は形態素より上のレベルの単位に対応する文字ということになります。形態素より上のレベルにはいろいろありますが，一般に表意文字と言われているのは，1文字が語や形態素に対応するものです。句・文やそれより上のレベルに対応した文字はありませんが，それはなぜでしょうか。これは少し考えればわかると思います。音の種類に比べれば多いとはいえ，形態素の数は有限です。したがって，その1つ1つに異なる文字を用意することは可能です。しかし，1つの言語で可能な句や文の数は無限です。例えば，次のように句や文を長くしていくことができますが，その操作には上限はなく，無限に新しい表現を作り上げることができます。

This is the house that Jack built.
This is the malt that lay in the house that Jack built.
This is the rat that ate the malt that lay in the house that Jack built.
This is the cat that killed the rat that ate the malt that lay in the house that Jack built.
⋮

John
John's father
John's father's mother
John's father's mother's sister
⋮

このように，ある言語で可能な句や文の数は無限になりますが，無限なものに対して個別に文字を用意することは原理的に不可能です。したがって，論理的に言って，表意文字は「表“形態素”文字」か「表“語”文字」ということになります(以下，一々「表形態素文字」と呼ぶのも面倒なので，以下では一般的に使われている「表語文字」という言い方を使います)。交通標識や空港の標識など，句や文以上のレベルに対応する記号体系が可能なのは，通常の言語活動とは違って，表さなければならないことの数が限られているからです。

表音文字が言語の音に対応するのであれば，表意文字は意味に対応しているはずですが，上の説明では意味のレベルは登場しませんでした。なぜでしょうか(表では“「意味」に基づく単位”と括弧付きで示しています)。

「文字が意味を表す」というのは，正確に言うと，文字が語・形態素に対応し，その語・形態素が意味を持っているということで，次のような関係になります。

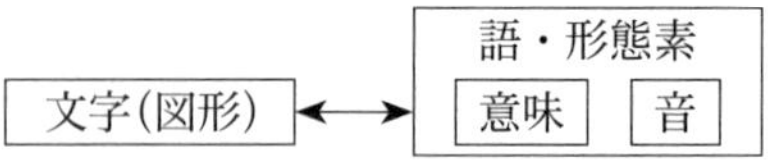


1つの語・形態素(以下「語」と省略して表記)で表すものは，概念としても1つのものとして捉えやすいものであるのが普通です。1つの概念として捉えやすいからこそ，それを表す語を使うと言ってもよいでしょう。すると，よほど意識しない限り，語とそれが表す意味は区別できません。例えば，日常生活で「猫」という言葉を聞けば，その言葉が指している対象のことを考え，「猫」という言葉そのもののことを考えることは稀でしょう。このように，人間は伝えたい意味のほうは意識しますが，その意味を伝えるための入れ物である言葉そのもののことは意識しません。すると，文字を見ると，途中の語を飛ばして，意味を表していると考えてしまいます。

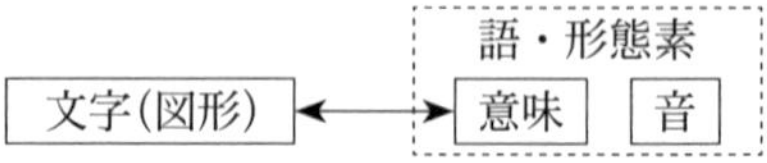

文字が語を介して意味と結び付いていることは，純粋に表意的な記号と比較してみるとわかりやすいでしょう。例えば，数学の数式で使われる記号などは，語を介さず，直接，意味(概念)を表しますが，こういうものは「文字」とは呼びません[4]。

1つの文字が表す単位が，どの言語学的なレベルのものであるかで文字を分類してきましたが，その際，「1つの文字体系の中に複数の要素が含まれていることが多い」ということに注意してください。例えば，表意文字であるとされる漢字でも，表音的要素を含んでいます(cf. 形声，仮借 (pp. 130–31))。仮名は表音文字ですが，現代日本語の表記における「を」は単純に音だけでなく，「お」とは違って“助詞の「を」”であることも同時に示しており，表語的機能を持っているとも言えます。旧仮名遣いと新仮名遣いとを比べると，前者のほうが形態素の表示という側面がより強く，後者のほうが表音的性格がより強いというところがあります。ローマ字の場合も，綴りにおいて表語的機能が見られます。例えば，英語の night–knight, right–rite–wright–write, vain–vein–vane, road–rode–rowed, see–sea では発音が同じで綴りのみが違っており，表語的機能を持っていると言えます。ハングルも，同じ音が形態素という観点から異なる文字要素によって表されたり，音節にまとめて書くときには形態論上のまとまりを考慮するなどの点で，表語・表形態素的特徴を含んでいます。このように，純粋に表意的であったり表音的である文字体系はないことに注意してください。「漢字は表意文字」というのは間違いではありませんが，そう捉えることで漢字の持つ他の機能が見えなくなってしまわないように注意する必要があります。

### c）系統による分類

上では文字を1文字が対応する言語単位を基に分類しましたが，発生の系統により分類することもできます。文字は民族の移動・交流によりいろいろな場所へと伝播し，形を変えながら広がっていきましたが，現在，世界で使われている文字の多くは，「アルファベット体系」か「漢字体系」に属するも

---

[4] ある記号体系の中核を占めるメンバーが，狭義の「文字」としての資格を満たしていれば，他のメンバーも文字(に準じたもの)として扱われることがあります。情報通信の世界における文字コードでは，さらに拡大し，句読点等の記号，数学記号，図形だけでなく，改行，タブなどの制御文字なども，「文字」(英語では “character”)として扱われます。

のと考えられています。「アルファベット体系」は原シナイ文字から派生した文字群で，原シナイ文字自体はエジプトの聖刻文字と関係があるのではないかと考えられています。

3つの源（いずれも「表語文字」）

| | |
|---|---|
| ・メソポタミアの楔形文字の原形 | （→後に消滅，聖刻文字への影響） |
| ⦿エジプトの聖刻文字（ヒエログリフ） | （→アルファベット体系） |
| ⦿中国の漢字 | （→漢字体系） |

**文字の系統図**

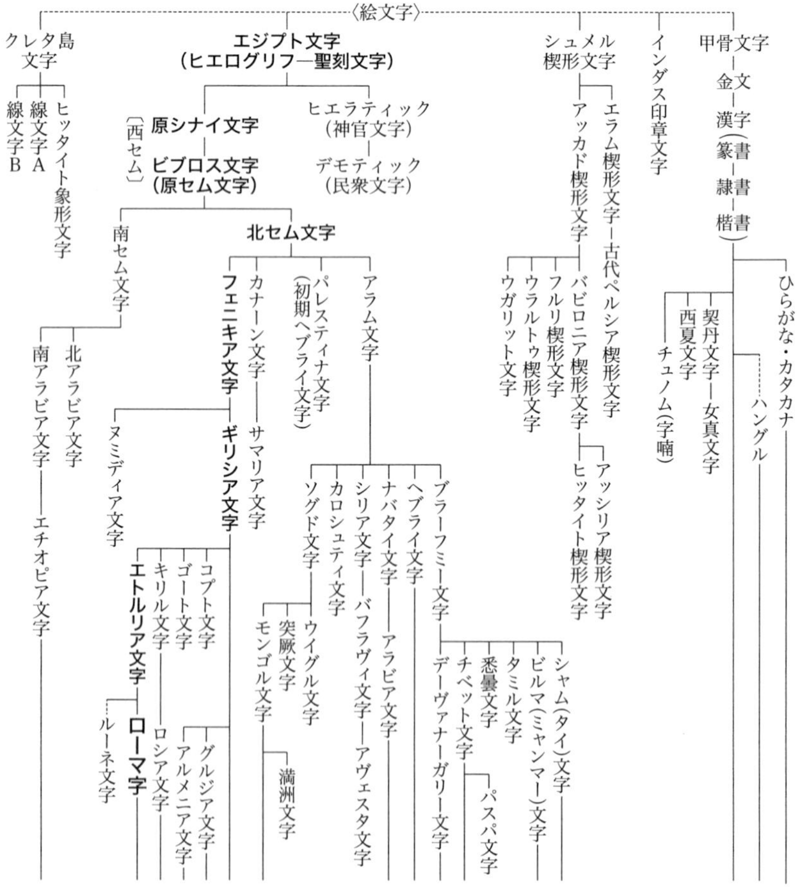


世界の文字研究会（編）『世界の文字の図典』（1993）の図（p. 5）を一部改変。

### d）文字の分布

世界には数千の言語があると言われていますが，文字の種類は言語ほどに多くなく，数種類の文字が世界の広範な地域で使用されています。中でもローマ字は使用範囲が広い文字ですが，これは，ローマ字がヨーロッパ文明の隆盛に伴い世界中に広まっていった結果です。

ローマ字は，それまで文字がなかった社会で使われるようになっただけでなく，すでに文字があったにもかかわらず，ローマ字化した社会や，日本のように，ローマ字化はしなかったが，文字生活の中にローマ字が不可欠な要素として入り込んでいるようなところもあります。下の図では，日本は「漢字圏」になっていますが，ローマ字をかなり使う地域とも言えます。ローマ字以外の文字で表記する言語でも，頻度の差はあれ，ローマ字で表記されることは多く，2次的な使用も含めるとローマ字圏はかなり広くなります。

最近では，インターネットの発達により，以前にも増して，国境を越えて情報がやり取りされるようになってきています。そこでやり取りされている情報の多くはローマ字によるものです。サイバースペースでは，ローマ字の占める割合がかなり高くなっています。

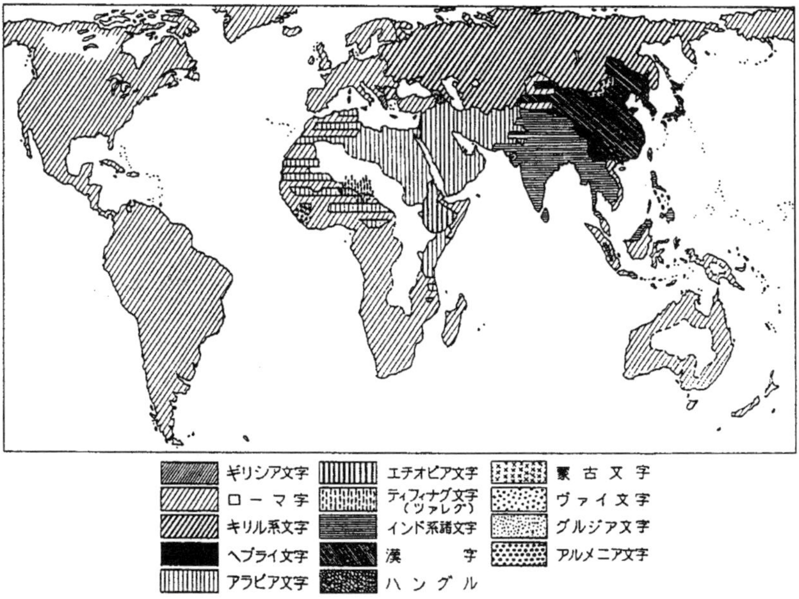


主要文字使用区分概要図（『世界の文字の図典』［p. 6］より）

## ii. 文字の発達の過程

次に文字の発達の過程について見てみましょう。ハングルのように計画的に作られた文字は別として，自然発生的に生まれてきた文字の大部分は絵から発達していると考えられています。最初は何か表したいものを，絵に書いて示す段階があります。

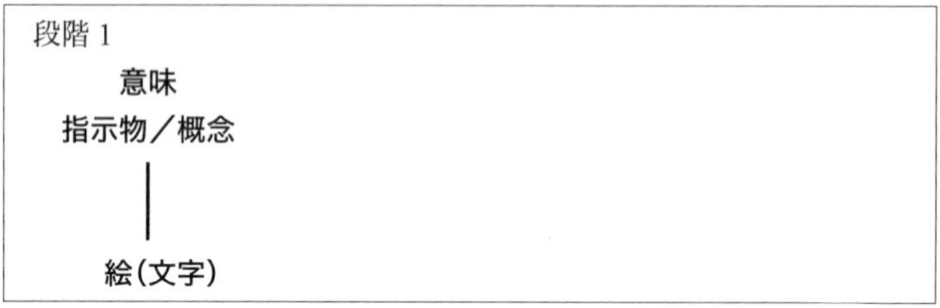


ある特定の意味を表すのに特定の絵を使うようになると，個人または共同体の中で共通の記号として使うことができるようになります。

1 語で表すものは概念としても 1 つのまとまりとして捉えやすいものであるのが普通です。ひとまとまりの概念として捉えやすいからこそ，それを表す語を使うと言ってもよいでしょう。したがって，ある絵で表そうとした意味に対し，多くの場合，その意味を表す語が存在します。すると，ある絵が意味を仲介として，特定の語と結び付くようになります。

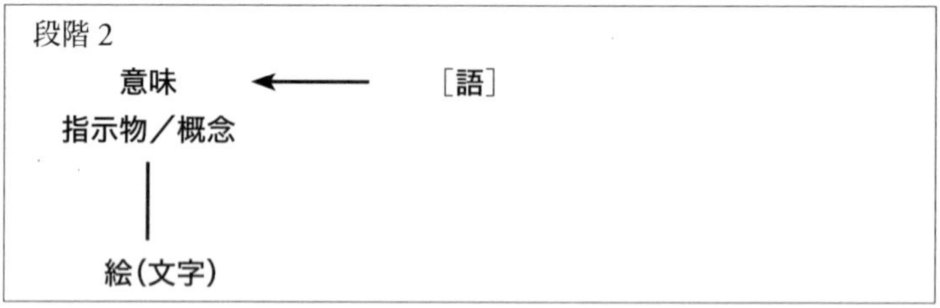


このように，最初は意味を仲介として絵と語が結び付きますが，そのうちに絵と語が直接結び付くようになります。特定の絵が慣習的に特定の語を表すようになると，**象形文字**として使われるようになったことになります。

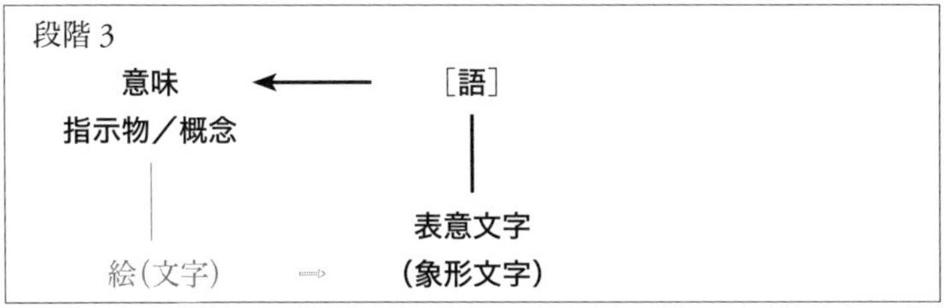


慣習というのは約束事ということですから，対象を絵画的に描写したものである必要はなく，描きやすいものに変化しても問題はありません。面は描きにくく，点と線は描きやすく，点や線からなる抽象的な形式が使われるようになっていきます。実際にどのようなものになるかは，筆記具・媒体として何を用いるかに大きく影響されます。

このように，最初は絵文字から始まったわけですが，語のすべてが絵に描けるような対象を表しているわけではありません。したがって，上で説明した過程を通して生じた象形文字だけではすべての語を書き表せないため，何か別の原理を持ち込まなければなりません。この段階で持ち込まれた原理のうち，表記可能な語を増やすうえで一番大きな役割を果たしたのが，**仮借**(かしゃ)**の原理**です。語は意味だけでなく音を持っています。

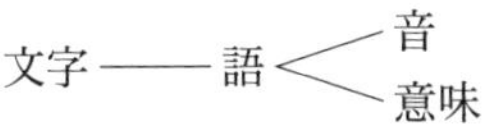


ある語を表したくて，それを表す文字がなければ，「本当は別の語を表す字なんだけど，音が同じだからこれを使ってしまおう」と考えても不思議はありません。このように，表意文字が表す語の意味を無視し，音だけを利用する方法を「仮借の原理」(principle of homophony) と呼びます。

表意文字の意味を捨て音だけを利用することが頻繁に起きるようになると，今度は，語を仲介として文字と音が結びつくようになります。対応する語の意味は考えず音だけに注目すれば，文字が音を表すものと考えることができるようになるわけです。語(形態素)の数は大きなものになりますが，1つの言語に含まれる音の数はそう多くありません。したがって，1つ1つの音(単音，音節など)を表す文字があれば，それを組み合わせることですべての単語を表現することができます。

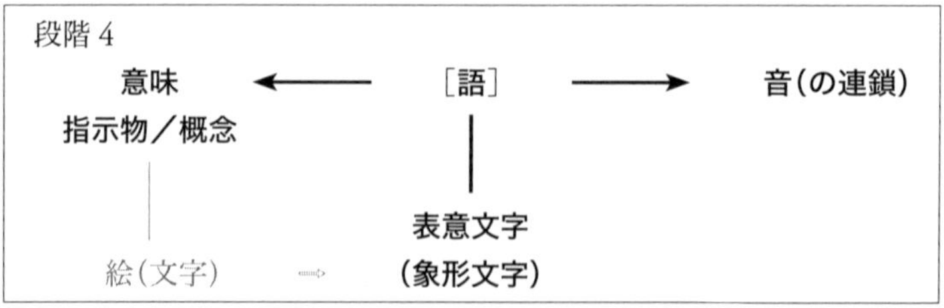


自然発生的に生じた文字の中には，象形文字的要素を残し，それに仮借の原理を利用して足りない文字を補うものがありますが，音を表せばそれでどの語かがわかるのであれば，もう象形文字は要らないと，象形文字（表意文字）はすべて捨ててしまうものも出てきます。

語の数は多いのに対し音の数は限られているので，「語を表す文字」と「音を表す文字」を比べたら，後者の数が圧倒的に少なくなるのは当然です。「音を表す文字」ですべての語が表せるのであれば，何も無理して「語を表す文字」を使う必要はないと考えてもおかしくはありません。習得の手間，記憶への負担を考えれば「音を表す文字」を使ったほうが経済的です。こうなると「**表音的な要素を含む**体系」から「**表音的な**体系」へと移行することになります。

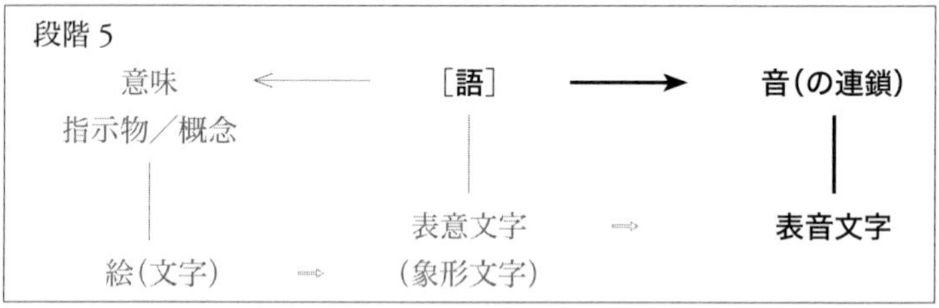


仮名の「め」を例に全体の流れを確認しましょう。この文字は表意文字の漢字「女」が，上で見たような過程を経て表音文字「め」となったものです。以下の説明では，外界の対象物，あるいは意味・概念を表す場合には「　」で，語や形態素の場合｛　｝で，文字を〈　〉で囲んで表します。

まず，「おんな」を表すために，女性を絵で書いて表すようになり，その書き方が一定し共同体の中でその知識が共有されるようになると，記号として使えるようになります。それが｛女｝という語に対応するようになると，〈女〉という表意文字（表語文字）が成立したことになります。この時点で中国から日本に輸入されたわけですが，日本でも最初は〈女〉は「おんな」を意味するものとして取り入れられます。そして，意味と形式を繋ぐ語・形態素として，中国語から借りてきた｛じょ～にょ｝を当てたり，元々の日本語で「おんな」を表す｛おんな｝や｛め｝を当てるようになります(｛め｝は「めがみ，めぎつね，めしべ，めおと」などに見られるように「おんな・めす」を表します)。この文字は｛め｝と結びついた場合には［me］と読まれるようになり，〈女〉が［me］と読まれる状況が生じます。そのうち，〈女〉を意味とは関係なく［me］を表す文字として用い（cf. 万葉仮名)，やがて〈女〉を変形した〈め〉という文字が，意味とは関係なくもっぱら音のみを表すものとして使われるようになり，表音文字〈め〉が成立することになります。

以上，文字の発達について簡単に見てきましたが，勘違いしてはいけないのは，後の段階にあるものが前の段階にあるものより優れているとは必ずしも言えないことです。ある言語の表記体系として完成したものとなるには，表音的要素を含まなければならないのは，上で説明したとおりですが，だからといって,「表音文字のみの体系」が「表意文字を含む体系」よりも優れているとは，単純には言えません。それぞれ長所と短所があるので，単に「表音文字／表意文字だから」という理由ではなく，しっかりと分析して比較する必要があります。

## B. 文字の構成・用法

この節では，文字の構成の原理や文字と語句の対応付けの方法について見ていきます。書記体系についてより深く理解するのに役立つよう，英語の書記体系に限らず，漢字や送り仮名などについても扱うことにします。

### i. 漢字の六書

小学校か中学校で，漢字の構成の原理として，**六書**（りくしょ）というものを習ったと思います。六書など習った覚えがないという人でも，説明を聞けばわかるでしょう。六書とは，漢字の成り立ちと使い方に関する6つの種別のことを言い，成り立ちに関する**象形**（しょうけい）・**指事**（しじ）・**会意**（かいい）・**形声**（けいせい）(**諧声**（かいせい）)と，使い方に関する**転注**（てんちゅう）・**仮借**（かしゃ）から成ります。前者はさらに**文**（もん）と**字**に分けられます。今では「文字」は「字」と同じ意味で使いますが，元々，「文」は象形・指事の原理によって作られた基本的な文字のことで，「字」は会意・形声の原理によって文を組み合わせて作った文字のことでした。両方を合わせて「文字」（「もんじ」→「もじ」）と言ったわけです。文と字がそれぞれ2つ，用が2つに分けられ，合計6つの類に分類されます。

| | | | |
|---|---|---|---|
| 文 | 象形 | 目に見える事物を絵画的に描く方法 | 例．日月山川刀 |
| | 指事 | 抽象的な概念を記号的に表す方法 | 例．上下本末刃 |
| 字 | 会意 | 意味を表す要素を組み合わせる方法 | 例．明森武北 |
| | 形声 | 意味を示す要素と発音を示す要素を組み合わせる方法 | 例．何河苛呵 |
| | 転注 | ある漢字を本来の意味から他の意味に転用して使う方法 | 例．好楽 |
| | 仮借 | 同音の文字を当て字として使う方法 | 例．来而 |

まず最初に**象形**についてですが，これは目に見える事物を絵画的に描く方法のことで，太陽の絵を書いて「日」を表すようなものです。ハングルのように計画的に作られた文字は別として，自然発生的に生じた文字の場合，最初は必ず象形文字から始まります。

**指事**とは，絵画的には描けない，あるいは，描きにくい抽象的な概念を，記号的に表す方法です。絵に描けるようなものならば，そのまま描けば何を指しているかはわかってもらえますが，抽象的なものであれば，それは難しくなります。例えば「上」という概念はどう絵にすればわかってもらえるでしょうか。「やいば」を表したい場合，どうしたらよいでしょうか。「やいば」の絵を書いても，それが「やいば」なのか「かたな」なのかが，わかりづらいですね。こういう場合に使われたのが指事です。「上」であれば ⊥ で，「下」の場合であれば ⊤ で表すというやり方です。同じように，**木**を基に，木の根元に印を付け「本」を表したり，**木**の先に印を付け「末」を表したり，**刃**のように**刀**の刃の部分に印を付けて表したわけです。

**会意**とは，意味を表す要素を組み合わせて新しい文字を作る方法です。例えば，**日**と**月**を合わせて**明**とする，といった具合です。

順番が前後しますが，次の**転注**について見てみましょう。転注については諸説あり，例えば，「音楽」の意味の「楽（がく）」を「楽（らく）」という「楽しい」という意味の字として用いるように，ある漢字を本来の意味から他の意味に転用して使う方法とする説などがあります。

残りの2つ仮借と形声は音が関係するものです。まず**仮借**ですが，これは同音の文字を当て字として使う方法です。例えば，**然**(＜犬＋月(肉)＋灬(火))は元々「燃える」を意味する語を表す文字(以下，**然**（もえる）と表記)でしたが，発音が同じだった(似ていた)ために，「しかり」を表す文字(**然**（しかり）)としても使われるようになりました。「当て字」と言うとあまり重要でない感じがしてしまうかもしれませんが，この仮借の原理は，文字の発達のうえで非常に重要な役割を果たすものです。

最後に**形声**です。上で見たように，仮借は，ある語を表す字がない場合に，同音・類似音の字を代わりに使うことでした。この音だけを借りた文字に，さらに意味を表す文字を添えて，1つの文字にすると形声文字になります。仮借の原理を使い，**然**（もえる）で**然**（しかり）を表せれば便利ですが，今度は**然**の文字1つ1つがどちらの語を指しているのかがわかりにくくなってしまい，困ることになってしまいます。そこで昔の人は**然**（もえる）に**火**を付け**燃**とし区別することを思い付きました。語には意味と発音があるので，意味的な分類を表す記号(意符)と発音を表す記号(音符)を組み合わせて新しい字を作るこの方法は，いろいろな場合に応用が利きます。**燃**の音符の**然**の場合，元々「もえる」という意味があったけれども，それが**然**（しかり）に文字を取られてしまい，結果的に音だけを表すような状態になってしまいましたが，最初から音符となる文字の意味を考えなくていいのであれば，自由に新しい文字が作り出せ，実際，形声の原理を応用することで漢字の数は一気に増えることになりました。

「漢字は表意文字」と言われながら，実はこの形声の原理によって構成されている文字の割合が一番多いのです。文字として機能するにはその言語で使われる表現の多くを書き記せなければなりませんが，そのためには表音的機能が不可欠であることを示していると言えるでしょう。

六書は漢字の文字構成・運用についての原理ですが，同じようなことは他の文字(の発達)についても見られるものです。表音文字であるローマ字では観察されなくとも，絵文字からローマ字への発達の過程においては似たような原理が働いていたと考えられます。

## ii. “音読み” と “訓読み”

日本の漢字には基本的に音読みと訓読みがあります。何を当たり前のことをと思われるかもしれませんが，日本では当たり前の訓読みも，中国や韓国で使われている漢字にはありません。日本人なら当たり前と思っている漢字の音読み・訓読みとは何でしょうか。

**山**を例に取ると，「さん」（連濁を起こすと「ざん」）と読むのが音で，**山**という漢字の昔の中国での発音を基にした読み方です。

さん …音：中国での読み方を基にした漢字の読み方
**山**
やま …訓：漢字をその意味に当たる日本語の読み方で読むこと，その読み方

音体系の違いから中国での発音をそのまま取り入れることができず，当時の日本語の音体系で可能な範囲で原音に近い音になっていますが，音読みは基本的に借用元の中国語での発音を基にしています。ただし，中国語でも日本語でも借入後に発音の変化があったので，現在の発音を比べると似ていないものも少なくありませんが。

音の「さん」に対して，**山**を「やま」と読むのが訓です。訓は中国語での漢字の意味を考え，その意味に近い日本語を当てはめて，その語の発音を当てたものです。音・訓と言うと文字について言うことが多いですが，**今日**（きょう），**昨日**（きのう），**二十歳**（はたち），**梅雨**（つゆ），**土産**（みやげ），**河豚**（ふぐ），**五月雨**（さみだれ），**孑孑**（ぼうふら），**美味しい**（おいしい），**相応しい**（ふさわしい）のように，熟字（じゅくじ）単位で訓読みを当てる熟字訓もあります。

漢字の音・訓は一般化して言うと，「借入元の言語での読み方(表音的)，その読み方を用いること」と「同等の意味を表す借入先の言語の表現を読みとして当てること，その読み方(表語的)」ということになります。音・訓をこう解釈するならば，英語にも“訓読み”があることになります。例えば，etc. は et cetera の略ですが，etc. を元々のラテン語の句“et cetera [ètsétərə]”として読めば“音読み”したことになり，“and so forth”と読めば英語で“訓読み”したことになります。もし，etc. ではなく“et cetera”を“and so forth”と読んだのなら，熟字訓ならぬ“熟語訓”となります。

英語の「訓読」 例. etc.（＜et cetera）　“and so on/forth”
　　　　　　　　viz.（＜videlicet）　“namely”
　　　　　　　　No.（＜numero）　“number”

このように，語や句の単位で見ると，英語にも漢字の音読み・訓読みに似た読み分けがあることになります。

最近では日本語の文章でもよく使われる &（ampersand（アンパサンド））は，元々 and の意

味のラテン語ETを続け書きしたもの (&&&&) ですが，これを “et” と読めば “音読み”，“and” と読めば “訓読み” と考えることもできます。ちなみに，昔は et (and) を表す記号として ⁊ も使われていて，古英語や中英語の写本でも確認できます (cf. 第 VII 章，p. 195)。上に挙げた viz. の元の videlicet には z の文字はありませんが，これは，vi より後ろを省略し，最後に付いている et を表す記号 ⁊ が z に似ていたため，代わりに z が用いられるようになったものだそうです (videlicet → vi⁊ → viz.)。

## iii. “送り仮名”

日本の漢字の音は中国での読み方を基にした漢字の読み方で，訓は意味に対応する日本語の読み方で漢字を読んだものであることを見ました。古典中国語は孤立語と呼ばれるタイプの言語で，文中の各要素は語形変化を起こしませんが，日本語は膠着語で，各要素が文中の働きに応じて異なる接辞を取ります。中国語では**細**は常に**細**ですが，日本語で対応する表現は文中の働きに応じて「ほそい」「ほそく(ない)」「ほそか(った | ろう)」「ほそけれ(ば)」のように変化します。訓読みの**細**は活用形すべてに対応しますが，**細**だけではどれに対応するかわからないため，読みのヒントとして仮名を添えたのが「送り仮名」です。「ほそい」の場合，可能性としては，a. **細ほそい**，b. **細そい**，c. **細い**，の 3 つが考えられますが，どの活用形に対応するのかがわかればいいので共通の部分を書く意味はなく，異なる部分，すなわち活用部分を書けば十分で，**細い**と仮名が送られることになります。

活用部分だけではうまく行かない場合もあります。例えば**細**を「こまかい」と読ませる場合，上と同じ理屈で言えば，「こまかい」についても**細い**でよいことになりますが，それでは「ほそい」との違いがわかりません。**細かい**とすれば，「ほそい」ではないことがわかるので，「こまかい」の場合は「か」のところから送り，**細かい**とします。

上に示したのは活用語尾に仮名を送るケースですが，他にも，**後**（あと）と**後**（うしろ）／**後**（うし）**ろ**のように訓読み同士，あるいは**類**（るい）と**類**（たぐい）／**類**（たぐ）**い**のように音読みと訓読みを区別したり，また，**誉**（ほまれ）／**誉**（ほま）**れ**のように対立がなくても読みやすくするために，訓読みの末尾の一部を仮名で示すことも行われています。

一般化すると送り仮名の機能は「表音文字により表意文字の発音の一部を表し，語への対応付けを(容易に)する方法，またはそのように使われた表音文字」と捉えることができますが，こう捉えると「送り仮名」は日本語の表記以外でも見られる原理です。例えば，エジプトの聖刻文字(ヒエログリフ)でも，表意文字に発音を表す表音文字を添えて表記することが体系的に行われていました。

体系的ではありませんが，送り仮名に似た表記法は英語にも見られます。例えば，2 は “two” とも “second” とも読めますが，読みの一部を添え 2nd とすることで “second” であることを示しています。2nd が “2” という語に “nd” という接尾辞が付いたものでないことは，2 で “seco” という語を表すわけではなく，また 2d という書き方もあることからわかります。ほかに 8vo, 8° (octavo，8 つ折版) のような例もあります。

## iv. 筆順：文字の書き順

文字指導では「書き順」「筆順」が問題になることが多く，ローマ字を習うときも書き順が問題になることがありますが，ローマ字に “正しい” 書き順はあるのでしょうか。

書き順を決める要因，各要因の重要度は，文字の種類，使用される文化等により異なりますが，一般的には，A. 書きやすさ，B. 美しさ，C. 弁別機能，D. 慣習(規範)の 4 つが考えられます。文字の書き順は昔から決まっている正しい書き方を踏襲していると思う人もいるかもしれませんが，そうではないことは文字の派生を見てもわかります。平仮名は漢字の草書から来ていますが，現代の “正しい”(楷書の)筆順(のうちの 1 つ)からは生じ得ない形をしているものがあります(例．安 → あ，於 → お，波 → は，不 → ふ，末 → ま)。草書，楷書，行書で書き順が異なったり，漢字を使用している地域でも一般的な筆順が日本のものとは異なることがあるなどを考えれば，書き順が歴史的に不変のものではないことがわかります。

詳細は次章で見ますが，ローマ字についても，歴史的に書き順が一貫していなかったことは書体の発達の過程を見れば明らかです。ローマ字には元々大文字しかありませんでしたが，徐々に字形が変化し小文字が誕生しました。例えば **A** の字形の変化 (A → ʌ → ∂ → ɑ) を見ると，おおよそ「↗↘→」「↙→↘」「∠ ↘」「C↗↓」と変化した様子が見て取れます。書体によっては，ɑ の **C** の部分を，まずは上 1/3 を左から右へ，残りの部分を下に向かって右方向に書く書き方もあります(「₂C¹↓₃」)。最初の “A” の段階で決まった「正しい書き順」があり，それを代々守ってきたのだとしたら，このような変化は生じなかったはずで，メディアや筆記具の変化の影響なども受け，時代，書体とともに筆順も変わってきたことがわかります。

書きやすさ，美しさは，筆・ペンのような筆記具，木簡・石碑・紙・羊皮紙などの媒体によっても変わります。漢字同様，ローマ字の字体・書体の変化も筆記具等の変化に伴うところが大きいですが，文字同士の区別が付きさえすれば，区別可能な範囲では字形が変わっても大きな問題は生じません。漢字の**大太犬**を比べてみるとわかる通り，**丶**はその有無・位置により文字を区別する機能がある(弁別的である)ため，自由に変更することはできませんが，弁別的機能を持たない場合には，書きやすさ，美しさを優先した書き順により，省略されたり変更されたりすることがあります。ローマ字の大文字の **L** が小文字の **l** となり，大文字の I と区別が付きにくくなっても，同一書体においては，I は **ı**(**i**) であり，**l** とは区別されるため，**L** が **l** へ変化しても困りません。大文字体と小文字体を混ぜて書いても，大文字と小文字が使われる文脈の違いから大文字の I と小文字の l はある程度区別が付きます。また，(特に印刷書体においては) 本来は飾りの働きをしているセリフ (cf. p. 181) が文字の識別において補助的に弁別的機能を果たすため，区別するのは容易です。歴史的には，大文字の I が小型化し小文字の ı となりましたが，続け書きしたときに識別しにくいため，点を加えるようになりました(mınımum vs. minimum)。このように，文字を区別するために加えられた付加的なストロークが，その文字の基本的なストロークとして取り入れられることもあります。

英語圏ではローマ字について筆順が問題にされることはあまりありませんが，日本(特に教育)においては規範意識が高く，漢字の “正しい” 筆順が問題にされることが多いため，ローマ字についても規範的に “正しい” 筆順があると考えてしまう人が多いようです。しかし，ローマ字には，論理的にも，歴史的にも，規範的にも “正しい” 書き順というものはありません。完成した形のバランスが取れ，他の文字と区別できるものであれば，基本的にどの書き順も正しいと言えます。現在の **A** の書き順としては「↗↘→」ないしは「↙↘→」が普通でしょうが，「↙→↘」や「↗→↘」などが誤りというわけではありません。教科書等で示される書き順はきれいに書くための例の 1 つであり，ほかが誤りであることを意味しません。しかし，一般的にバランスが取りやすい筆順はある程度限定されてくるので，基本を身に付ける入門期に特定の筆順をモデルとして示すのはよいことです。また，文字の弁別的機能から考え，避けたほうがよい書き順もあります。例えば，o を上から左回りに書いても()，下から右回りに書いても()誤りではありませんが，pot と書いたつもりが 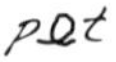 となって pet と読み間違えられては困ります。上から書き始めれば，少し崩れても () ちゃんと pot と読めます。“間違った” 書き順はありませんが，文字の伝達機能を考えれば，他の文字と識別しやすい筆順のほうが望ましいことは言うまでもありません (cf. 向・何，古・右，ツ・シ，ソ・ンの書き順)。

## v. 五十音順・いろは: 文字の配列法

すでに第 I 章で五十音図の配列が音韻的特徴に基づいていることを見ましたが，文字を配列する原理は音韻に基づくものだけではありません。では，文字配列の原理にはどのようなものがあるでしょうか。基本的には次の 4 つが考えられます (cf. 田中美輝夫『英語アルファベット発達史』p. 43)。

文字配列の原理

| | | |
|---|---|---|
| 1) 音韻論的分類法 | e.g. | サンスクリット・アルファベット，五十音図，ハングル |
| 2) 形態論的分類法 | e.g. | 漢和辞典の部首索引 |
| 3) 意義論的分類法 | cf. | 漢和辞典の部首索引，千字文，いろは |
| 4) 年代順的分類法 | e.g. | ギリシャ文字　Υ Φ Χ Ψ Ω |
| | | ローマ字　G X Y Z, I-J U-V-W |

**音韻論的分類法**というのは，文字が表す音価を基に配列するやり方です。すでに見たように日本語の五十音図がそうです。五十音図は悉曇(しったん)(サンスクリットのアルファベット，梵字)の配列原理に影響を受けています。

2 番目の**形態論的分類法**ですが，ここで言う「形態論」は単語の内部構造を扱う形態論ではなく，文字の形・構成のことを指しています。漢和辞典で使われる部首と画数による配列はここに分類することができます。ただし，部首は意符(意味を表す符号)でもあるので，意味で配列しているとも言えます。後漢の許慎が書いた中国最古の字書『説文解字』では，文字の並びそれ自身がある意味を持っていたので，こういう意味でも，意義論的分類と考えることもできるでしょう。

**意義論的分類法**とは意味に基づく分類です。文字が表す語の意味によってグループに分けるケースや，通して読むと意味を持つように配列するケースがあります。すでに上で述べたように，漢字を部首で分類するのは意味による分類と考えることもできます。日本のいろはは通して読むと意味を持つタイプです。千字文というのは，次のように，漢字千字を 4 文字ずつ組み合わせ意味の通る句にまとめたもので，識字や習字の教育に利用されたりしましたが，これもこのタイプです。

天地玄黄　宇宙洪荒　日月盈昃　辰宿列張　寒来暑往　秋収冬蔵
閏余成歳　律呂調陽　雲騰致雨　露結為霜　金生麗水　玉出崑崗　...

**年代順的分類法**とは，文字が出来た順序や導入された順序で並べる方法です。新規に導入された文字を列の一番最後に付ける場合と，関連文字の後に挿入する場合とが基本ですが，後で見るように (p. 156)，「空いていたところに入れる」などというケースもあります。

以上，文字配列の原理として 4 つの原理について見ましたが，文字を何らかの基準で配列するのであれば，基本的にこの 4 つのどれかに従うのが普通です。では，ローマ字の配列順序はどの原理に従ったものでしょうか。これについては第VI章 (pp. 155–58) で詳しく見ることにします。

ちなみに，コンピューターで文字を処理するには，文字に番号を付ける必要がありますが，その順番を決めるときには，上記の基準にはない“頻度”が考慮されることがあります。例えば，JIS X 0208 という文字コードにおける漢字の配列は次の複数の原理に基づいています。

- 頻度に基づく配列：第 1 水準，第 2 水準，... と頻度，重要度によりグループ化し，頻度の高いグループを前に配列
- 音韻に基づく配列：第 1 水準の漢字については，漢字の音に基づき五十音順で配列（亜(あ)～腕(わん)）
- 形態に基づく配列：第 2 水準の漢字については，部種別に画数で配列
- 意義に基づく配列：部首は意符でもあるため，付随的ではあるが，第 2 水準では意味的に関連した漢字が連続することが多い
- 年代に基づく配列：後から追加した**堯槇遙瑤凜熙**の 6 字は，最後に配列

## vi. 文字の再現性と不完全性

この章の最初で見たとおり，文字が他の記号と異なるのは，言語表現への対応付けの有無でした。同じアルファベットを使っていても，言語表現への対応付けが比較的単純で規則的なものから，複雑で不規則なものを多く含むものまで，いろいろな書記体系がありますが，第II章で見たとおり，英語の書記体系はかなり複雑で例外を多く含むものとなっています。日本人には，なぜこのような複雑な綴りを使っているのだろうか，なぜもっと発音がわかりやすい綴りに変えないのだろうか，と不思議に思えてくるぐらいですが，実は，我々が使っている日本語の書記体系はもっと複雑です。しかし，こんなに複雑で例外の多い書記体系でも，日常生活では大きな問題もなく使われ続けています。これは一体なぜでしょうか。ここでは，日本語と英語の具体例を基に，文字に不完全なところがあっても大きな支障もなく使用できるのはなぜかについて，言語表現の再現性という観点から考えることにします。

まずは，次の各表現を音読してみてください（答えは p. 139 に）。

| | | | |
|---|---|---|---|
| a.［歩］ | i. 歩き | ii. 歩み |
| b.［試］ | i. 試み | ii. 試し |
| c.［育］ | i. 育てる | ii. 育む |
| d.［早々］ | i. 早々に | ii. 早々と |
| e.［類］ | i. 類稀なる | ii. 類を見ない |
| f.［生］ | i. 生い立ち | ii. 苔生した岩 |
| g.［萌］ | i. 春の萌し | ii. 草萌える |
| h.［捩］ | i. 足を捩って捻挫した | ii. 腹を捩って笑った |

ほとんど読めたのではないでしょうか。漢字の部分は共通で，どちらの読みになるかを直接示すものはなくても，言語表現への対応付けには問題ないことがわかります。日本語の成人母語話者であれば，「あゆき」と「あるみ」という表現は存在しないことから，「あるき」と「あゆみ」であることがわかります。「類い」と「い」が付いていれば，「たぐい」であることがわかりますが，「類」だけでは「たぐい」か「るい」かはわかりません。しかし，「__稀なる」「__を見ない」という文脈では「類（たぐい）」と「類（るい）」は交換不可なので，どちらで読めばいいかは自動的に決まります。

答え

| | | | |
|---|---|---|---|
| a. | ［歩］ | i. 歩(ある)き | ii. 歩(あゆ)み |
| b. | ［試］ | i. 試(こころ)み | ii. 試(ため)し |
| c. | ［育］ | i. 育(そだ)てる | ii. 育(はぐく)む |
| d. | ［早々］ | i. 早々(そうそう)に | ii. 早々(はやばや)と |
| e. | ［類］ | i. 類(たぐい)稀なる | ii. 類(るい)を見ない |
| f. | ［生］ | i. 生(お)い立ち | ii. 苔生(む)した岩 |
| g. | ［萌］ | i. 春の萌(きざ)し | ii. 草萌(も)える |
| h. | ［捩］ | i. 足を捩(ねじ)って捻挫した | ii. 腹を捩(よじ)って笑った |

今度は少しタイプの違うものを見てみましょう。次の「今日」と「草原」はどう読むでしょうか。

i. ［今日］ i. 日によってやってくる子供のタイプも異なるが，今日の子供達は
　　　　　 ii. 時代により状況も異なるが，今日の子供達が置かれている状況は

j. ［草原］ i. 近所の草原　　ii. モンゴルの草原

おそらく，i の組では i が「今日(きょう)」，ii が「今日(こんにち)」，j の組では i が「草原(くさはら)」，ii が「草原(そうげん)」となったのではないでしょうか。「近所の草原(そうげん)」も「モンゴルの草原(くさはら)」も日本語としておかしいわけではありませんが，そういうものが話題になる状況は，あったとしても稀なので，自然と「近所の草原(くさはら)」「モンゴルの草原(そうげん)」と読むことになります。

このように，文字と言語表現の対応付けには様々な要因が関与します。文字・綴りと言語表現との対応は 1 対 1 が理想的ですが，1 対多／多対 1／多対多の場合が多くあります。しかし，制約がないわけではなく，ある文字列が与えられれば特定の言語表現に対応させられる，あるいは逆に，特定の言語表現が与えられれば特定の文字列で表すことができるような範囲に留まります。もし，書く人(あるいは書いたとき)の意図が，読む人(読んだとき)の解釈と同じだということが保証されなくなってしまうと，文字として役に立たなくなるため，**再現性**が保証できる程度の対応関係は必要になります。文字・綴りが明示しなければならない情報の量も再現性と関係します。少ない情報で言語表現を特定できるのであれば，余分な情報を表示する必要はなくなります。「歩(ある)き」「歩(あゆ)み」のようにルビを振れば語への対応は明確になりますが，なくても語の同定に支障がなければ，ルビで示した情報はなくても困

りません。英語でも，prĕ́s̈*e*nt, prës̈ĕ́nt と表記すれば単独でも発音はわかりますが，present としても文中でどちらかわかるのであれば，複雑な表記は不要になります。

今度は少し違う観点から考えてみましょう。まずは次の文章を読んでみてください(正しい綴りのものは本章末尾に掲載)。

> Aoccdrnig to a rscheearch at Cmabrigde Uinervtisy, it deosn't mttaer in waht oredr the ltteers in a wrod are, the olny iprmoetnt tihng is taht the frist and lsat ltteer be at the rghit pclae. The rset can be a toatl mses and you can sitll raed it wouthit porbelm. Tihs is bcuseae the huamn mnid deos not raed ervey lteter by istlef, but the wrod as a wlohe. [http://www.mrc-cbu.cam.ac.uk/people/matt.davis/Cmabrigde/]

最初はこんなものは読めないと思っても，しばらく眺めていると不思議と読めるようになったのではないでしょうか。この文章には，3 文字以下の語の a, and, are, as, at, be, but, by, can, in, is, it, not, the, to, you を除き，正しい綴りの語はありません。アルファベットは表音文字ですが，もし，実際の言語活動における処理も，原理に従い「文字 → 綴り → 発音 → 単語」の順番で，文字・綴りを基に発音を復元し，発音を基に対応する語を同定しているのだとしたら，上記の文章ではほとんどの語が同定できず，意味を理解することができなくなります。しかし，実際には文章を再現し意味を理解できることから，「文字 → 綴り → 発音 → 単語」というボトムアップ式以外の処理を行っていることがわかります。それらの処理がこういう変な文章を読むときだけ使われるとは考えられないので，通常の綴りの文章を読むときにも，ボトムアップ式の処理に加え，それらの処理が行われているはずです。そういう処理により文字列を語に対応付けられるのであれば，単語の綴りに一部表音性を欠くところがあったり不規則なところがあっても，読み書きするのに不都合は生じません。したがって，文字・綴りだけから単語を同定できるように情報を盛り込む必要はなく，通常の使用においてある程度の再現性が保証される限り，文字・綴りは不完全なものであっても構わないということになります。

このように，言語表現への対応付けには様々な要因，処理が関わっています。通常，正書法は成人母語話者が使用することを想定しているため，文字・綴りは，文法・語彙を習得し，その他いろいろな情報を活用できる話者が語を特定するのに十分な情報を含んでいさえすればよいということになります。

したがって，そのような知識を持たない子供や外国語として学習する者にとって難しいものとなることもあります。残念ながら，第 II 章で見たように英語の綴りは複雑で，非合理的な部分もありますが，すでに英語と綴りを身に付けた人にとっては，実際の使用上，大きな問題が出るものではなく，大きな変更に伴うマイナスを考えれば，改変するだけのメリットはないことになります。

> According to a researcher (sic) at Cambridge University, it doesn't matter in what order the letters in a word are, the only important thing is that the first and last letter be at the right place. The rest can be a total mess and you can still read it without problem. This is because the human mind does not read every letter by itself but the word as a whole.
>
> [http://www.mrc-cbu.cam.ac.uk/people/matt.davis/Cmabrigde/]

## 第VI章

# アルファベットの起源と発達

この章では，現代のアルファベットの特徴について整理した後，そのような特徴がどういう経過で生じたのかを，アルファベットの起源と発達，手書き書体の変遷，印刷術の発明・発達が書体に与えた影響などの観点から見ていきます。

# A. アルファベットの構造

アルファベットがどう発達してきたかについて見る前に，現在のアルファベットの特徴について確認しておきましょう。次の例を見てください。

“A quick brown fox jumped over the lazy dog,” said John.

上の表記を見ると，次のような英語の表記の特徴が確認できます。

・**単語の分かち書き**：単語と単語が分かち書きされる。

・**大文字と小文字**：各文字には大文字・小文字がある。また，文や固有名詞の最初の文字を大文字で書くなど，大文字と小文字の使い分けに規則がある。

・**四線**：文字によって幅，高さなどが異なる（ベースライン，x ハイト，アセンダーライン，ディセンダーライン）。書体によっては，キャピタルライン（大文字の一番上の位置）はアセンダーラインよりも下に位置する。

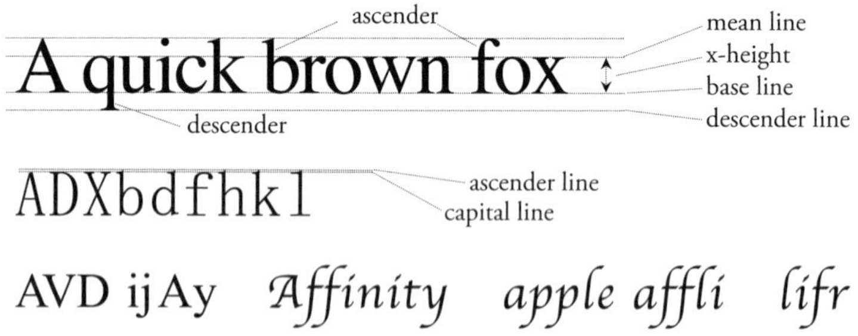


・**セリフ**：書体によっては異なる太さの線が使用され，また，セリフ，文字と文字を繋ぐ連結線，ヘアラインが付くこともある。

この章では，アルファベットのこのような特徴が，いつ，どういう経緯で生じたのか，歴史を追って見ていくことにしましょう。

# B. アルファベットの発達

## i. アルファベット

一般にアルファベットというのは，単音もしくは音素を表すことを建前とする書記法の文字の一組のことを言います。ですから，ギリシャ文字やキリル文字(ロシア語などの表記に使われる文字)などもアルファベットです。

ギリシャ文字:
Α Β Γ Δ Ε Ζ Η Θ Ι Κ Λ Μ Ν Ξ Ο Π Ρ Σ Τ Υ Φ Χ Ψ Ω
α β γ δ ε ζ η θ ι κ λ μ ν ξ ο π ρ σ τ υ φ χ ψ ω
キリル文字:
А Б В Г Д Е Ё Ж З И Й К Л М Н О П Р С Т У Ф Х Ц Ч Ш Щ Ъ Ы Ь Э Ю Я
а б в г д е ё ж з и й к л м н о п р с т у ф х ц ч ш щ ъ ы ь э ю я

では，普通「アルファベット」と呼んでいる文字を「アルファベット」と呼ぶのは間違いでしょうか。他のアルファベットと区別がつくときは，単に「アルファベット」と呼んでも問題はないので，間違いというわけではありません。しかし，区別して呼んだほうが便利なときもあります。その場合には，「ローマ字」「ラテン文字」などと言って，他のアルファベットと区別します。

このように「アルファベット」「ローマ字」「ラテン文字」という 3 つの呼び方があることになりますが，なぜこういう名前が付いたのでしょうか。前章の「文字の系統図」(p. 124)で見たように，アルファベットは上で挙げたギリシャ文字，キリル文字などと起源が同じと考えられており，「アルファベット」という名前はギリシャ文字の最初の 2 字の名「alpha Aα」と「beta Bβ」に由来します。「alpha beta で始まる文字の組」ということですね。「いろは」「あいうえお」「ドレミ」「ABC」など，最初のいくつかの要素でグループ全体を指す言い方はよく使います。

「ローマ字」と呼ばれるのはローマ帝国で使われていた文字だからで，英語では “Roman alphabet” などと呼びます。また，ローマ帝国の公用語のラテン語を書き記すのに使われたため，「ラテン文字」(Latin alphabet) とも呼ばれます。このように，呼び名の由来からもある程度ローマ字の歴史が読み取れますが，さらに詳しくその歴史を追っていくことにしましょう。

## ii. ローマ字の発達——西セム文字とその系統の文字

ローマ字は西セム文字の系統の文字で，原シナイ文字が起源になっているようです (cf. p. 124 の文字の系統図)。この原シナイ文字はエジプトの聖刻文字(ヒエログリフ)の影響があるとも言われています。現在のローマ字は単音文字で，漢字などの表意文字と違い，少ない数の文字で言語を表記することが可能です。文字が単音文字であれば，言葉を表すのに字数はきわめて少なくて済むということにはエジプト人もすでに気付いていて，聖刻文字には表音の原理が取り入れられていましたが，表音文字体系へとは進みませんでした。

単音文字の体系は原シナイ文字から始まりフェニキア文字へと発達していきますが，このフェニキア文字を導入し，母音文字を編みだしたギリシャにおいて初めてアルファベットが完成されます。このアルファベット(ギリシャ文字)からは 2 つの文字体系が生じ，それが全ヨーロッパを二分するようになります。1 つはローマ字(ラテン文字)，他はキリル文字(ロシア文字)で，この 2 つは中世以来のローマ=カトリック教会・ギリシャ正教の発達に応じて広まっていき，宗教分布がそのまま文字の使用区分を成して現代におよんでいます。

文字の伝播・発達

エジプトの聖刻文字(ヒエログリフ)
(表意性が薄れ表音文字へ)
⇩ ?
原シナイ文字
⇩
フェニキア文字
⇩
ギリシャ文字
⇩
エトルリア文字
⇩
ローマ字(ラテン文字)

ここからは，エジプトの聖刻文字から始まって，現在のローマ字に至るまでの流れを追いながら，それぞれの文字の特徴について，またその特徴が現在のローマ字のどういうところに残っているのかについて見ていくことにしましょう。

### a) エジプトの聖刻文字(ヒエログリフ)

アルファベットの歴史は，東地中海地方のセム語字母が起源とされ，特にフェニキア文字起源説が有力です。次に紹介する原シナイ文字を経てエジプトの聖刻文字にヒントを得たという説もありますが，賛否両論あり，エジプトの文字がローマ字と関係があるのかどうか確かなことは言えません。確かなことが言えないぐらいなので，聖刻文字を見るとローマ字のこういう特徴が理解できるというようなことはないのですが，どんなものかちょっと見てみると面白いでしょう。最近では聖刻文字について解説した本も多く出ており，サーチエンジンで検索してみると聖刻文字について解説したページも見つかります。見た目からは絵文字のように見える聖刻文字ですが，文字構成・使用の原理を見てみると，漢字の偏に似た機能を持つ決定詞や，日本語の振り仮名，送り仮名に当たるような表音文字の使用法などを含み，複雑な体系を有していることがわかります。

### b) 原シナイ文字

最も古いアルファベットの祖型であると考えられているのが，原シナイ文字と呼ばれるカナン(パレスティナ)やシナイ半島で発見された文字です。表意文字の意味を捨て，元々その文字が表していた語の頭音のみを利用する方法を「アクロフォニー (acrophony) の原理」と言いますが，この原理を使い，少数の音を表す文字のみで言葉を書き記すようになったものと考えられています。原シナイ文字には子音を表す文字しかありませんでしたが，その特徴は次のフェニキア文字にも受け継がれています。

### c) フェニキア文字

フェニキア (Phoenicia [fəní(:)ʃiə]) は地中海東部沿岸にあった古代国家です。フェニキア人は元々西セム系のカナーン人で，パレスティナ地方にも住んでいましたが，パレスティナにヘブライ人が侵入して定着するに伴い北方に住地を限られるようになります。フェニキア地方には先史以来のオリエント系ヤペテ人や，前18〜17世紀の民族移動によってアーリア系種族が来住し，それらとの混合によってフェニキア人が成立したと考えられています。

フェニキア人の言語はセム語系で，文字は，原カナーン文字を基軸としビブロス文字の影響を受けて成立した22個の子音によるフェニキア文字です。フェニキア文字は，フェニキア人の植民・貿易活動により前11世紀頃から地中海周辺に広まり，のちに独自の発達を遂げたギリシャ文字が生まれました。

### d）ギリシャ文字

フェニキア人から文字を受け継いだギリシャ人は，自分たちの言語を表記するのに都合がよいように，いくつか改革を行いました。現在のローマ字の体系から見て重要な点としては，i）フェニキア文字で表されなかった母音を表すようにしたことと，ii）セム語で右から左に書いたのを左右交互書き（牛耕式，boustrophedon）にし，さらに左から右に書く方式に統一したことが挙げられます。

古典ギリシャ語アルファベット：ΑΒΓΔΕΖΗΘΙΚΛΜΝΞΟΠΡΣΤΥΦΧΨΩ
（古典ギリシャ文字（東部タイプ）の他に西部タイプの諸種のギリシャ文字あり）

改革点　i）母音を表示　（セム語：子音だけの文字体系）
　　　　ii）牛耕式に，さらに左から右に書く方式に統一

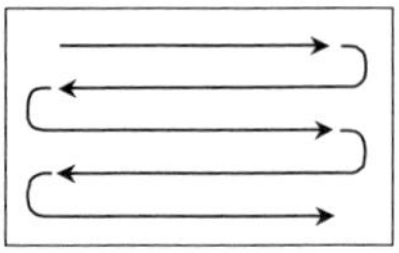

牛耕式：牛を使って畑を耕すときのように，
1行ごとに進行方向が変わる書き方のこと。

ここで文字の名前について考えてみましょう。Aはなぜ「アルファ」という名前で呼ばれるのでしょうか。ギリシャ文字の名前はギリシャ語では意味を持ちませんが，セム語として見ると意味のある言葉になります。例えばAの名前はalphaですが，これはセム語のaleph「牛」に対応します。Bの名前のbetaならセム語のbeth「家」に対応するという具合に，どの文字の名前も，セム語で意味のある単語になります。なぜ，こういう対応が見られるのでしょうか。

原シナイ文字／フェニキア文字の段階で，アクロフォニーの原理により，表意文字の意味を捨て，元々表していた語の頭音のみを利用することで，比較

的少ない数の文字で言葉を表すことができるようになりましたが，その際に文字の本来の意味が文字の名称として残り，それがギリシャ文字に伝えられたと考えられています。例えば，元々象形文字でAなら「牛」を指していたものが，意味は捨てて音(語頭音)だけを使うようになっても，元々表していたものの名前である「牛」が，文字の名前として残ったというわけです。この説に対し，子供の絵本などで「O は Orange の O」としてオレンジの絵を描いて文字の形を覚えさせるように，覚えやすいように文字の形に似たものの名前 (mnemonic name) を付けたと考える人もいるようです。

上で見た古典ギリシャ文字は，正確に言うと東部タイプに分類されるもので，この東部タイプとは少し異なる西部タイプのギリシャ文字もあります。これがギリシャ植民地からエトルリア文字を経てローマ字となったと考えられています。

### e）エトルリア文字

エトルリアは中部イタリアのトスカナ地方に紀元前 8 世紀中頃から起こり，7〜6 世紀に最も栄えて古代イタリアの雄となった民族です。彼らはラティニウムに侵入してローマ市を建て，約 1 世紀にわたってその地を支配しました。ローマ人は彼らをエトルスキまたはトゥスキと呼びましたが，このエトルリア人は周辺のインド=ヨーロッパ語族のどれにも属さない孤立した種族で，古代ギリシャの歴史家ヘロドトスは，小アジアのリディア人の移住説を伝え，永くリディア説と土着民説とが争われています。ローマが興ってエトルリアを制圧しラテン語が普及してからは，エトルリア語はついに死語となりました。

エトルリア語を記した文字がギリシャ文字の借用であることは早くから知られていました。エトルリア人は単にギリシャ文字を借用しただけでなく，前 7 世紀には 26 文字であったのが，のち 4 文字が消えて，f 音を示す 8 の文字が加わったりと，自分たちの言語を表記するのに都合がよいように改変を加えました。

ギリシャ文字の 3 番目の文字が Γ [g] であるのに対しローマ字では C [k] で少しずれていますが，このずれはエトルリア文字を介して伝わったことにより生じたものです。

ギリシャ文字：ABΓΔEZ. . .
ロ　ー　マ　字：ABCDEF. . .

エトルリア語では破裂音は無声のものしかなかったと言われています。つまり［p, t, k］しかなく，［b, d, g］を表す文字B, Δ, Γはエトルリア語を書き記すのには不要であったわけです。いらないなら使わなくなったかというと，そうはならなくて，ギリシャ語のΓは［k］を表す文字として使われるようになりました。この結果，［k］音を表すのに3つの文字（Γ/C, K, Q）が存在することになり，ΓはE, Iの前，KはAの前，QはUの前という使い分けが生じました（エトルリア語に［o］はなくOは使われませんでした）。この使い分けはラテン語にも引き継がれ，現在の文字の名前（cē, kā, qū）に残っているだけでなく，英語の綴りにも影響を与えています。

### f）ローマ字

いよいよローマ字についてです。ローマ字の初期のものは21文字でした。それにGとYが加わって古典ローマ字23文字となりました。

初　期　21(20)文字: A B C D E F H I K L M N O P Q R S T V X (Z)
古典期　+G(<C) Y(<ギリシャ文字 Υ) (Z)
→23 文 字: A B C D E F G H I K L M N O P Q R S T U X Y Z

Gは，Cが［k］を表す文字となったため，［g］を表す文字としてCに - を足して［g］を表す文字としたものです。Yは，ギリシャ文字のΥ (upsilon) がローマ字のVになったため，Υの音を表す文字として導入されたものです。後にI, Vの変形J, Uが作られ，V Vの合字Wが加わり今日の26文字となりました。

中世期　+J(<I), U(<V), W(“double U”<V V)
→今日の26文字: A B C D E F G H I J K L M N O P Q R S T U V W X Y Z

ギリシャ文字とローマ字では，文字の数，字形だけでなく，文字の名前がまったく違います。ギリシャ文字ではセムアルファベットの名前を受け継ぎましたが，ローマ字ではこれを止め，文字が表す音に基づく名前 (phonetic name) に変えました。Aであれば［a(:)］を表す文字なので［a(:)］と呼ぶという具合です。

エジプトの聖刻文字，フェニキア文字からローマ字に至る大まかな文字の流れを見てきましたが，この後は文字の名称，配列，書体の発達について見ていきます。

## iii. 文字の名称

小・中学から英語を学んでいると，文字に名前があることに何の疑問も持たなくなっているかもしれませんが，これはよく考えてみると不思議なことではないでしょうか。例えば，日本語の漢字・仮名には名前があるでしょうか。もちろん，「漢字」「仮名」など文字種全体に対する名前はあります。しかし個々の文字についてはどうでしょうか。

漢字の場合，数が多く１つ１つ名前を付けるのは大変です。例えば「校」の名前って何でしょうか。「こう」でしょうか。もしそうなら，「校」「交」「項」「硬」... などたくさんの文字が同じ名前を持っていることになってしまいます。もし，その文字の読み(音価)をその文字の名前とするのであれば，複数の読みがある場合にはどれがその文字の名前になるのでしょうか。どうも，漢字の場合，文字の名前という考え方には無理がありそうです。

表音文字の仮名の場合であれば，例えば「あ」の文字であれば「あ」が(「音価」であると同時に)「名前」でもあると考えることもできます。もっとも「お」「を」のように現代の日本語では発音が同じになってしまっている場合には困りますが。

ローマ字の説明で，各文字の名称が，ギリシャ文字やそれ以前の文字とは違い，文字の音価に基づくものになっていると書きましたが，文字の音価をそのまま名前として使うのであれば，仮名の場合と同じということになります。しかし，ローマ字各文字の名前は，どうも文字の音価そのものという感じがしません。どうしてこういう呼び方になっているのでしょうか。まずは，次ページの文字の名称を比較した表を見てください。

## 文字の名称比較

| ギリシャ文字 | | ローマ字 | ラテン語名 | イタリア語名 | フランス語名 | ドイツ語名 | 英語名 |
|---|---|---|---|---|---|---|---|
| Α | alpha | A | ā | [ɑ] | [a] | [aː] | [eɪ] |
| Β | beta | B | bē | [bi] | [be] | [beː] | [biː] |
| Γ | gamma | C | kē | [tʃi] | [se] | [tseː] | [siː] |
| Δ | delta | D | dē | [di] | [de] | [deː] | [diː] |
| Ε | ei | E | ē | [e] | [ə] | [eː] | [iː] |
| F | wau | F | ef | [ɛ́ffe] | [ɛf] | [ɛf] | [ɛf] |
| | | G | gē | [dʒi] | [ʒe] | [geː] | [dʒiː] |
| Η | eta | H | hā | [ɑ́kkɑ] | [aʃ] | [haː] | [eɪtʃ] |
| Ι | iota | I | ī | [i] | [i] | [iː] | [aɪ] |
| | | J | | i lungo | [ʒi] | [jɔt] | [dʒeɪ] |
| Κ | kappa | K | kā | [kappa] | [ka] | [kaː] | [keɪ] |
| Λ | lambda | L | el | [ɛ́lle] | [ɛl] | [ɛl] | [ɛl] |
| Μ | mu | M | em | [ɛ́mme] | [ɛm] | [ɛm] | [ɛm] |
| Ν | nu | N | en | [ɛ́nne] | [ɛn] | [ɛn] | [ɛn] |
| Ο | ou | O | ō | [o] | [o] | [oː] | [ou] |
| Π | pei | P | pē | [pi] | [pe] | [peː] | [piː] |
| Ϙ | koppa | Q | kū | [ku] | [ky] | [kuː] | [kjuː] |
| Ρ | rho | R | er | [ɛ́rre] | [ɛʁ] | [ɛʁ] | [ɑː(r)] |
| Σ | sigma | S | es | [ɛ́sse] | [ɛs] | [ɛs] | [ɛs] |
| Τ | tau | T | tē | [ti] | [te] | [teː] | [tiː] |
| Υ | u | U | ū | [u] | [y] | [uː] | [juː] |
| | | V | | [vu] | [ve] | [faʊ] | [viː] |
| | | W | | doppio v | double v | [veː] | double u |
| Χ | khei | X | ix, ex | [iks] | [iks] | [ɪks] | [ɛks] |
| | | Y | ȳpsīlon | ipsilon | i grec | [ýpsilɔn] | [waɪ] |
| Ζ | zeta | Z | zēta | [zɛ́ta] | [zɛd] | [tsɛt] | [zɛd, ziː] |

第 III 章で英語での文字の名称について触れましたが，ローマ字の名称としてはラテン語のものが一番古いもので，これを基にロマンス語系の言語(フランス語，イタリア語など)，ゲルマン語系の言語(英語，ドイツ語など)での呼び名が生じています。したがって，文字の名称について考えるには，大本のラテン語まで遡る必要があります。ラテン語名を見てみると，基本的には次の原理に従って名前が付けられていることがわかります。

| (1) 母音字はその音価で呼ぶ | | (2) 子音字はその音価に e を付けて呼ぶ | | | |
|---|---|---|---|---|---|
| | | a. 破裂音を表す文字には e を**後ろ**に付ける | | b. 継続音を表す文字には e を**前に**付ける | |
| A | ā | B | bē | F | ef |
| E | ē | C | cē | L | el |
| I | ī | D | dē | M | em |
| O | ō | G | gē | N | en |
| U | ū | P | pē | R | er |
| | | T | tē | S | es |

(1) の原理についてですが，母音は単独で発音しやすく，その音価を取り呼び名とするのは自然です。しかし子音には，単独では発音しにくいか，他とは区別しにくいものがあるので，文字の音価を名称として使うのは不便です。母音を添え 1 音節にすると発音しやすく聞き取りやすくなります。(2) の原理はこれに従ったものです。

次に (1) (2) の原理に従わない文字について見ましょう。まず K, Q について。母音の位置は (2a) の規則通りですが，母音が e ではありません。すでに見たとおり，エトルリア人たちは，ギリシャ語の Γ を [k] を表す文字として使い出したため，[k] 音に対し 3 つの文字 (Γ/C, K, Q) が存在することになり，次に続く母音字により使い分けるようになりましたが，この使い分けが残っているわけです。(2a) の規則に従って名前を付けると，C, K, Q のどれも [k] 音を表すわけですから，母音が e では区別が付きませんが，e, a, u と異なる母音を付ければ，C (cē [ke:])，K (kā [ka:])，Q (qū [ku:]) となり区別がつきます[1]。

R の英語での名称は ar となっていますが，元はラテン語の名称と同じように er でした。英語ではある時期 er と ar の発音の間で揺れが生じたことがあり，例えば，star は中英語では sterre でしたが，この揺れにより star に変わり，現在に至っています。person (人)，parson (聖職者，牧師) は元々同じ語

1　前母音の前で c, g が軟音となったのは後の音変化によるもので，ラテン語では c, g は前母音の前でも [k, g] で発音されていました。第 II 章で見た c, g の発音の規則は，フランス語で生じた音変化に基づき成立した綴り字の規則が，ノルマン写字生により英語に持ち込まれたものです。第 VII 章 B.「ii. ノルマン・コンクェストの影響とその後の変化」(pp. 190–91) を参照。

で，異なる発音が別の単語として分化した二重語です。Rの名称にも同じ変化が起き，erからarとなりました。

次にH. ラテン語では，Hの名前はhāです。Hは継続音なので母音は前に付けるはずですが，Hは音節末では発音しづらく，後ろに母音を付けるほうが自然です。母音がaなのはK (kā) の影響と考えられています。

X (chī, khī) はギリシャ語では [$k^h$]（方言によっては [ks]）を表す文字ですが，ラテン語では [ks] を表す文字として使われました。さて，(2) の規則に従うと，母音は前に付けるべきでしょうか，後ろに付けるべきでしょうか。[ks] の [k] のことを考えれば後ろに，[s] のことを考えれば前に付けることになり，どっちにしたらいいか決められません。しかし，そもそもラテン語では [ks] は音節末にしか生じないので母音は前に付けざるをえません。現代英語での名称は [iks] ではなく [ɛks] となっていますが，これはSなど他の文字の名称に合わせたものです。

Zのラテン語名はzētaですが，これはわかりやすいですね。Zはラテン語を書き表すには必要ではなかったため一時アルファベットから外されたものの，後でギリシャ語を転写するときに必要になって導入し直された文字で，名前はギリシャ語名をそのままもらっています。現代英語ではZはzed (zĕd)（主にイギリス）またはze (zē)（主にアメリカ）となりますが，前者はzētaが変化したものです。zeのほうは，現代英語を見ると，文字の名前としてはB (bē), C (cē), D (dē) のように後ろにeを付けるものが優勢であることから，それに合わせたものです。

J (jā), V (vē) は独立した文字としては古典ラテン語の時代には存在しないものでした。存在しなかったため名前もありません。後になってIとJが，UとVが分化して別々の文字となり，その時点で新たに名前が付けられましたが，英語ではJは直後のK (kā) の影響でJ (jā) となり，VはB, C, Dなどに見られる「子音＋e」というパターンに合わせ，V (vē) と名付けられました。あるときまでUとVが同じ文字と見なされていたことから，U/Vを2つ重ねたWも“double U”とか“double V”とか呼んでいましたが，英語では前者が残り“double U”が，フランス語では後者が残り“double V”（ドゥーブル ヴェ）が文字の名前となっています。

最後にYについて。ラテン語名 (ȳpsīlon) はギリシャ語名 (ūpsīlon) から来ているのはすぐにわかります。イタリア語，フランス語などのロマンス語系の現代語でも，ギリシャ語名に由来する名称か，「ギリシャ(語)のi」（仏“i grec") のような呼び方になっています。英語では昔 Y は［y(:)］と発音していましたが，後に唇の円めが取れ，［i(:)］と発音されるようになり，母音字としては I と同じ音を表すようになりました。音価をそのまま文字の名称としてしまうと I と区別が付かなくなってしまいますが，先頭に w が付き異なる名称となっています。この w が付けられた経緯についてははっきりとはわかっていません[2]。

各文字の英語名は基本的にラテン語における文字名の発音が変化したものですが，どんな音変化を被ったかについては第 VII 章で見ることにします。

## iv. アルファベットの配列

英語を学び始めると「A B C . . . X Y Z」と，文字そのものに加え順番も一緒に覚えますが，この「アルファベット順」「ABC 順」とは一体何でしょうか。何でこの順番なのでしょうか。第 I 章では仮名の配列原理(いろは，五十音図)について見ましたが，今度はローマ字の配列について考えましょう。

### ・文字配列の原理

前章で見たとおり，文字配列の原理としては次の 4 つが考えられます。

文字配列の原理

| | | | |
|---|---|---|---|
| 1） | 音韻論的分類法 | e.g. | サンスクリット・アルファベット，五十音図，ハングル |
| 2） | 形態論的分類法 | e.g. | 漢和辞典の部首索引 |
| 3） | 意義論的分類法 | cf. | 漢和辞典の部首索引，千字文，いろは |
| 4） | 年代順的分類法 | e.g. | ギリシャ文字　Υ Φ Χ Ψ Ω |
| | | | ローマ字　G X Y Z, I-J U-V-W |

**音韻論的分類法**では文字が表す音価を基に，**形態論的分類法**は文字の形・構成を基に文字を配列します。**意義論的分類法**は意味に基づく分類法ですが，

---

[2] イェスペルセンは，Y の字形が V (＝*u*) ＋I と受け取られ，ui → wi となった可能性について述べています。

> The shape of Y was probably taken to represent V (＝*u*) ＋I, a V resting on an I, and the name accordingly was called /ui·/＞/wi/＞［wai］(Daines, 1640, has *wi*). (*A Modern English Grammar* vol. I, p. 69)

文字が表す意味によってグループに分けるケースや，通して読むと意味を持つように配列するケースとがありました。**年代順的分類法**とは，文字が出来た順序，あるいは文字が導入された順序で並べる方法でした。さて，ローマ字の配列順序はどの原理に従ったものでしょうか。

ローマ字がフェニキア文字やギリシャ文字を経て現在の形になったのだとすれば，それらすべてを含めて考えなければなりません。まず，フェニキア文字，ギリシャ文字，ローマ字の配列順序を比較してみましょう。次の表を見れば一目瞭然ですが，ローマ字の配列はギリシャ文字の配列順序を基本としています。

フェニキア文字* / ギリシャ文字 / ローマ字の配列順序の比較

| | 1 | 2 | 3 | 4 | 5 | 6 | 7 | 8 | 9 | 10 | 11 | 12 | 13 | 14 | 15 | 16 | 17 | 18 | 19 | 20 | 21 | 22 | | | | | | | |
|---|---|---|---|---|---|---|---|---|---|---|---|---|---|---|---|---|---|---|---|---|---|---|---|---|---|---|---|---|---|
| フ | 𐤀 | 𐤁 | 𐤂 | 𐤃 | 𐤄 | 𐤅 | 𐤆 | 𐤇 | 𐤈 | 𐤉 | 𐤊 | 𐤋 | 𐤌 | 𐤍 | 𐤎 | 𐤏 | 𐤐 | 𐤑 | 𐤒 | 𐤓 | 𐤔 | 𐤕 | | | | | | | |
| ギ | Α | Β | Γ | Δ | Ε | (F) | Ζ | Η | Θ | Ι | Κ | Λ | Μ | Ν | Ξ | Ο | Π | (Μ) | (Ϙ) | Ρ | Σ | Τ | ϒ | Φ | Χ | Ψ | Ω | | |
| ロ | A | B | C | D | E | F | (Z) | H | | I | K | L | M | N | | O | P | | Q | R | S | T | U | | X | | | Y | Z |
| | | | | | | | G | | | J | | | | | | | | | | | | | V | | | | | | |
| | | | | | | | | | | | | | | | | | | | | | | | W | | | | | | |

*画像は http://upload.wikimedia.org/wikipedia/commons/2/24/Phoenician_alphabet.svg より。

ローマ字の U (V) はギリシャ文字の ϒ (upsilon) から来ています。一方，ギリシャ語を書き写すときに U とは別の文字が必要となり，ギリシャ文字の ϒ の字形を借りて，新たに Y という文字を作りました。新しく導入された文字は列の最後に付け加えられました。

ローマ字ではギリシャ語の Z の位置に G が来ていますが，これは，ギリシャ語では必要だった Z がラテン語では必要とされず空いていた場所に，C に - を付けて作った G を入れたものです。後で新たに Z を導入したときには，前の位置は G で埋まってしまっていたので，最後に付け加えられました。

I と J，U と V と W はそれぞれ元々同じ文字が分化したものです。I と J は当初は同じ文字の異なる字形でしたが，後に I が母音字，J が子音字として独立したものです。U, V, W の場合は少し話がややこしくなりますが，基本的には同じ理由でこの順番で並んでいます。

ここまでのところをまとめると，次のようになります。

ローマ字の配列　＜　ギリシャ文字の配列順　＋「年代順的分類法」

次にギリシャ文字の配列について見ましょう。ギリシャ文字の配列の場合も，その前のフェニキア文字の配列に後から加えたもの（ΥΦΧΨΩ）を後ろに付けたものになっているのがわかります。

ギリシャ文字の配列　＜　フェニキア文字の配列順　＋「年代順的分類法」

では大本のフェニキア文字はどんな原理に従って配列されているのでしょうか。フェニキア文字の配列原理としては，意義論的配列と音韻論的配列の2つが考えられています。各文字の名称を見てみると，次のように意味的に関連したものが並んでいるように解釈できるそうです。このことからフェニキア文字は意味に基づいて配列されているという考えが出てきます。

（10）yōd　「手」　—　（11）kaph　「曲げた手」
（13）mēm　「水」　—　（14）nūn　「魚」
（16）‘ayin　「目」　—　（17）pē　「口」
（20）rēsh　「頭」　—　（21）shīn　「歯」（『英語アルファベット発達史』p. 44）
※(10)などの数字は位置を表し，p. 156 の表の番号の文字に対応します。

一方で，文字の音価に注目してみると，次のように規則性があるようにも思えます。

破裂音　（2）bēth　（3）gīmel　（4）dāleth
摩擦音　（5）hē　（6）wāu　（7）zayin
流　音　（12）lāmed　（13）mēm　（14）nūn　（同書，p. 45）
子音：唇 → 咽喉，前舌 → 奥舌　　母音：広音 → 狭音

(2)–(4)は破裂音，(5)–(7)は摩擦音((6)は半母音で狭めによる調音)，(12)–(14)は流音・鼻音を表す文字になっています。また全体を通してみると，子音は調音位置が唇から咽喉，前舌から奥舌へ，母音の場合は広音から狭音へと移るように配列されているようにも思えます。このようにフェニキア文字の配列の原理については2つの説がありますが，定説はありません。

以上をまとめると，次のようになります。

| | | | |
|---|---|---|---|
| ローマ字の配列 | ＜ | ギリシャ文字の配列順 | ＋「年代順的分類法」 |
| ギリシャ文字の配列 | ＜ | フェニキア文字の配列順 | ＋「年代順的分類法」 |
| フェニキア文字の配列 | ： | 意義論的分類法？ 音韻論的分類法？ | |

ローマ字の配列の究極の原理は特定できていませんが，今見てきたように，文字の配列について考える場合には，できるだけ古い配列まで遡って考える必要があります。フェニキア文字の配列原理は不明ですが，その後，新しく導入された文字が何で，どの位置に配列されたかは知っていてもよいでしょう。

## C. 手書き書体の発達

エジプトの聖刻文字からローマ字の原形が形成されるまでの流れを追ってきましたが，今度は，こうして成立したローマ字が現在の形になるまでの過程に焦点を当て，書体の変遷を中心に見ていきます。

### i. 書体の変遷

文字の発達は漸進的なもので，明確に区切りを付けることはできませんが，便宜的に次のI〜VIの6期（D. Harris（1998）*The Art of Calligraphy* による）に大きく分けて，それぞれの特徴について見ていくことにします。

**I. Roman and Late Roman Scripts**
- a. Imperial Capitals
- b. Rustic Capitals
- c. Square Capitals
- d. Uncial　　e. Half-Uncial

**II. Insular and National Scripts**
- a. Italian (Lombardic)
- b. Merovingian
- c. Visigothic
- d. Germanic
- e. Insular (Majuscule/Minuscule)

**III. Caroline and Early Gothic Scripts**
- a. Carolingian (Caroline) Minuscule
- b. Early Gothic

**IV. Gothic Scripts**
- a. Textura Quadrata
- b. Texture Prescisus
- c. Gothic Capitals & Versals
- d. Lombardic Capitals
- e. Bastard Secretary
- f. Bâtarde
- g. Fraktur & Schwabacher

**V. Italian and Humanist Scripts**
- a. Rotunda
- b. Humanist Minuscule
- c. Italic

**VI. Post-Renaissance Scripts**

Copperplate

日本語での名称は書物により異なることが多いので，以下では基本的に英語の名称を挙げます(英語の名称にも揺れがあります)。字形の違いが書体の違いなのか，字体の違いなのか，文字の違いなのかは時代によっても違ってきます[3]。

　まず最初に考えてください。ローマ字には大文字と小文字がありますが，どちらが先にできたのでしょうか。大文字？ 小文字？ それとも同時でしょうか？

　前節の「アルファベットの発達」では大文字しか出てきませんでしたが，気付いていたでしょうか。書体の発達は複雑ですが，思い切って単純化し時間の流れに沿って各書体を並べてみると次のようになります。こうして並べてみると，まず大文字があり，後で小文字が生じたことがよくわかります。

書体の発達

| | | |
|---|---|---|
| a) | Imperial Capitals | ABCDEFGHIKLMNOPQRSTVXYZ |
| b) | Rustic Capitals | ABCDEFGHIKLMNOPQRSTVXYZ |
| c) | Square Capitals | ABCDEFGHIKLMNOPQRSTYXYZ |
| d) | Uncial | abcdefghiklmnopqrstuxyz |
| e) | Half-Uncial | abcdefghiklmnopqrſtuxyz |
| f) | Insular Majuscule | abcoefghijklmnopqrsſtuxgz |
| g) | Insular Minuscule | abcdefʒhiklmnopqrſtuxyʒ |
| h) | Carolingian Minuscule | abcdefghiklmnopqrsſtuxyz |
| i) | Gothic (Textura Quadrata) | abcdefghijklmnopqrsſtuvwxÿz |
| j) | Bastard Secretary | abcdefshijklmnopqrsſtuvwxyz |
| k) | Humanist Minuscule | abcdefghijklmnopqrsſtuvwxyz |
| l) | Italic | *abcdefghijklmnopqrsſtuvwxyz* |
| m) | Humanist Capitals | ABCDEFGHIJKLMNOPQRSTUVWXYZ |
| n) | Copperplate | *abcdefghijklmnopqrsſtuvwxyz* |

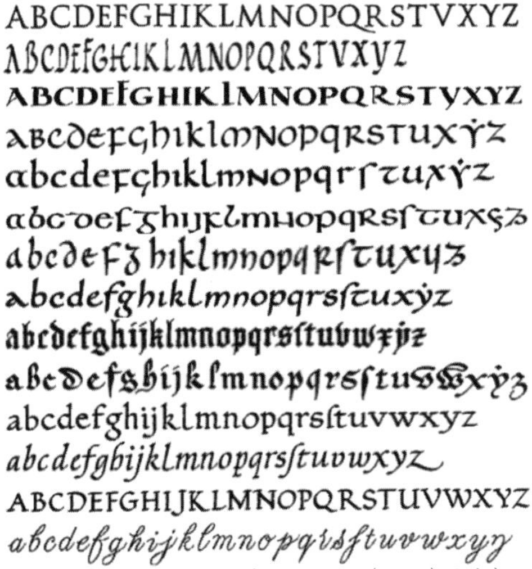

(各書体の見本は Harris (1998) より)

---

[3] 例えば，現代では 'i' と 'j' は異なる文字ですが，以前は同じ文字として扱われていました。'a' (ローマン体) と '*a*' (イタリック体) も字形が異なりますが，これは書体による違いと見なされ，文字としては同じものとして扱われます。'a' と 'ɑ' は同じ Helvetica という書体ですが，発音記号では字形の違いを基に異なる文字として扱われます。このように，2つの文字に見られる違いが，文字，字形，字体，書体，その他のどのレベルの違いに当たるのかを決定するのには，いろいろな要因が関係します。

## ii. 大文字体の成立・小文字の形成

ローマ時代の初期は小文字は存在せず大文字だけでした。上の a〜n の書体の中では，一番新しそうに見える Imperial Capitals (Monumental Capitals とも呼ばれる) が一番古い書体です。この書体はある意味ローマ字の完成体とも言え，時代が下っても常にモデルとされ，印刷技術導入時の活字書体のモデルの 1 つとなり，その後，他の書体よりも好んで使われたために，現在でもローマ字書体の基本となっています。

現在では，古典ラテン語のテキストでも小文字と大文字を混在させて書きますが，元々はすべて大文字で書かれていたわけです。紀元前の遺跡に書かれた文字はすべて大文字なので，紀元前のものと言いながら小文字が使われていたら，それは偽物ということになります。

ローマ字の発達において重要なことの 1 つに，小文字の発達(大文字と小文字の分化)が挙げられます。書体の派生関係を基に並べてみると，時代が下がるにつれ，大文字の草書化が起き，徐々に小文字が形成されていった様子がわかります。

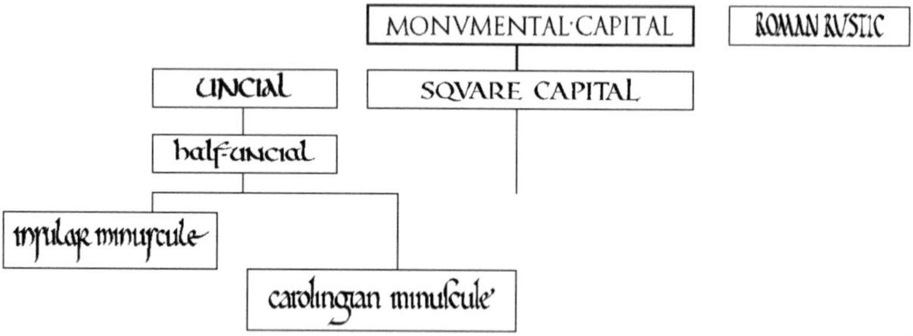


(一部を除き，書体名は Drogin (1989) より)

大文字が草書化し小文字へと移行していった背景には，筆記具の発達，文字を書く量の増加，そしてそれに伴う書記速度の向上の要求があります。Imperial Capitals は Monumental Capitals (碑文体) と呼ばれることもあるように，碑文によく見られる書体です。現在の活字のような特徴は，石碑などに計算のうえ下書きし彫り込んでいったところから生じているものです。石碑に彫り込んだり，筆で書く場合でも時間をかけ 1 字 1 字丁寧に書き込んでいくのであれば，Imperial Capitalsのような書体でも問題ありませんが，速く書くことはできません。普通にペンで書こうとすればRustic CapitalsやSquare Capitalsのような書体になります。Imperial Capitalsをペンで書いたものがSquare Capitalsであると考え，どちらの書体もSquare Capitalsと呼ぶ人もいます。これらの書体は，Imperial Capitalsに比べればペンで書きやすいのですが，それでもやはり速くたくさん書くのは大変です。筆記具が発達しパピルスや羊皮紙などの媒体に文字を書くようになると，自然と手で書きやすく，できるだけ連続したストロークで書けるような書体に変化していきます。さらに，パピルスや羊皮紙は高価であったので多くの文字を書き込もうとし，文字が小型化していきます。その結果，小文字のような書体が生まれました。

筆記具や媒体により文字の形態が決定・変化するのはよく見られることで，バビロニアの楔形文字があのような形をしているのも，筆記具として葦を削ったものを使い粘土板の上に書き記したことによります。漢字も長い歴史をたどると，亀の甲羅や獣の骨に刻まれたり，青銅器の表面に鋳込まれたり刻まれたり，竹簡や木簡そして紙に書かれたりと，様々な道具を使って書き記されてきましたが，その形態はそれらの道具の性質から影響を受けています。

大文字から小文字が発生したと言っても，最初は同じ文字が異なる書体で書かれたものであって，現在のように同じ文字に対して同じ書体の大文字と小文字が存在していたわけではありません。喩えて言うと，当時の‘a’と‘A’の関係は，現在の‘a’と‘*a*’の関係と同じで，書体の違いに伴う字形の違いと意識され，同じ文のなかに‘a’と‘A’を混ぜて書いたりはしませんでした。現在のような大文字と小文字の用法は，後で見るゴシック体から始まりますが，その芽は次に見るシャルルマーニュ(カール大帝)による文字改革に見られます。

ここまでのところを簡単にまとめておきましょう。

| |
|---|
| ローマ時代初期は大文字のみ<br>筆記具(パピルス，羊皮紙，ペンなど)の発達→大文字の草書化→小文字の形成 |

## iii. 民族書体の発達とカロリング朝の文字改革

476年のローマ帝国崩壊により政治的・文化的中心がなくなり，文字の規範も消失し，「民族書体」(national hands) と呼ばれる様々な書体が各地で発達します。イタリアのロンバルディー書体 (Lombardic)，ゴール・フランク王国のメロビング書体 (Merovingian)，スペインの西ゴート書体 (Visigothic) などです。アイルランドやイングランドでは「島嶼(とうしょ)体」(Insular) と呼ばれる書体が生み出されましたが，これは半アンシャル体 (Half-Uncial) と呼ばれる書体から発達したものです。島嶼体には大文字体 (Majuscule) と小文字体 (Minuscule) があります。

(Insular Majuscule)

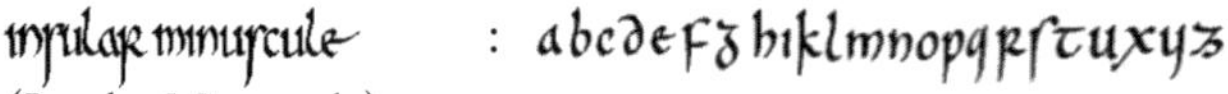
(Insular Minuscule)

このように各地で様々な書体が発達しましたが，シャルルマーニュの文芸復古に伴う文字改革により状況が変わります。正書法・書体の改革の結果，カロリング小文字体 (Carolingian Minuscule) と呼ばれる書体が用いられるようになりますが，この書体はフランク王国だけでなく他の地域でも広く用いられ，各地の民族書体はこの書体に統一されていきます。イングランドでは10世紀頃から使われ始め，ノルマン・コンクェスト[4](1066年)以後は島嶼体に取って代わるようになりました。

カロリング朝の文字改革はローマ字の発達において重要な位置を占め，現在のローマ字の特徴のうち，この時代の文字の書体・書記法に由来するものも少なくありません。例えば**分かち書き**もその1つです。現在では，ローマ字を用いた書記体系で分かち書きするのは当然という気がしますが，古代ギリシャ・ローマ時代では続け書き (scriptio continua, scriptura continua) が普通でした。アイルランド，ブリテン島では7・8世紀頃に分かち書きが導入

---

[4] ノルマン・コンクェスト(ノルマン人による征服)：ノルマンディー公ウィリアムが，エドワード懺悔王から次のイングランド王位を約束されていたと主張し，1066年に軍隊を率いイングランドに上陸，これを迎え撃つハロルド王をヘースティングズの戦いで破り，イングランドの王となった事件。

されていますが（cf.『ケルズの書』（p. 194, Insular Majuscule），『アングロサクソン年代記』（p. 195, Insular Minuscule）），大陸では依然として続け書きが一般的でした。しかし，カロリング朝の文字改革において分かち書きが導入され，その後数世紀をかけヨーロッパに広がっていき，標準化していきます。

ほかに現代の正書法に影響を与えているものに，**書体間の階層の導入，大文字・小文字の使い分け**があります。それまでも，文章の始めでは文字を大きく書いたり，少し装飾を施したような字体にしたり，本文の小文字体に対し大文字体を使うことはありましたが，この時代の写字生たちは本を作成するときに体系的に書体の使い分けをするようになりました。Imperial Capitals (Square Capitals), Rustic Capitals (Roman Rustic), Half-Uncial などの大文字書体を，書名や文章の最初の数行，文頭などに用い，本文はカロリング小文字体で書きました。現在でも，書名やタイトル，そして文章の最初の行を大文字で書くように，この辺の伝統が残っています。

| | |
|---|---|
| 書名 | MONVMENTAL·CAPITAL／SQVARE CAPITAL |
| 文章の最初の数行，文頭など | ROMAN RVSTIC／half-uncial |
| 本文 | carolingian minuscule |

ところで，いわゆる筆記体を習ったときに小文字の r が ꝛ のように書かれることに疑問を持ちませんでしたか。これは，カロリング小文字体で現れた “half r” と呼ばれる字形が，活字書体や他の手書き書体では消えてしまったにもかかわらず，筆記体に生き残ったものです。カロリング小文字体では，R の小文字として，右半分が省略されたような r だけでなく，左半分が省略された ꝛ，2 のような字形を O などの文字の後で “oꝛ” のように使いました。R の縦棒部分を前の文字にくっつけて省略してしまったわけです。この「半分の R」は，その後現れる書体でも使われ，ꝛꝛꝛ などの字形のバリエーションを生み出します。これが筆記体に生き残ったものが ꝛ です。現在では筆記体以外ではほとんど使われませんが，ロゴなどに使われるデザイン用の書体の字形として見ることがあります。

民族書体の発達：
ローマ帝国の崩壊(東西分裂 395 年，西ローマ帝国滅亡 476 年)
→各国で様々な「民族書体」が発達

| | |
|---|---|
| イタリア： | ロンバルディー書体 (Lombardic) |
| ゴール・フランク王国： | メロビング書体 (Merovingian) |
| スペイン： | 西ゴート書体 (Visigothic) |
| ドイツ： | ドイツ書体 (Germanic) |
| アイルランド・イングランド： | 島嶼体 (Insular Majuscule, Insular Minuscule) |

カロリング朝の文字改革：
シャルルマーニュ(カール大帝) (Charlemagne, 742–814) の「文芸復古」
正書法・書体の改革
→カロリング小文字体 (Carolingian [Caroline] Minuscule)
(大陸 8〜11 世紀，イングランド 10 世紀〜)
文字の標準化，アルファベットの基本構造，分かち書きの導入
書体間の階層
Imperial Capitals (Square Capitals) ＞Half-Uncial＞Carolingian Minuscule
大文字・小文字(異なる書体)の使い分け
h)

(Carolingian Minuscule)

## iv. ゴシック体

カロリング朝の文字改革により統一され安定した書体ですが，時が経つにつれ少しずつ変化していき，Gothic (ゴシック)，Black Letter (ブラックレター) などと呼ばれる書体が生まれました。

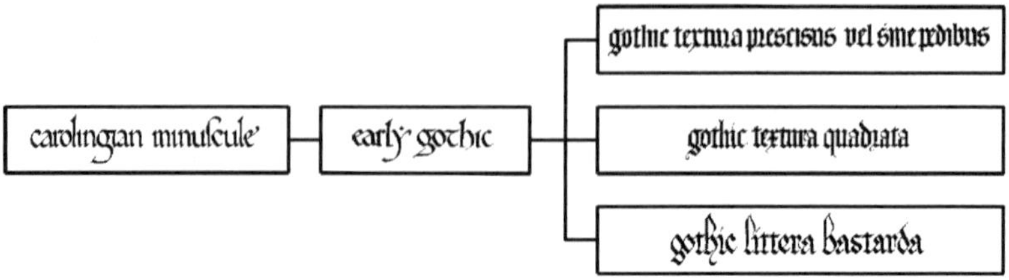

ゴシック体は現在でもよく使われます。新聞の名前がこの書体で書かれているのを見たことがある人もいるでしょう。日本の新聞でも古い書体で名前を書いているものがあるのと似たようなものでしょうか。ゴシック体は荘厳な感じがするせいか結婚式関係で使われることも多く，「ウェディングテキスト」と呼ばれることもあります。シェイクスピアの時代でも盛んに使われていた書体なので，当時の印刷本や写本で目にした人もいるでしょう。

現在のような大文字と小文字の使い分け，小文字の i に点を付けることも，このゴシック体の時期から始まります。上で大文字から小文字が発生した経緯について見ましたが，大文字体と小文字体は同じ文字の異なる書体でした。カロリング朝の文字改革により同一文章内における大文字・小文字の使い分けが生まれましたが，これは基本的に小文字のカロリング小文字体を本文に用い，大文字書体を飾り文字的に使うもので，現在のように同じ本文に同じ書体の文字として混在させて使うものではありませんでした。ゴシック体でも最初は前の時代の用法を引き継ぎ，書名や見出し，文頭や語頭などで装飾文字的に使用していたのですが，やがて同一書体の大文字小文字が生まれ，現在のような使い分けに近づいていきます。

次に小文字の i の点についてですが，カロリング小文字体までの書体では小文字のような字体の場合でも i の上に点はありません。ゴシック体でも最初のうちは i に点はありませんでした。しかし，書いてみるとわかりますが，ゴシック体では i がすごく判別しにくくなります。この書体で点なしの ı を使い mınımum と書いてみると次のようになりますが，とても読みづらいですね。

mınımum　mınımum

ı に ʼ を付けて書けば読みやすくなります。

mínímum　mínímum

このように，元々大文字と同じように小文字の i には点がなかったものが，文字を判別しやすくするために ʼ を付けるようになり，この ʼ がその後・となりました。i と j は元々同じ文字だったので，j にも点が付いています。

点の話が出たついでに y についても見ておきましょう。よく見ると (p. 159)，現在の字体とは違い，点が付いています。これはUncial体から引き継いだ特徴で，上に例として挙げた字形では付いていませんが，Insular Minusculeでも点が付いたりします。この点は，他の文字の連続と区別ができるように，またルーン文字から取った文字と混同したりしないように付けたものです。

第II章で，swan (swŏn)，warm (wôrm)，won (wŭn)，worm (wûrm) のように，wの後ろの後母音字a, oが一段上がってo, uの発音に変わることを見ましたが (pp. 41–43)，それもこの書体に関係しています。aがoになったのは，wの影響で調音位置が高められたためですが(cf. pp. 225–26)，oがuになるのは多くの場合歴史的な音変化とは関係がありません。実は，この書体では，u/v, w, m, nに隣接するとuでは読みにくくなるため，uをoに書き換えてしまったことによるものです。womanの発音は［wúmən］(wŭman) ですが，これは，元々 wīfmann (＜wīf (wife 女)＋mann (man 人)「女の人」) であったものがwimmanとなり，iがwの影響でuとなった後，oで綴られるようになったものです。複数形のwomenでは［wi］→［wu］の音変化は起きず，元々のiの音を保持していますが，綴りは単数のwo- に合わせたため，oで［i］を表すという変則的な綴りになっています。

> ゴシック体：カロリング小文字体より派生
>
> i) gothic textura quadrata：abcdefghijklmnopqrsſtuvwxyz
>
> ・小文字と大文字の使い分け
> 最初は書体の違い，大文字は一種の飾り文字(書名，見出し，文頭，語頭 . . . ) → 同一書体の大文字 / 小文字へ (cf. 現代英語の大文字の用法)
> ・小文字のiの点の発生：ı > ı́ > i
> ・英語：v/u, m, nに隣接のu → o

## v. 人文書体／ローマン体・イタリック体

現在ローマン体と言われる活字の小文字の基となったのは，ルネッサンス期に現れる「人文書体」(Humanist Miniscule) という書体です。ルネッサンス期の人文主義者たちはゴシック体を嫌い古典に範を求め，そこで使われている “littera (scriptura) antiqua” (「古典書体」「古典文字」) をまねた「人文書体」と言われる書体を生み出しました。人文主義者たちは古典ローマを手本としたつもりだったのですが，ギリシャ・ローマ時代の写本は散逸しており，実際に彼らが参考とした書物で使われていた書体はカロリング小文字体（Carolingian Minuscule）でした（ローマ時代には小文字はなかったのはすでに見たとおりです）。大文字のほうは Imperial Capitals を手本としています。

humanist miniscule：abcdefghijklmnopqrsstuvwxyz
（Humanist Minuscule）
HUMANIST CAPITALS：ABCDEFGHIJKLMNOPQRSTUVWXYZ

人文書体からは現在「イタリック体」と呼ばれる書体が生まれました。"Cancellaresca Corsiva（Chancery Cursive）" とも呼ばれます。人文書体を傾斜させたものですが，単純に傾斜させただけでないのは見てのとおりです。

*Italic*：*abcdefghijklmnopqrsstuvwxyz*

当初イタリック体は独立の書体として本文に使われていました。しかし後にローマン体の補助書体へと機能を限定していき，書名や強調を表したりするときなど，ある語句を他の語句から区別するような場合に使われるようになります。イタリック体には小文字しかなく，大文字を使うときは人文書体の大文字を使っていましたが，小文字とバランスが取れるように大文字も傾斜させて書くようになりました。

活版印刷が始まったドイツではゴシック体が活字のモデルとなり，他の地域でも最初はゴシック体が使われていました。しかしイタリアでは人文書体（ローマン体）やイタリック体をモデルとした活字が作られ，それはやがてヨーロッパ全土へと広まり，ゴシック体に取って代わっていきます。ドイツでは比較的最近までゴシック体が使われていましたが，今はローマン体が普通です。一番古い Imperial Capitals が最も新しい書体のように見えたのも，この書体が人文書体の大文字のモデルとなり，それが活字体のモデルとなって現在に引き継がれているからです。

人文書体（ローマン体）：
k) Humanist Minuscule：abcdefghijklmnopqrsſtuvwxyz
m) Humanist Capitals：ABCDEFGHIJKLMNOPQRSTUVWXYZ
ルネッサンス期の人文主義者たちはゴシック体を嫌い古典に範を求める
→ "littera (scriptura) antiqua" (＜Carolingian Minuscule)

イタリック体：最初は独立の書体，後にローマン体の補助書体へ
l) *Italic*：*abcdefghijklmnopqrsſtuvwxyz*

## vi. カッパープレート体

カッパープレート体というのは，次のような書体です。

*Copperplate*：*abcdefghijklmnopqrsſtuvwxyz*
(Copperplate)

この書体はイタリック体より派生したもので，「カッパープレート体」という名前は教本作成に銅版（カッパープレート）を用いたことから来ています。ループを多用することから "round hand" と呼ばれることもあります。

カッパープレート体の特徴として単語の続け書きが挙げられます。それまでも文字が続け書きされることはありましたが，この書体になって初めて単語中の文字すべてが続け書きされるようになります。「ヘアライン」と呼ばれる飾り部分も特徴的です。それまでの書体にもセリフと呼ばれる加線があり，元々実用的な目的を持っていたものですが，これが文字の装飾的機能を果たすようになっていました。イタリック体からカッパープレート体へと移っていくなかで，続け書きのために生じる元々実用的な機能を持つ連結線が装飾的機能を持ち始めます。銅版印刷により細かい線も印刷できるようになり，教則本の作者たちは競ってセリフや連結線を装飾的に用い，文字本来の機能とは関係なくやりすぎと思えるほど凝ったヘアラインが使われる傾向が出てきます。

こういった特徴が生じた原因として，教則本の作成に銅版を使用し細い線もはっきりと印刷できるようになり，教則本の書き手が技巧に凝った文字をどんどん書くようになったことが挙げられますが，銅版印刷では可能でも手

書きでは不可能な書体であったら広まるはずはありません。この書体が広まった背景には，金属ペンの発達があります。金属ペンが一般的に使われるようになったのは 1830 年代です。金属ペンが使われる前は羽ペンが使われていましたが，羽ペンはカッパープレート体のような書体の文字を書くのには適していませんでした。

カッパープレート体はイギリスの商業主義の発展と共に 18 世紀中頃までに商業などで広く用いられるようになります。アメリカのペリーが日本に来たのは 1853 年ですが，この頃の書き物を見るとこの書体が使われていることがわかります（下左の図を参照）。中浜万次郎（ジョン万次郎）が書き残したものもこの書体です（下右の図）。日本の英語教育において指導されている「筆記体」はこの流れを継いでいるものです。

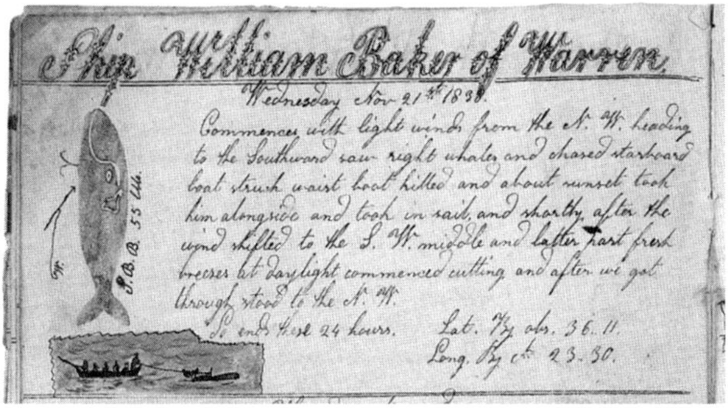
Ship William Baker of Warren
Wednesday Nov 21st 1838
Commences with light winds from the N. W. heading
to the Southward saw right whales and chased starboard
boat struck waist boat killed and about sunset took
him alongside and took in sail, and shortly after the
wind shifted to the S. W. middle and latter part fresh
breezes at daylight commenced cutting and after we got
through stood to the N. W.
So ends these 24 hours. Lat. By obs. 36.11
Long. By chr 23.30.

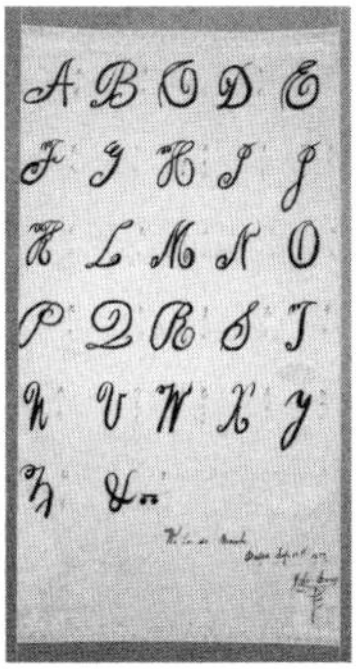


左は捕鯨船の航海日誌（1838 年），右「アルファベット屏風」（左：New Bedford Whaling Museum, 右：高知県立歴史民俗資料館所蔵）

カッパープレート体用のペンではなく鉛筆やボールペンなどの筆記具で書くために線の幅に変化はほとんど出ませんが，ループやヘアラインなどの特徴は保持しています。ちなみに，日本でも卒業証書などに筆文字（に似た印刷書体）を使うことがあるように，英米の大学の卒業証書にもゴシック体やカッパープレート体などが使われることがあります。

カッパープレート体：イタリック体より派生

n) Copperplate：abcdefghijklmnopqrstuvwxyz
(Copperplate)

教本作成に銅版（カッパープレート）を用いる
単語中のすべての文字が続け書きされる
18 世紀中頃までに商業などで広く用いられるようになる
（→日本の英語教育における「筆記体」）

## vii. ファウンデーショナル・ハンド

文字の歴史的な発達の過程で現れた書体ではありませんが，「ファウンデーショナル・ハンド」についても触れておくことにしましょう。「ファウンデーショナル・ハンド」とは，19 世紀末に始まる the Arts and Crafts Movement（アーツ・アンド・クラフツ運動，美術工芸運動）に影響を受けたエドワード・ジョンストン（Edward Johnston）が，中世の写本 the Ramsey Psalter（966 年）に使われている書体（カロリング小文字体の一種）を参考に作った書体です。

The Ramsey Psalter の書体

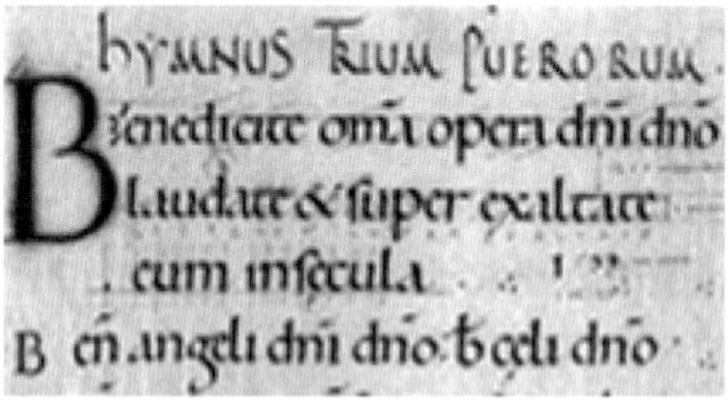

Johnston の作品

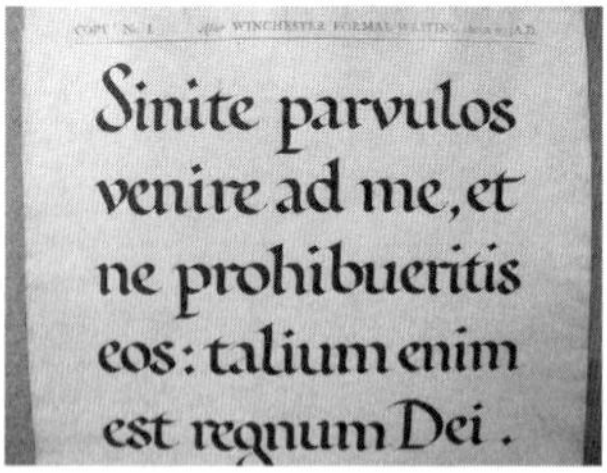


左：http://www.chicagocalligraphy2008.org/mini_wks%20grid.htm より
右：http://flickr.com/photos/64721597@N00/367929142 より

この書体は 20 世紀に入ってから一個人により作られた書体ですが，カロリング小文字体の流れをくむもので，人文書体とは，いわば兄弟の関係にあります。

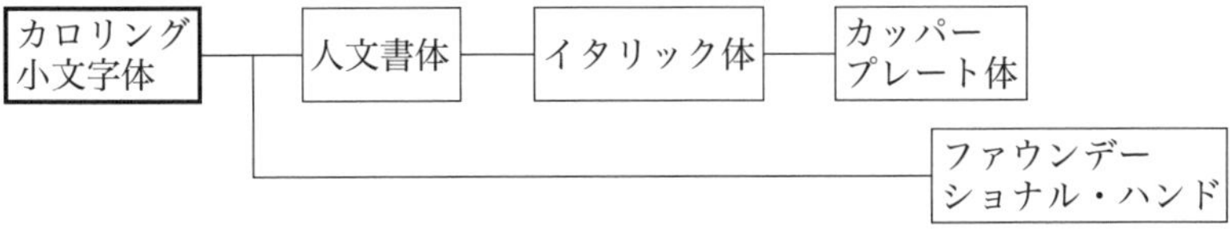


人文書体からイタリック体への移行は美的であると同時に機能的でもありましたが，カッパープレート体への流れは，機能的側面よりも美的側面が強くなりすぎ，文字の本来の機能からは行き過ぎと言えるところまで行ってしまいました。文字本来の機能を見直し，かつ適度に美的でもある手書き用の文字として，カロリング小文字体をモデルに，ファウンデーショナル・ハンドが生み出されたわけです。

書体の歴史を追ってくると，カッパープレート体が最後に来るので，これが「最新の」「最も優れた」書体であると思ってしまうかもしれませんが，別にそういうことはありません。きれいに書かれたカッパープレート体は美しいのですが，この書体は習熟するのにかなりの練習が必要です。読めて書ければいいのはもちろんですが，読めないような文字になってしまうようなら，敢えてこの書体を使う必要はないでしょう。

## D. 印刷術の発明・発達

今度は印刷について見ていきましょう。時代としては，カッパープレート体の時代を遡り，ゴシック体・人文書体・イタリック体の時代に戻ります。

### i. 活版印刷術の発明

中世のルネッサンスは必然的に手写本の需要を増加させましたが，筆写による制作ではその需要に追いつきませんでした。そこに登場したのが，グーテンベルク（Gutenberg）の発明（1450）による活版印刷です。イングランドにおける活版印刷は，キャクストン（カクストン，Caxton）により 1476 年から始められます。

最初に作られた活字は，当時ドイツでペン書体として広く用いられていたゴシック体をモデルとしたものでした。当時は印刷技術のレベルは高くなく，手写本のほうが価値が高いと考えられ，印刷業者たちはいかに手写本に似せるかに苦心しました。今ならばきれいな文字を書けば「まるで印刷したみたい」と言われるでしょうが，当時としては「まるで手書きみたい」と言われるような印刷本がよい本というわけでした。

下の写真はグーテンベルクが印刷した聖書です。ほとんどのページが42行からなるので『42行聖書』とも呼ばれます。実際に印刷されているのは黒い文字の部分だけで，その他の部分は手書きの写本に似せるように後から書き足したものです。

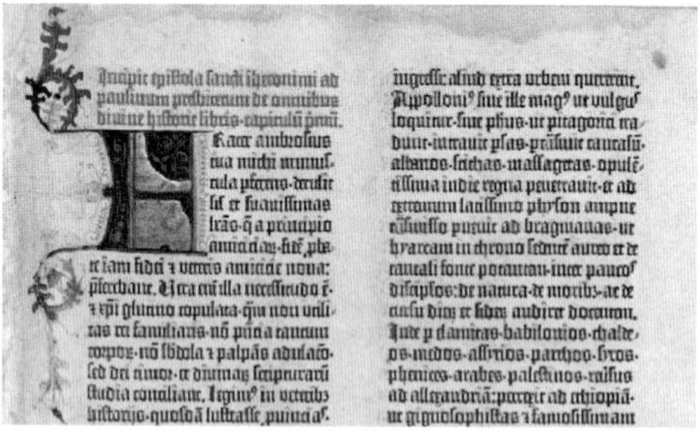

『42行聖書』(http://upload.wikimedia.org/wikipedia/commons/2/27/Gutenberg_bible_Old_Testament_Epistle_of_St_Jerome.jpg の一部)

活版印刷が始まったドイツだけでなく，他の地域でも最初はゴシック体が使われていました。イタリアでも最初はゴシック活字が用いられましたが，当時イタリアの写字生たちの間で使われていた人文書体(ローマン体)やイタリック体をモデルとした活字が，シュヴァインハイムとパンナルツ (Konrad Sweynheim, Arnold Pannartz)，スピラ兄弟 (Johan and Wendelin de Spira)，ニコラ・ジェンソン (Nicholas Jenson)，アルドゥス・マヌティウス (Aldus Pius Manutius) などにより作られます。それはイタリアだけでなくヨーロッパ全土で広く用いられるようになり，ゴシック体に置き替わっていきます。一番古い Imperial Capitals が最も新しい書体のように見えたのも，この書体が人文書体の大文字のモデルとなり，それが活字体のモデルとなって現在に引き継がれているからです。

PRIMVS

EL SEQVENTE triũpho nõ meno mirauegliosо dl primo. Impo che egli hauea le qtro uolubile rote tutte, & gli radii, & il meditullo desu sco achate, di cãdide uẽule uagamẽte uariçato. Ne tale certamĩte gestoe re Pyrrho cũ le noue Muse & Apolline ĩ medio pulsãte dalla natura ĩpsso.

Laxide & la forma del dicto qle el primo, ma le tabelle erão di cyaneo Saphyro orientale, atomato de scintillule doro, alla magica gratissimo, & longo acceptissimo a cupidine nella sinistra mano.

Nella tabella dextra mirai exscalpto una insigne Matrõa che
dui oui hauea parturito, in uno cubile regio colloca
ta, di uno mirabile pallacio, Cum obstetrice stu
pefacte, & multe altre matrone & astante
Nymphe Degli quali usciua de
uno una flammula, & delal-
tro ouo due spectatissi
me stelle.

* *
*

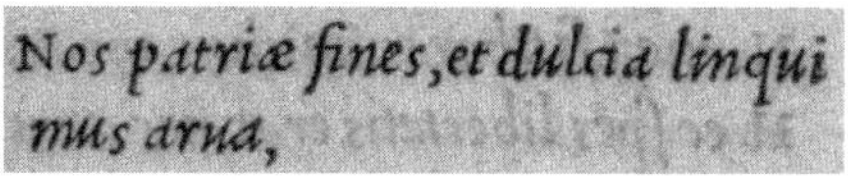


Aldus Manutius（1449–1515）による印刷
左：ローマン体
(http://en.wikipedia.org/wiki/File:Manutius.jpg)
上：イタリック体
(http://upload.wikimedia.org/wikipedia/commons/7/77/Virgil_1501_Aldus_Manutius.jpg の一部)

印刷技術が発達してくると，写本の代用ではない独自の価値を持つものとして印刷本が扱われるようになり，書体なども写本の模写から独自のものへと発展し，ペン書きを前提としない書体が現れてきます。

印刷技術が文字に与えた影響として，文字の小型化を挙げてもいいかもしれません。縮小されたものを見ていると気付きにくいのですが，昔の写本の文字はかなり大きく書かれています[5]。書きやすい文字のサイズが筆記具により変わることは，日本語の文章を筆で書くか万年筆で書くかで書きやすい文字のサイズが違うことを考えても，わかるでしょう。今目にしている文字はコンピューターによって処理されたものですが，こんなサイズの文字は筆で書こうとすると大変ですね。アルファベットの場合も，ペンできっちりした文字を書こうと思えばある程度の大きさが必要になりますが，印刷であれば同じ形を保ったまま小さくしていくことが可能です。

印刷技術から来ている文字の呼び名があります。“upper case”, “lower case” がそうです。前者が大文字を，後者が小文字を表す言葉ですが，これは，印刷所では活字の入った箱には，上のケースに大文字(と記号類)が，下のケースには小文字が入っていたことから来た呼び名です。

---

5　本書でもそうですが，書籍で提示されているものは縮小されたものがほとんどなので，文字のサイズが実感しにくいと思います。本章と次章で取り上げられている写本の画像には URL が示されているので，アクセスして，実際の大きさがどうなっているのか確認してみてください。

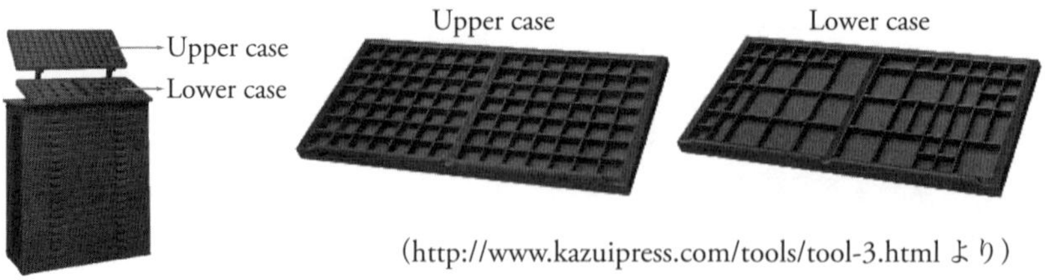


(http://www.kazuipress.com/tools/tool-3.html より)

中世のルネッサンス・宗教改革
↓
手写本の需要が増加，筆写では需要に追いつかず
↓
グーテンベルクによる活版印刷術の発明（1450）
活字書体は当時のペン書体をまねる（飾り文字などは手書き）
ド イ ツ：ゴシック体（cf. グーテンベルクの『42 行聖書』）
イタリア：ゴシック体 → 人文書体（ローマン体），イタリック体
（一部地域を除きヨーロッパに広がる）
印刷：初期は写本の代替物，写本のほうが高級
印刷技術の発達 → 写本の模倣から独自のものへ
（ペン書きを前提としない書体の発達）

## ii. タイプライター

活版印刷ほど大掛かりなものではなく，もっと手軽に文字を書く機械を作りたい。そう思う人は昔からいましたが，それが具体化されたのは 18 世紀以降のことで，様々な試みがなされました。

現在のタイプライターの基になったのは 1867 年にショールズ（Christopher Latham Scholes）により考案された機械でした。最初，キーボードは文字をアルファベット順に 2 列に並べたものだったそうです。さらに研究を進め，1872 年にキー配列を改良し，当時武器製造で有名だったレミントン（Remington）社に持ち込みます。この機械は “Type-Writer” と名付けられ 1874 年に市販されます。今では typewriter は普通名詞として使われていますが，元々商品名だったわけです。

タイプライターが商品として売られるようになると一気に人気が出て売れる . . . とはならなかったそうです。というのも，1 つに，打てる文字も大文

字だけで，しかも印字の結果を見ながらタイプすることができず使いづらかったことと，値段の点でも人件費のほうがずっと安く，しかも人が手で書くほうがきれいだったからです。売れるようになったのは，1878年に発売されたレミントンNo. 2からのようです。新たに「シフト・キー」が付けられ小文字も打てるようになりました。これで現在のキーボードの基本が完成します。

手動タイプライターではキーを叩く指の力で印字するため，弱く叩くと字が薄くなってしまい，叩く力が均一でないと文字の濃さが一定にならず，きれいにタイプするのは一苦労でした。1920年のアメリカでジェームズ・スマーザーにより電動タイプライターが作られ，これによりタイピングの労力はずいぶんと軽くなりましたが，手動であっても高価な機械であり，電動タイプライターであればなおさらで，電動式が手動式に完全に取って代わるという事態にはなりませんでした。

タイプライターが文字生活に果たした役割を考えるとき，機体の軽量化・低価格化も重要です。最初のタイプライターは非常に大きく重いものでした。これが段々と軽量化し「ポータブル」タイプライターが出現すると，新聞の記者などが取材先で記事を書くのに使うようになります。価格が安くなるにつれ一般家庭でも購入しやすくなっていき，電動化，軽量化，低価格化，新しい印字方式の導入などを通して，タイプライターは一般的な「筆記具」となっていきます。現在では珍しくなってしまったタイプライターですが，タイプライターが作り出した「キーボード文化」が現在のコンピューター文化の基礎を築いたとも言えるでしょう。

タイプライターは書体にも影響を与えています。それまでの書体は，mがiより幅が広いように，文字によって字幅が変わる「プロポーショナル」なものでした。

| プロポーショナル | | 等幅 | |
|---|---|---|---|
| i | iiiiiiiii | i | iiiiiiiii |
| m | mmmmmmmmm | m | mmmmmmmmm |
| I | IIIIIIIII | I | IIIIIIIII |
| M | MMMMMMMMM | M | MMMMMMMMM |

文字により幅が変わると，タイプライターのような機械では文字により紙を移動させる幅が変わることになり，処理が面倒くさくなります。かといっ

て，等間隔で配置するとバランスが悪くなってしまいます。ちょっと実験してみましょう。上段は Times というプロポーショナルフォントによるもので，それを等間隔に配置したものが中段です。

| | |
|---|---|
| Times | A quick brown fox jumped over the lazy dog. |
| Times（等間隔） | A quick brown fox jumped over the lazy dog. |
| Courier | A quick brown fox jumped over the lazy dog. |

このような状況から，等間隔に配置しても見栄えがする書体が作られました。下段は等幅フォントの Courier（クーリエ）によるものですが，横幅の狭い文字にはセリフ部分を長めにしたり，幅が広いものについては極端に見栄えが悪くならない程度に圧縮したりして，文字間のバランスを取るために字形に工夫が凝らされているのがわかります。

タイプライターの書体は基本的に等幅のものですが，いくつか種類がありました。一般的には Elite, Pica, Courier などが使われましたが，草書体風のものなどもありました。

Elite（Elite 72, 12 Pitch Type Style, IBM）　Pica（Pica 72, 10 Pitch Type Style, IBM）

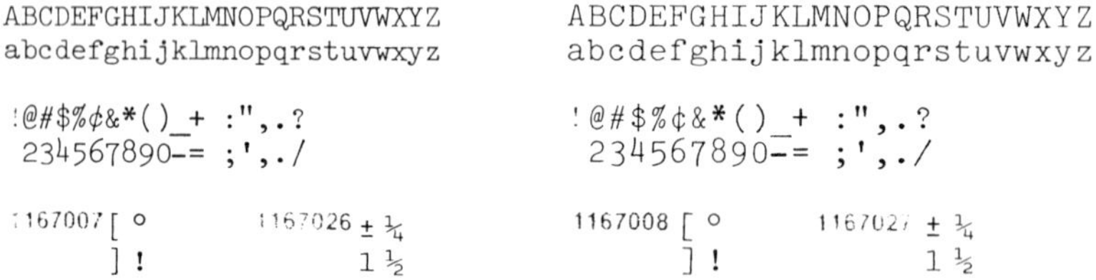


（http://www.selectric.org/selectric/ より）

1 つのタイプライターで使えるのは 1 つの書体で，購入するときにはどの書体を選ぶかに悩んだものです。書体にうるさく経済的に余裕のある人は，特注で自分の好きな書体で打てるタイプライターを作らせたりしました。

電動タイプライターが出現し，印字方法がデイジーホイール方式やボール式になりました。文字が刻まれたデイジーホイールやボールを取り換えれば，複数の書体が使えるだけでなく，標準の文字セットにない文字も打てるようになり，私も学生時代に初めて見たときは大変感激したものです。

タイプライター:

| | |
|---|---|
| 1867 年 | C. L. ショールズ「タイプライター」 |
| 1872 年 | 現在の標準配列「ユニバーサル・キーボード」(QWERTY 配列) の祖型, 大文字のみ |
| 1874 年 | 「レミントン型」タイプライター発売 |
| 1878 年 | 「レミントン No. 2」, シフト・キーにより小文字も可, 現在のキーボードの基本完成 |
| 1920 年 | 米 ジェームズ・スマーザー 電動タイプライター |
| 1932 年 | Dvorak 配列 |

等幅書体 (Pica, Elite, Courier など) の導入

## iii. コンピューター, ワープロの登場

私が学生だった 1980 年代でもタイプライター購入の際には手動式か電動式かで悩むような時代でしたが, 1990 年代前半には「ワープロ専用機にするかコンピューターにするか」で悩む人が結構いました。しかし, 今ではコンピューターが当たり前になってしまいました。短期間のうちに個人でも機械によって印刷することが当たり前の状況になりましたが, ワープロが登場したときのインパクトは非常に大きいものでした。データが保存でき何度も修正することが可能であるということは,「書く」という行為を大きく変えてしまうものでした。この辺のことについては, いろいろな本が出ているので, そういう本を読んでもらうことにして, ここでは文字に与えた影響について考えましょう。

## iv. キー配列について

タイプライター, コンピューター／ワープロと見てきましたが, ここでキー配列について見ておきましょう。最近では, マウスなどのデバイスだけでなく, 指で直接入力を行う方式が普通になっていますが, それでも文字入力の中心はキーボードです。したがって, コンピューターで作業をしようとすれば, キーの配列を覚えないわけにはいきません。ところで, あのキーの配列はどうやって決まったのでしょうか。

現在キーボードの配列は「ユニバーサル・キーボード」「QWERTY 配列」

と呼ばれるものが一般的です。大体，次のような配列になっています。

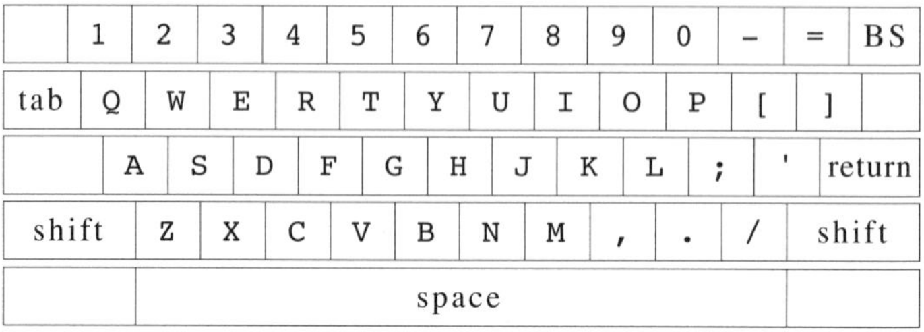


この配列が「ユニバーサル・キーボード」と呼ばれるのは，これが一般的に用いられているものだからであり，「QWERTY配列」という呼び名は上から2段目が左から順に「QWERTY...」となっているところから来ています。

QWERTY配列はタイプライターのキー配列から来ています。下に示したキー配列は1874年にレミントン社から発売されたタイプライターのもの(ショールズたちによる1873年の最終モデルのキー配列を少し修正したもの)です。現在のものとは細部に違いがありますが，基本はこのときに出来上がっているのがわかります。

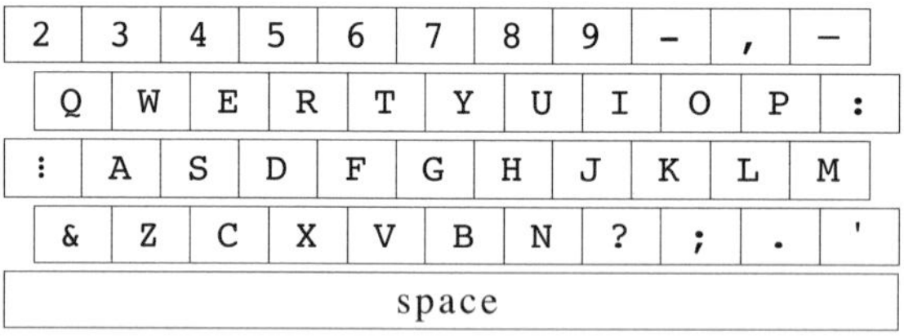


現在のものと比べると，数字に1と0がなく(IとOで代用)，CとXの位置が逆，MがNの隣ではなく，Lの隣に位置し，？などの記号の位置が違います。その後，レミントンNo. 2でシフト・キーが導入され，小文字も打てるようになり，さらにマイナーな変更を加え，現在のQWERTY配列となっています。

ショールズがキーをこのように配列した理由については諸説あり，その各々に対しては疑問も出されていますが，説が妥当かどうかは当時の状況を踏まえて考える必要があります。理由がどうであれ，今日では当時とは状況が大きく変わっているため，QWERTY 配列よりも効率的な配列が考えられますが，それでも未だに QWERTY 配列が一般的に使われているのはなぜでしょうか。

QWERTY 配列には問題があることはずいぶんと前から指摘されており，それらの問題を解決しようと，Dvorak 配列のようにいくつかの提案がなされてきました。実際に QWERTY 配列よりもタイピングの効率は上がるものもあるようです。しかし，すでに QWERTY 配列に慣れてしまっている人は，新たにキー配列を覚えようという気にならず，また，これからキー配列を覚える人も，まずは世の中に多い QWERTY 配列を覚える必要があり，一度この配列を覚えてしまえば，さらに他の配列を覚える気にはならない。こういった事情から従来のキー配列が使われ続けることになります。

## v. 文字の代用，合成

初期のタイプライターには数字の 1 と 0 はありませんでしたが，これは，当時はキーの数を減らすために，他の文字で代用するようにしたためです。その後文字の数が増えはしましたが，現在のコンピューターで使えるほどの文字が扱えたわけではありません。キーボードにない文字は，手で書き加える，字形の似ている文字で代用する，文字の重ね打ちで合成するなどして対応していました。書体・字形の設計には文字の代用・合成も考慮されていました。

タイプライターを使わない現在では覚えておいて役に立つことは少ないですが，参考までにどんなふうに文字を代用していたのか見てみましょう。

| | 元の文字 | 代用 | |
|---|---|---|---|
| 数字の 1 | 1 | l I | 小文字の l または大文字の I |
| 数字の 0 | 0 | O o | 大文字の O または小文字の o |
| 引用符 | ‘ ’ “ ” | ' " | ’ ” |
| ダッシュ (′) | ′ | ’ ' | 引用符／アポストロフィー (’') |
| ダッシュ (—) | — | -- - | ハイフン (-- あるいは -) |

引用符とアポストロフィーを区別しないのは現在でも同じですね。また，‘...’ / “...” の引用開始 (‘, “) と引用終わり (’ , ”) を表す引用符を区別せずに，それぞれ '...' / "..." とするのは現在でも広く行われています。ダッシュ

(英語では prime，″は double prime) を引用符(アポストロフィー)で代用するのもよく見られます。ただし，引用符とアポストロフィーの場合と違い，ダッシュは字形がはっきりと違いますので(ダッシュ′，引用符’)，可能ならば印刷物では代用せずにダッシュを使いましょう。

次に合成の例を見てみましょう。基本的に，最初の文字を打った後，バックスペースで1文字分戻し，重ね打ちします。

| | | | |
|---|---|---|---|
| 感嘆符 | ! | ! | 引用符／アポストロフィー(')＋ピリオド(.) |
| セミコロン | ; | ; | コロン(:)＋カンマ(,) |
| アスタリスク | * | A | A＋x，A＋v |
| ドル記号 | $ | $ | S＋/ |
| セント記号 | ¢ | ¢ | c＋/ |
| ポンド記号 | £ | £ | f＋L |
| 円記号 | ¥ | ¥ | Y＋=，Y＋− |
| アクセント付き文字 | à | à | a＋` |
| 抱き字 | Æ | Æ | A＋E |

á à ä などの文字はダイアクリティカルマーク(´`¨)との合成で作ります。´` などは合成用で，キーを叩いても紙は先に送られず，次の文字が重ね打ちされます。該当する記号がない場合は後から書き足していました。¨の代りに " を使うこともありました。ø Ø などの文字はスラッシュ (/) との合成で作りました (øØ)。縦方向に合成する場合もあり，例えば ā なら a とハイフン (-)，§ なら s を2つ縦に並べて作りました (§)。æ Æ のような抱き字は，スペース・キーを押すと半文字分進み離すとさらに半文字分進むようになっているのを利用し，2文字を合成し作成しました。

上でタイプライターが書体に与えた影響として等幅書体の導入を挙げましたが，抱き字 (ligature, æ œ ß ﬁ など，合字とも言う) の減少もその1つに挙げることができるかもしれません。印刷所であれば抱き字は活字として持っており，必要に応じて使っていたわけですが，必要な文字でさえ代用や合成で間に合わせていたタイプライターでは，抱き字用のキーなんてあるはずがありません。ﬁ ではなく fi で済むのなら特別なキーを用意しなくていい。そういう考えが一般的になれば，普通の印刷でも抱き字を使わなくなっていっても不思議はありません。

## vi. セリフについて

セリフというのは，例えばＩという書体にはなく**I**という書体に見られる，縦のストロークの上端と下端についている装飾部分のことです。この章の最初に見たとおり，アルファベットの書体は大きくセリフ系とセリフのないサンセリフ系に分けられます。

上で見た書体では，一番古い書体からすでにセリフが存在していました。これはギリシャ文字に生じたものがローマ字にも持ち込まれたもののようです。Imperial Capitals を見てみると，もうこの段階でセリフが現在のような形で完成していることがわかります。

ところで，このセリフは何で付いているのでしょうか。Ｉでも**I**でも同じ文字というのであれば，なぜ余計なものを付けるのでしょうか。中学校で英語を習い始めたときには，「セリフを付けずにＩと書くと，I の大文字なのか，L の小文字なのかがわかりにくいからだよ」などと先生に言われたかもしれません。確かに，英語を習い始めた頃は 2 つの文字の区別が付くようにセリフを付けたほうがわかりやすいですが，他の文字にまでセリフがあるのはなぜでしょうか。文字の識別のためにあるのだとしたら，他の文字にもセリフがあるのはちょっと不思議です。また，上で見たように，大文字書体しか使われていない時期にすでにセリフが登場していることを考えると，文字の識別のために出来たとはとうてい思えません。では，文字本来の機能とは関係ないように思われるセリフが生まれたのはなぜでしょうか。

Dragin (1989) *Medieval Calligraphy* によると次の 3 つの説があります(図 1〜3 は Dragin (1989) のもの)。1 つ目は “carving theory” で，文字を石碑に彫るときに線の端の部分がきれいに揃うようにストロークの方向と垂直になるように線を彫ったものから生じたという説です (図 1)。

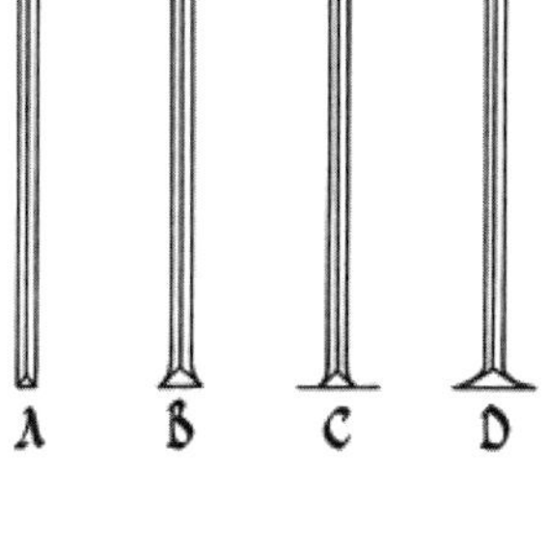

◀図 1

2つ目は “inking theory” で，ペンや筆で書くときに，やはりストロークの端がきれいに揃い，かつ全体のバランスがよくなるように付けたものという説です (図 2)。

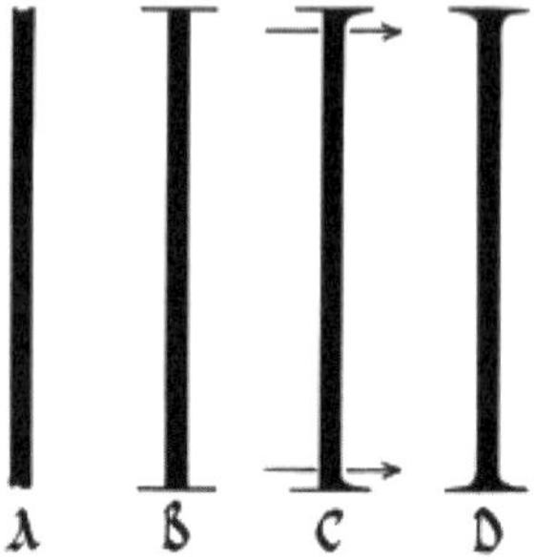

◀図 2

3つ目の説として次のものがあります。下の図3を見てください。実際に幅の広いペンを使って文字を書いてみるとわかりますが，いくらペンの先が平らでまっすぐ揃っていても，インクが満遍なく行き渡らなくて，どうしてもAのような，書き出しがきれいに揃わない線になってしまいます。また，ストロークの最後も，Bのような線になりがちです。このとき，ペン先の幅に平行な方向に一度ペンを動かしてから垂直方向に持っていくようにすると，Cのようなくっきりした線が書けます。同様に書き終わりの部分も，ペンの移動方向をペン先の幅に平行な方向に抜くように動かすと，Dのような線が書けます。このようにして，Eのような線が生まれます。

図 3

Eのままでもきれいな線が書けていますが，何となくバランスが悪いと感じる人もいるでしょう。そういう人であれば，Fのように，出っ張り部分と逆方向に追加してバランスを取りたくなるかもしれません。こうして生まれたのがセリフであるというのが3つ目の説です。Fはその後，Gのように，ペン軸を時計回りに回転させながら書くことで，下に行くに従い太くなるように書き，最後は水平に揃うように書いたり，Hのように最初とは異なるペン遣いをするようになったり，といろいろなバリエーションを生み出すことになります。

上のどの説でも，セリフは元は実用的な理由から生じたという考えで，これがその後，装飾的機能を加えて(増加して)いったと考えています。これらの説はセリフが生じた原因を書き手側の視点から見たものですが，読み手の視点から見ると，セリフによって文字の認識のしやすさも変わってきます。文字を弁別する機能は持たなくとも，セリフがあるかないか，セリフがあればどんな形かが，各書体を構成する要素の１つとして重要な働きをしていて，タイポグラフィーやレタリングなどの本を見ると，書体を分類する際の重要な特徴の１つになっていることがわかります。

# 第 VII 章

# 英語における正書法の発達と音変化

前章では欧米におけるアルファベット一般について見てきましたが，この章では英語とイギリス（一部アメリカ）に焦点を当て，第 II 章・第 III 章で見た現代英語における発音と綴り字の関係がどのような経緯により成立したのかを見ていきます。

# A. 英語史の区分

英語はドイツ語，オランダ語，ノルウェー語などと同じくゲルマン語派に属し，さらに遡ると，ラテン語，ギリシャ語などとも共通の言葉（「印欧祖語」と呼ばれる）から派生したと考えられています。

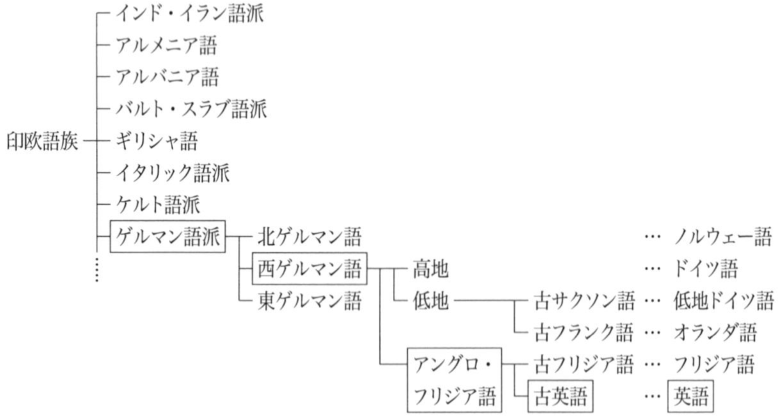


英語の歴史は大きく古英語 (Old English, OE)・中英語 (Middle English, ME)・近代英語 (Modern English, ModE) の 3 期に分けられます。近代英語のうち 1900 年以降の英語を現代英語 (Present-Day English, PE) として区別して扱うこともあります。

| | | |
|---|---|---|
| 古英語 | (OE) | 450–1150 |
| 中英語 | (ME) | 1150–1500 |
| 近代英語 | (ModE) | 1500–1900 |
| 現代英語 | (PE) | 1900– |

上に示した区分では，古英語の終わり，中英語の始まりを 1150 年としていますが，1100 年とされることもあります。どちらであっても，それらの年を境として突然古英語から中英語へと変わったわけではありません。言語の変化は漸次的なもので，どこかで明確な境界を定めることはできないので，大まかな目安で，便宜的なものです。

| | 政治・経済 | 文化・科学・宗教 | 文献・文学 | 文字・綴り |
|---|---|---|---|---|
| | クラウディウス<br>　ブリタニア遠征<br>〈ローマン・ブリテン〉<br>ホノリウス<br>　ブリタニア放棄宣言 | | | ルーン文字使用 |
| 古英語（OE）450–1150 | 〈ゲルマン民族の侵入〉<br>アングロ・サクソン七王国<br>〈ヴァイキングの侵寇〉<br>イングランド王国統一<br>アルフレッド大王<br>クヌート 北海帝国<br>ノルマン・コンクェスト | キリスト教布教<br>（シャルルマーニュ文芸復古）<br>アルフレッド文教政策 | 勅許状<br>『ベオウルフ』成立<br>『英国民教会史』<br>『アングロ・サクソン年代記』<br>Ælfric『説教集』 | ラテン文字採用<br>Rustic/Uncial＋Insular<br>〈民族書体〉<br>Carolingian Minuscule |
| 中英語（ME）1150–1500 | 失ノルマンディー<br>大憲章<br>〈英仏分離〉<br>百年戦争<br>薔薇戦争 | キャクストン 印刷開始<br>ルネッサンス<br>宗教改革 | 『ピーターバラ年代記』<br>ウィクリフ派『英訳聖書』<br>ガウアー<br>チョーサー<br>マロリー | Early Gothic<br>Gothic Textura Quadrata<br>Gothic Textura Prescisus<br>Bastard Secretary<br>Humanist Minuscule<br>Italic |
| 近代英語（ModE）1500–1900 | 〈絶対主義時代〉<br>ウェールズ統合<br>ピルグリム・ファーザーズ<br>　北米移住<br>共和制<br>王政復古<br>名誉革命<br>グレート・ブリテン成立<br>〈産業革命〉<br>アメリカ独立戦争<br>連合王国成立 | 英国国教会成立<br>ロック<br>ニュートン | トマス・モア<br>シェイクスピア<br>『欽定訳聖書』<br>ジョンソン『英語辞典』 | 〈綴りの固定化〉<br>Copperplate<br>米 綴り字改革 |
| 現代英語（PE） | 第1次世界大戦<br>アイルランド独立<br>第2次世界大戦 | | | |

英語関連年表

# B. 正書法の発達

まずは，使用文字の変遷，正書法の成立の過程を見てみましょう。

## i. ルーン文字からローマ字へ

5世紀にブリテン島にやってきたアングロ・サクソン人は，他のゲルマン民族同様，ルーン(ルーネ)文字を使用していました。ルーン文字とは次のような文字です。

ルーン文字　共通ゲルマン型(24字)　アングロ・サクソン型(31〜33字)

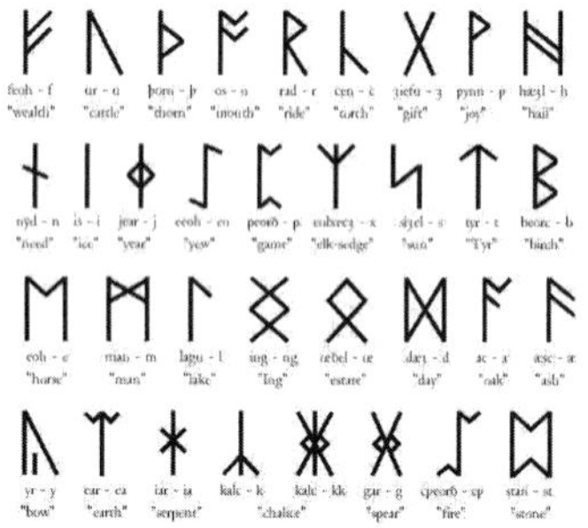

(左) http://upload.wikimedia.org/wikipedia/commons/7/7d/Runes_futhark_old.png
(右) http://upload.wikimedia.org/wikipedia/commons/0/03/Anglosaxonrunes.JPG

ルーン文字は最初の6文字の音価を取って futhark [fú:θɑ:*r*k] とも呼ばれます。alphabet (< $\alpha$ (alpha) + $\beta$ (beta)) や ABC と同様の呼び方です。第V章で見た文字の系統図(p. 124)を見るとわかるように，ルーン文字もローマ字と元は同じです。

元々ルーン文字を使っていたアングロ・サクソン人ですが，7世紀(古英語期)にはキリスト教化とともにローマ字を使用するようになりました。キリスト教はアイルランドと大陸から伝わりましたが，アイルランドからは "Insular" (「島の」) と言われる書体が，大陸からは "Roman Rustic" (Rustic Capitals) と "Uncial" と呼ばれる書体が伝わりました。

・7世紀（古英語期）にローマ字導入（cf. キリスト教化），ルーン文字廃用へ
　・島嶼体（Insular Majuscule / Insular Minuscule）

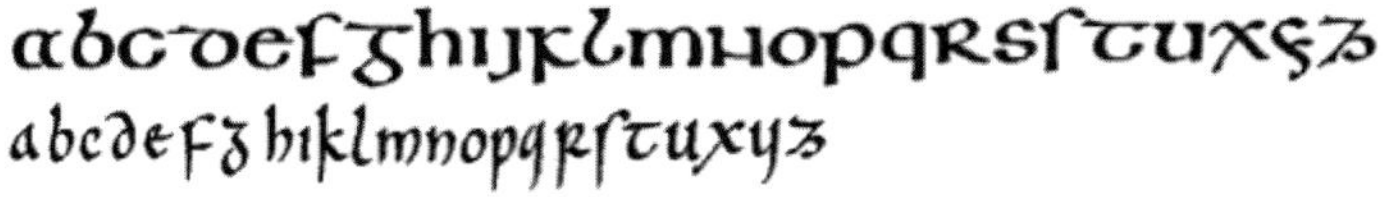

　・Roman Rustic / Uncial

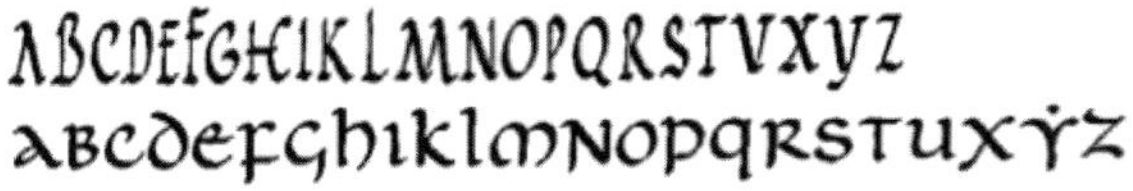

ローマ字は表音文字なので，それぞれの文字の音価に近い英語の各音に対応させて用いればよかったのですが，ローマ字は英語の音よりも文字の数が少なかったため，英語を書き表すのに工夫が必要となりました。その工夫の1つがローマ字に手を加えて新たに文字を作ることで，æ（ash）と ð（eth, edh）が新たに作られました。æ［æ］は，a のような e のような音ということで，a と e を組み合わせて作った文字です。ð［θ, ð］は d（ð）に棒を付けて作った文字で，d みたいな音だけど d とは違う音だということを表しています。もう 1 つの工夫が，足りない文字をルーン文字から補うというものです。þ（thorn）と ƿ（wynn, wen）がそれです。þ は D の縦棒を上下に長くしたもので，ð の作り方と似たところがあります。ð と þ は英語では使われなくなりましたが，現在でも使用している言語があり，大文字もあって Ð と Þ となります。これらの文字は Latin-1（ISO 8859–1），Unicode という文字コードにも登録されており，Unicode には ƿ（大文字 Ƿ）もあります。

・既存の文字では表せない音の表示
　ローマ字を基に新たな文字を作る：æ, ð（→ th）
　ルーン文字の一部を用いる：　　　þ（→ th）, ƿ（→ w）

古英語には sc という［ʃ］を表す二重字も存在しました。これは元々［sk］という発音であったものが音変化により［ʃ］となったために sc で［ʃ］を表すようになったものです。現代英語の dish は当時は disc と綴っていました。dish は desk や disc と語源が一緒ですが，desk や disc は他の言語からの借入により英語に入ってきたもので，そのため［sk］→［ʃ］という音変化を受けていません。shirt（OE scyrte, cf. short ＜OE sc(e)ort）も同様の変化を受けていますが，古ノルド語から借入した skirt では sk のままです。ちなみに，shirt と skirt は同じ語源を持つ二重語（doublet,「姉妹語」とも）となっています。

## ii. ノルマン・コンクェストの影響とその後の変化

ノルマン・コンクェスト（Norman Conquest，ノルマン人による征服）とは，ノルマンディー公ウィリアムがエドワード懺悔王から次のイングランド王位を約束されていたと主張し，1066 年に軍隊を率いイングランドに上陸，迎え撃つハロルド王をヘースティングズの戦いで破りイングランドの王となった事件のことです。これにより大陸からフランス語（ノルマン・フレンチと言われる方言）を話す人たちがやってきて，宮廷での公用語がフランス語となり，王の中にはフランス語は話せるが英語が話せない者も出てきます。これにより様々な面で大陸（フランス）の影響が現れ，文字・綴りも大きな影響を受けます。Carolingian Minuscule（カロリング小文字体）が使われるようになり，Insular（島嶼体）は廃れていきます。

以下，ノルマン・コンクェスト以降に起きた変化で，現代の文字，綴りに直接影響を与えているものをいくつか取り上げて解説します。

- c [k], [ts][1]（＞[s]）（k への置き換え）, g [g], [dʒ]
- 二重字：ch [tʃ]（＜c）, sh [ʃ]（＜sc）, wh [*h*w]（＜hƿ）; th [θ, ð]（＜þ, ð）
- ƿ → w, cƿ → qu
- 長音の u → ou [uː]（ow）（OE hūs ＞ME hous，OE cū ＞ME cow）
- u/v, m, n に隣接した u → o

古英語では c は [k] と [tʃ] を表していましたが，前母音字（e, i, y）の前では k に，[tʃ] を表す c は ch に置き換えられました（e.g. cynd ＞kynd（＞kind）; cild ＞child）。また，sc [ʃ] は sh に置き換えられました（e.g. disc ＞dish）。c は前母音字の前ではフランス語式に [s] を表すようになりました[1]。

g は [g, ɣ, j, dʒ] を表していましたが，[j] を表す g は y に置き換えられました（e.g. gear ＞ year，geard ＞ yard，giet ＞ yet）。フランス語からの借入語の増加により前母音字の前で g を軟音として読む語が増え，英語でも規則として確立していきます。gui [gi], gue [ge] という綴りも持ち込まれ，借入語だけでなく，guess, guest などの本来語にも u を挿入するようになります。古英語で [dʒ] を表していた二重字 cg は廃れ，(d)g で表されるようになってい

[1] 歴史的には，前母音の前で [k] ＞[ts] ＞[s] と変化したものです。現在と異なり，当時は前母音字は前母音を表しており，文字と発音の間にずれはありませんでした。

きます。

what, who などはルーン文字の ƿ を用い hƿæt, hƿa のように綴られていましたが，語頭の子音は wh と綴られるようになりました。[kw] 音も cƿ と綴られていましたが，これもフランス語式の qu に変わります (e.g. cƿic >quik)。þ, ð に加え [θ, ð] を表す二重字 th も導入されます。

u は長音も短音も u で綴られていましたが，長音はフランス語式に ou (ow) で綴られるようになりました (e.g. OE hus [huːs] >ME hous [huːs] (>ModE house [haus]); cu [kuː] >cow [kau])。low (ME lowe) のようにすでに ou/ow で綴られていたものもあり，発音と綴りの関係が複雑になってしまいました。some, son (<OE sum, sunu) のように短音の u の一部は o で綴られました。これは，第 VI 章 (p. 166) で述べたように，u は当時の書体では u/v, m, n に隣接すると判別しにくかったことに加え，当時フランス語で [u] を表すのに o が使われていたことが影響しています。

第 III 章「D. 接辞の付け方」で見たとおり，sāne–sănity, extrēme–extrĕmity では母音が短音化しても母音字は変わりませんが，profȯund–profŭndity, renȯunce–renŭnciation の場合，母音字が変わるのはこういう事情からです。第 II 章で説明したとおり，find, bind などの i は同器性長化 (cf. p. 49) により nd の前で長化したものですが，過去形・過去分詞の found, bound の母音も同器性長化により長音化したものです。husband は OE hūsbonda (家の主人) から来ていますが，ou に置き換えられる前に短音化したため u のままです。現代英語では cŭt-cūte のように綴り字上 u に長短の区別がありますが，この長音 ū [juː] はフランス語の u [y(ː)] から来たものです。

| | | | | | | | | |
|---|---|---|---|---|---|---|---|---|
| e | ĕ [e] → ĕ [e] | extremity | kept | u | ŭ [u] → ŭ [ʌ] | profundity | husband | us |
| | ē [eː] → ē [iː] | extreme | keep | | ū [uː] → ȯu [au] | profound | house | |
| | | | | | Fr [y] → ū [juː] | | | use |

## iii. 各時代のアルファベットと書体

各時代のアルファベットを比較してみましょう。

| | | | | | | | | |
|---|---|---|---|---|---|---|---|---|
| 母音字 | OE | a | æ | e | i | o | u | y |
| | ME | a | | e | i | o | u* | |
| | ModE | a | | e | i* | o | u* | |

| | | | | | | | | | | | | | | | | |
|---|---|---|---|---|---|---|---|---|---|---|---|---|---|---|---|---|
| 子音字 | OE | b c d f g h | | (k) | l m n p | (q) | r s t | | | | x | | (z) | þ ð ƿ |
| | ME | b c d f g h | | k | l m n p | q | r s t | þ | u* | w | x | y | z | |
| | ModE | b c d f g h | i* | k | l m n p | q | r s t | | u* | w | x | y | z | |

* が付いている i と u は母音字としても子音字としても使われるものです。現在では，u, i を母音字，v, j を子音字として使用するのが普通ですが，そのような使い分けが確立するのは歴史的には比較的最近のことです。

次に各文字の特徴的な字形を示します。

| 字形 | | | | | | | | | | | | | | | | | | | | | | | | | | |
|---|---|---|---|---|---|---|---|---|---|---|---|---|---|---|---|---|---|---|---|---|---|---|---|---|---|---|
| | A | B | C | D | E | F | G | H | I | K | L | M | N | O | P | Q | R | S | T | U | X | Y | Z | Þ | Ð | Ƿ |
| | a | b | | d | e | f | g | h | J | k | l | m | n | | | q | r | ſ | t | v | | y | ʒ | þ | ð | |
| | ɑ | | | ∂ | | | ɡ | | i | | | | | | | | ꝛ | | | | | ẏ | | | | |
| | | | | | | | ȝ | | j | | | | | | | | | | | | | | | | | |
| | | | | | | | ᵹ | | | | | | | | | | | | | | | | | | | |

程度の差はあれ，時代・書体によって字形が異なる場合がほとんどですが，現代の印刷物では基本的には現代の書体で一般的な字形で表すのが普通です。ただし g に関しては，OE の時代の ᵹ，ME の時代の ȝ (yogh [youk | jɔk]) は g とは異なる字形で表現されることがあります。また，short s (s) と long s (ſ) を区別し異なる字形を用いることもあります。wynn (ƿ) は印刷物では w で代用されるのが一般的です。

ȝ は z のバリエーションの 1 つの ʒ とは別の文字で，Unicode でも異なるコードポイントが振られており，フォントを変えてみると字形が異なるのがわかります。発音記号 (IPA) の ʒ は後者の ezh に基づいたものです (cf. s [s]–ſ [ʃ], z [z]–ʒ [ʒ])。

| | | |
|---|---|---|
| ȝ ȝ | U+021D | LATIN SMALL LETTER YOGH |
| ʒ ʒ ʒ | U+0292 | LATIN SMALL LETTER EZH |

具体的に各時代でどんな書体が用いられてきたのか見てみることにしましょう。非常に大雑把な分類ですが，各時代に用いられていた書体を挙げるとこうなります。

| | |
|---|---|
| OE | Insular (majuscule, minuscule), Rustic, Uncial |
| ME | Carolingian Minuscule / Gothic / Humanistic / Italic |
| ModE | Gothic / Humanistic / Italic / Copperplate |

次に各時代で使われていた書体が実際にどんなものであったのか，表に挙げた文献を例に，画像で字形を確認しながら見ていくことにします。

| 文献 | 年代 | 手書き / 印刷 | 書体[2] |
|---|---|---|---|
| ケルズの書（800年頃） | (OE) | ○ | Insular Majuscule |
| リンディスファーンの福音書（7世紀末〜8世紀初頭） | OE | ○ | Insular Majuscule |
| アングロサクソン年代記（9世紀後半［〜1154］） | OE | ○ | Insular Minuscule |
| ベオウルフ（Nowell Codex） | OE | ○ | Insular Minuscule |
| ウィクリフ派英訳聖書 | ME | ○ | Gothic |
| チョーサー『カンタベリー物語』 | ME | ○ | Gothic |
| チョーサー『カンタベリー物語』（キャクストン） | ME | 　　○ | Gothic |
| 欽定訳聖書（1611） | ModE | 　　○ | **Gothic**/Roman/Italic |
| シェイクスピア（1623） | ModE | 　　○ | Gothic/**Roman**/Italic |
| ジョンソン『英語辞典』（1755） | ModE | 　　○ | **Roman**/Italic |
| エリザベス王女（エリザベスＩ世） | ModE | ○ | Italic |
| ビッカム | ModE | ○ | Copperplate など |

### ・古英語期（Old English）

古英語期から順番に見ていきますが，写本等の画像の下にできるだけ字形の近い文字を使い転記したものを付けました。例えば，文字としては t でも，ギリシャ文字のタウ τ に字形が似ていれば，タウを用いています。その右または下に付けられているものは，現在普通に用いられる字形の文字で表記したものです。

写本の前に上で示した書体の中からできるだけよく似ている書体を示しましたが，写本で用いられている書体と同じというわけではありません。

最初は英語ではなくラテン語の本で，3大ケルト装飾写本の1つ『ケルズの書』（*The Book of Kells*）と，『リンディスファーンの福音書』（*Lindisfarne Gospels*）です。Insular Majuscule（島嶼体大文字）で書かれています。

2　以下に示す画像で示した個所で使われている書体で，各文献がこれらの書体のみで書かれていたという意味ではありません。

**●Insular Majuscule** abcdefghijklmnopqrsſtuxyz

『ケルズの書』（800 年頃）

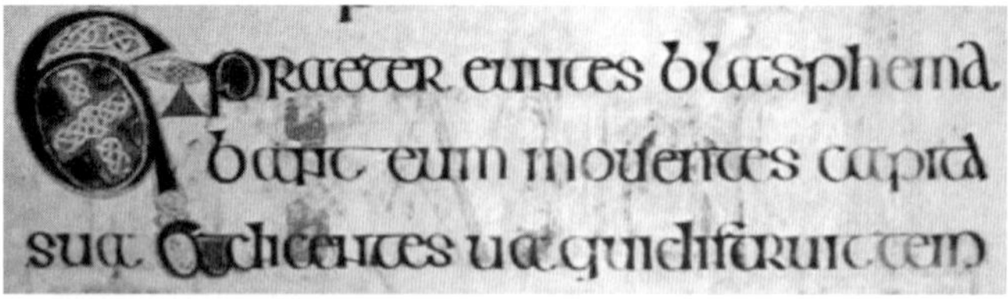

（http://www.rosarychurch.net/images/book_of_kells.jpg の一部）

| | |
|---|---|
| & praeter euntes blasphema<br>bant eum mouentes capita<br>sua &dicentes uaquidiſtruittem | & praeter euntes blasphema<br>bant eum mouentes capita<br>sua &dicentes uaquidistruittem |

『リンディスファーンの福音書』（7 世紀末～ 8 世紀初頭）

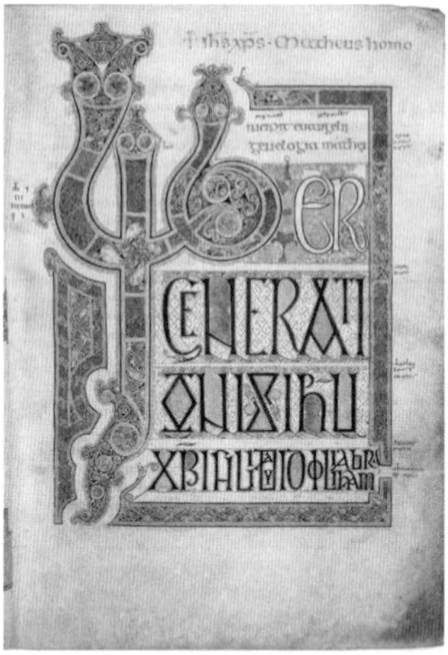

← a.

← b.

a.

ihs xps · matheus homo
(χρς)

b.

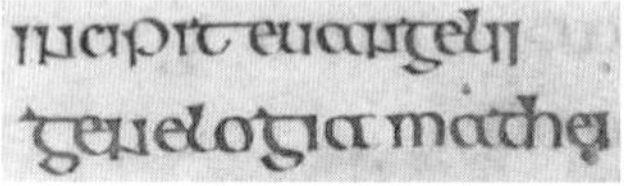

| | |
|---|---|
| incipit euanʒelii<br>ʒeneloʒia mathei | incipit euangelii<br>genelogia mathei |

（http://upload.wikimedia.org/wikipedia/commons/d/d2/LindisfarneFol27rIncipitMatt.jpg）

次に古英語で書かれたテキストを見ましょう。古英語期の代表的な文献である『アングロサクソン年代記』（*The Anglo-Saxon Chronicles*）です。Insular Minuscule（島嶼体小文字）で書かれています。

●**Insular Minuscule** abcꝺeꝼʒ hiklmnopqꞃſꞇuxẏz

『アングロサクソン年代記』(9 世紀後半)

(http://en.wikipedia.org/wiki/File:Peterborough.Chronicle.firstpage.jpg の一部)

| | |
|---|---|
| Bꞃıꞇꞇene ıʒlanꝺ ıſ ehꞇa hunꝺ mıla lanʒ.<br>⁊ ꞇƿa hunꝺ bꞃaꝺ. ⁊ heꞃ sınꝺ on þıs<br>ıʒlanꝺe ꝼıꝼ ʒe þeoꝺe.enʒlıſc.⁊ bꞃıꞇ<br>ꞇısc.⁊ ƿılsc.⁊ scẏꞇꞇısc.⁊ ƿẏhꞇısc.⁊<br>boc leꝺen. Eꞃeſꞇ ƿeꞃon buʒenꝺ þıſes | Brittene igland is ehta hund mila lang.<br>⁊ tƿa hund brad. ⁊ her sind on þis<br>iglande fif geþeode. englisc. ⁊ brit-<br>tisc. ⁊ ƿilsc. ⁊ scyttisc. ⁊ pyhtisc. ⁊<br>boc leden. Erest ƿeron bugend þises |

数字の7，あるいは大文字のJに似た記号は，ティロ式記号[3] (Tironian notes) の 1 つで and を表します (ampersand (&) は別の文字)。þ (thorn, [θ, ð]), ƿ (wynn, [w]), ʒ (yogh) も特徴的です。i には点がなく，y に点が付きます。筆記体の p のように見えるのが r，縦棒の長い r に見えるのが short s，f のように見えるのが long s (ſ) で，f は F，t が τ のような字形になっています。二重字 sc は [ʃ] を表します。最初のほうは次のような感じになります[4]。

| | | | | | | | | | |
|---|---|---|---|---|---|---|---|---|---|
| Brittene | igland | is | ehta | hund | mila | lang. ⁊ | tƿa | hund | brad. |
| Britain | island | is | eight | hundred | miles | long and | two | hundred | broad |

| | | | | | | | | | |
|---|---|---|---|---|---|---|---|---|---|
| ⁊ | her | sind | on | þis | iglande | fif | geþeode. | englisc. ⁊ | brittisc. |
| and | here | are | on | this | island | five | languages | English and | British |

| | | | | | | | | |
|---|---|---|---|---|---|---|---|---|
| ⁊ | ƿilsc. | ⁊ | scyttisc. | ⁊ | pyhtisc. | ⁊ | boc | leden. |
| and | Welsh | and | Scottish | and | Pictish | and | book | Latin |

---

[3] 共和政ローマ期の政治家，雄弁家，文筆家であるキケロ (Marcus Tullius Cicero, 紀元前 106 年〜紀元前 43 年) の秘書を務めた解放奴隷ティロ (Tiro) により速記のために作られた記号です。

[4] "her sind on þis iglande" の her, on に here, on を当てていますが，現代英語であれば there, in が使われるところです。

次は英文学最古の伝承の 1 つである叙事詩『ベオウルフ』（*Beowulf*[5]）です。これも島嶼体で書かれています。

『ベオウルフ』（975–1025 頃）

（http://upload.wikimedia.org/wikipedia/commons/0/08/Beowulf.firstpage.jpeg の一部）

| | |
|---|---|
| h PÆT PE GARDE- | HPÆT! PE GARDE- |
| na ınʒeaꞃ ðaʒum. þeoð cẏnınʒa | na in geardagum, þeodcyninga, |
| þꞃẏm ʒe ꝼꞃunon huða æþelınʒaꞅ ellen | þrym gefrunon, hu ða æþelingas ellen |
| ꝼꞃemeðon. OꝼT ꞅcẏlð ꞅceꝼınʒ ꞅceaþena | fremedon. Oft Scyld Scefing sceaþena |

[ð, θ] を表すのに þ に加え ð も使われていることが確認できます。現在，ð が発音記号として使われているので，ð [ð], þ [θ] のような気がしてしまいますが，当時は有声音の間では [ð]，それ以外では [θ] となり，2 つの音の間に対立はなく，ð, þ ともに [ð, θ] を表す文字として使われていました（cf. pp. 208–9, pp. 221–22）。

**・中英語期（Middle English）**

次に中英語期の文献を見てみましょう。最初はウィクリフ派英訳聖書（Wycliffite Bible）です。下に示した写本ではゴシック体が使われています。

[5] 現代英語での Beowulf の発音は bëowu̇lf [béiəwùlf]。e は開音節にあるため，短音 ĕ [e] で発音することはできず，長音の ë [ei] となります。

●Gothic（Textura Quadrata） abcdefghijklmnopqrstuvwxyz

ウィクリフ派英訳聖書（ヨハネの福音書）（14 世紀後半）

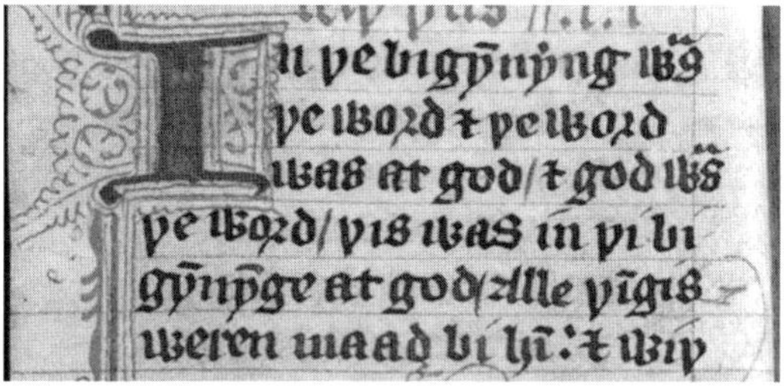

（http://upload.wikimedia.org/wikipedia/commons/f/fa/Wycliffe_John_Gospel.jpg の一部）

| | |
|---|---|
| I n þe bigȳnȳng w̃s | In þe bigȳ[(n)]nyng w[(a)]s |
| þe woꝛd ⁊ þe woꝛd | þe word ⁊ þe word |
| was at god/⁊ god w̃s | was at god/⁊ god w[(a)]s |
| þe woꝛd/þis was in þi bi- | þe word/þis was in þi bi- |
| gȳnȳge at god/Alle þīgis | gȳ[(n)]nȳ[(n)]ge at god/Alle þīgis |
| weren maad bi hī: ⁊ wiþ | weren maad bi hī[(m)]: ⁊ wiþ |

点無しの i もありますが，i には ´ が付けられているのがわかります。数字の 2 に似た half r も特徴的です。þ と y の字形がよく似ていますが[6]，y には点が付いているので簡単に区別できます。wynn（ƿ）も thorn（þ）と字形がよく似ていますが，すでに w に取って代わられ使われていません。w は右半分が B のような形をしています。

1 行目最後の単語は was です。行末で入りきらなくなって a を省略した印に，省略記号を付けています。点ではなく棒線が付いている y がありますが，これは次に続く鼻音（n, m）を省略したときに付けるものです。i に付いている棒線も同様です。したがって，þīgís は þíngís（things），bí hī は bí hím（by him）となります。

次の 2 つは英詩の父と呼ばれるジェフリー・チョーサー（Geoffrey Chaucer）の『カンタベリー物語』（*The Canterbury Tales*）の写本です。書体は Gothic の一種で Bastard Secretary と呼ばれる書体です。

6　現代でも the を ye と書き表すことがありますが（e.g. Ye Olde English Pubbe），これは þ の代わりに見た目のよく似た y を使い ye と綴ったことから来ています。

●Bastard Secretary abcdefghijklmnopqrstuvwxyz

『カンタベリー物語』の冒頭「総序」（'The General Prologue'）より。
Hengwrt 写本（15 世紀）。（http://upload.wikimedia.org/wikipedia/commons/0/02/HengwrtChaucerOpening.jpg の一部）

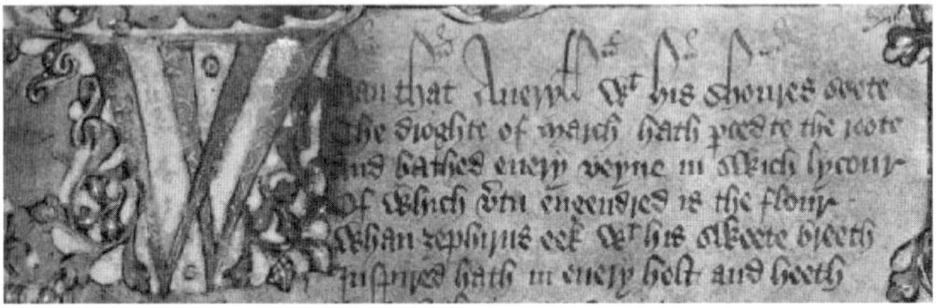

| | |
|---|---|
| han that auerÿll w$^{t}$ his shoures soote | Whan that aueryll w$^{(i)t(h)}$ his shoures soote |
| W The droghte of march hath p̱ced to the roote | The droghte of march hath p$^{(er)}$ced to the roote |
| And bathed euerÿ veÿne in swich lÿcour | And bathed euery veyne in swich lycour |
| Of which v̇tu engendred is the flour | Of which v$^{(er)}$tu engendred is the flour |
| Whan zephirus eek w$^{t}$ his sweete breeth | Whan zephirus eek w$^{(i)t(h)}$ his sweete breeth |
| Inspired hath in euerÿ holt and heeth | Inspired hath in euery holt and heeth |

『カンタベリー物語』の「騎士の物語」（'The Knight's Tale'）より。
Ellesmere 写本（15 世紀）。（http://upload.wikimedia.org/wikipedia/commons/b/b4/Chaucer_knight.jpg の一部）

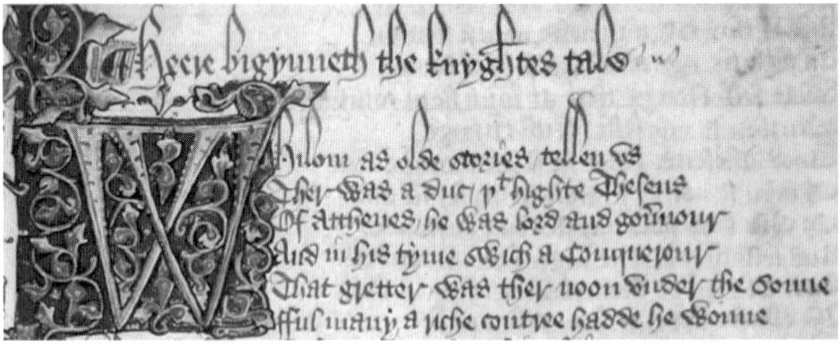

| | |
|---|---|
| heere bigÿnneth the knÿghtes tale | Heere bigynneth the knyghtes tale |
| hilom as olde stories tellen vs | Whilom, as olde stories tellen us, |
| W Ther was a duc p$^{t}$ highte Theseus | Ther was a duc that highte theseus; |
| Of atthenes he was lord and goünour | Of atthenes he was lord and gou$^{(er)}$nour, |
| And in his tÿme swich a conquerour | And in his tyme swich a conquerour, |
| That gretter was ther noon vnder the sonne | That gretter was ther noon vnder the sonne |
| fful manÿ a riche contree hadde he wonne | Ful many a riche contree hadde he wonne; |

前ページ上の写本の 2 行目 p̱ced は per͟ced（＝pierced）を，4 行目の v̉tu は ver͟tu（＝virtue）を表しています。r の字形に慣れないと読みにくいですね。[θ, ð] を表すのに þ, ð ではなく二重字 th が使われています。前ページ下の写本では half r（ꝛ）も使われています（2 行目の stor͟ies（stoꝛíes），4 行目の lor͟d（loꝛd））。

次は印刷の例で，イングランドに活版印刷を導入したウィリアム・キャクストンによるものです。手書きの写本に似せようと当時使われていたゴシック体を基にしています。最初の大きな文字の色は朱ですが，これは印刷によるものではなく，後から書き加えたものです。初版と 2 版を比べると同じ単語でも綴りが変わっていることがわかります。2 または z のように見えるのは half r ですが（z は ʒ），half r の使い方も異なっています。

キャクストン印刷『カンタベリー物語』初版（1476）

（http://molcat1.bl.uk/TreasuresImages/Caxton/max/Edn1/001.jpg の一部）

| | |
|---|---|
| W han that Apprill with his shouris sote | Whan that apprill with his shouris sote |
| And the droughte of marche hath p̱cid þͤ rote | And the droughte of marche hath p(er)cid þe rote |
| And badid euery veyne in suche licour | And badid euery veyne in suche licour |
| Of Whiche vertu engendꝛid is the flour | Of whiche vertu engendrid is the flour |

キャクストン印刷『カンタベリー物語』第 2 版（1483）

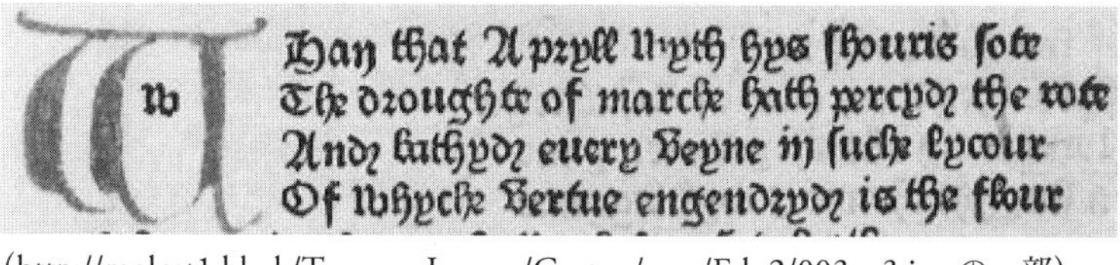

（http://molcat1.bl.uk/TreasuresImages/Caxton/max/Edn2/003_a3.jpg の一部）

| | |
|---|---|
| W han that Apꝛyll wyth hys shouris sote | Whan that Apryll wyth hys shouris sote |
| The droughte of marche hath percyd the rote | The droughte of marche hath percyd the rote |
| And bathyd euery veyne in suche lycour | And bathyd euery veyne in suche lycour |
| Of whyche vertue engendꝛyd is the flour | Of whyche vertue engendryd is the flour |

### ・近代英語期（Modern English）

次に近代英語期のものを。Gothic（ゴシック体）に加え，Humanist（人文書体），Italic（イタリック体），Copperplate（カッパープレート体）も使われるようになります。

最初はエリザベス I 世が即位前に書いた手紙です。イタリック体で書かれています。

エリザベスから異母弟のエドワード 6 世に宛てた手紙（1553）

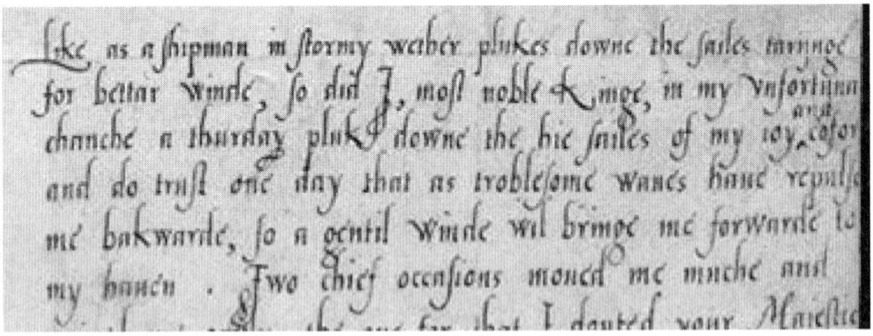

（http://www.bl.uk/learning/timeline/external/elizabethletter.jpg の一部）

*Like as a ſhipman in ſtormy wether plukes downe the ſailes tarijnge*
*for bettar winde, ſo did I, moſt noble Kinge, in my vnfortunate*
*and*
*chanche a thurday pluk downe the hie ſailes of my ioy ∧ cofort*
*and do truſt one day that as trobleſome waues haue repulſed*
*me bakwarde, ſo a gentil winde wil bringe me forwarde to*
*my hauen . Two chief occaſions moued me muche and*

Like as a shipman in stormy wether plukes down the sailes tarijnge
for bettar winde, so did I, most noble Kinge, in my vnfortunate
chanche a thurday pluk downe the hie sailes of my ioy and co(m)fort
and do trust one day that as troblesome waues haue repulsed
me bakwarde, so a gentil winde wil bringe me forwarde to
my hauen . Two chief occasions moued me muche and

ſhipman（shipman），ſailes（sails）などで long s（ſ）が使われています。vnfortunate（unfortunate），haue（have），tarijnge（tarrying），ioy（joy）を見ると，u/v, i/j を字形で母音字と子音字に使い分けしていないことがわかります。

次は『欽定訳聖書』（*The Authorized Version of the Bible*）です。ローマン体の部分は，long s（ſ）を除けば，読むのに問題はないでしょう。ゴシック体では long s (e.g. darkeneſſe)，o の後ろの half r (e.g. foꝛme)，単独で見ると b のようにも見える v (e.g. voyd, vpon) を押さえれば，読めるでしょう。どちらの書体でも，u/v は母音字・子音字両用であることがわかります。

『欽定訳聖書』(1611) (左は右の一部を拡大したもの)

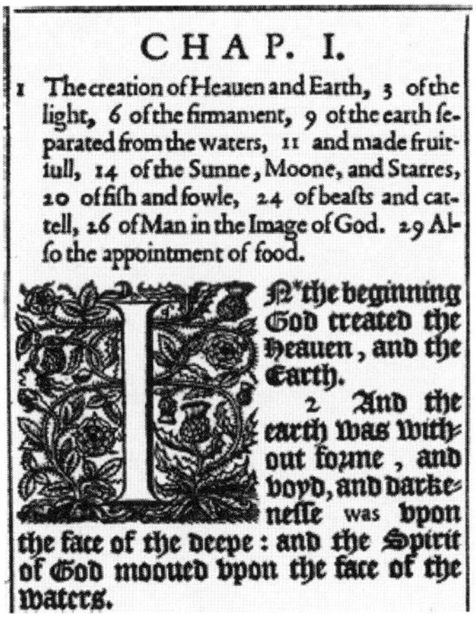
CHAP. I.
1 The creation of Heauen and Earth, 3 of the light, 6 of the firmament, 9 of the earth ſeparated from the waters, 11 and made fruitfull, 14 of the Sunne, Moone, and Starres, 20 of fiſh and fowle, 24 of beaſts and cattell, 26 of Man in the Image of God. 29 Alſo the appointment of food.
IN the beginning God created the Heauen, and the Earth.
2 And the earth was without foꝛme, and voyd, and darkeneſſe was vpon the face of the deepe: and the Spirit of God mooued vpon the face of the waters.

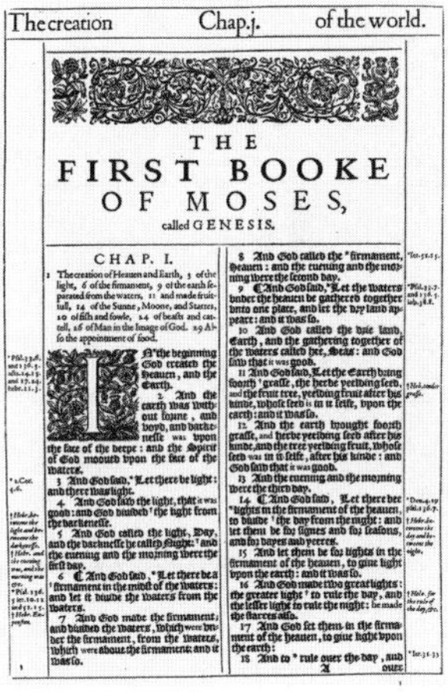
The creation　Chap.j.　of the world.
THE FIRST BOOKE OF MOSES, called GENESIS.
CHAP. I.

(http://www.ljcf.org/Graphics/Kjv-1611-hebrews.png)

CHAP. I.

1 The creation of Heauen and Earth, 3 of the light, 6 of the firmament, 9 of the earth ſeparated from the waters, 11 and made fruitfull, 14 of the Sunne, Moone, and Starres, 20 of fiſh and fowle, 24 of beaſts and cattell, 26 of Man in the Image of God. 29 Alſo the appointment of food.

I　N* the beginning
God created the
Heauen, and the
Earth.
2　And the
earth was with-
out foꝛme, and
voyd, and darke-
neſſe was vpon
the face of the deepe : and the Spirit
of God mooued vpon the face of the
waters.

CHAP. I.

1 The creation of Heauen and Earth, 3 of the light, 6 of the firmament, 9 of the earth separated from the waters, 11 and made fruitfull, 14 of the Sunne, Moone, and Starres, 20 of fish and fowle, 24 of beasts and cattell, 26 of Man in the Image of God. 29 Also the appointment of food.

In the beginning
God created the
Heauen, and the
Earth.
2　And the
earth was with-
out forme , and
voyd, and darke-
nesse was vpon
the face of the deepe : and the Spirit
of God mooued vpon the face of the
waters.

次は二つ折り本で出版されたウィリアム・シェイクスピア (William Shakespeare) の最初の全集 (First Folio) から。long s (ſ) 以外は現在の字形とほぼ同じですが，i/j, u/v の使い分けが現在とは違っています。Serieant (Serjeant) や Reuolt (Revolt), braue (brave) などの綴りに注意してください。

## シェイクスピア『全集』（第一・二つ折り本，1623）

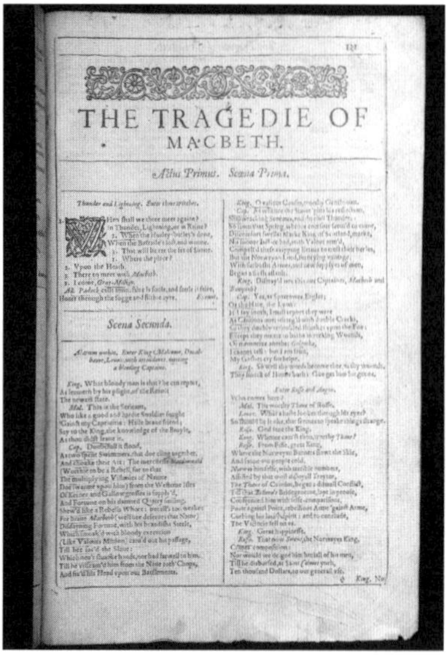


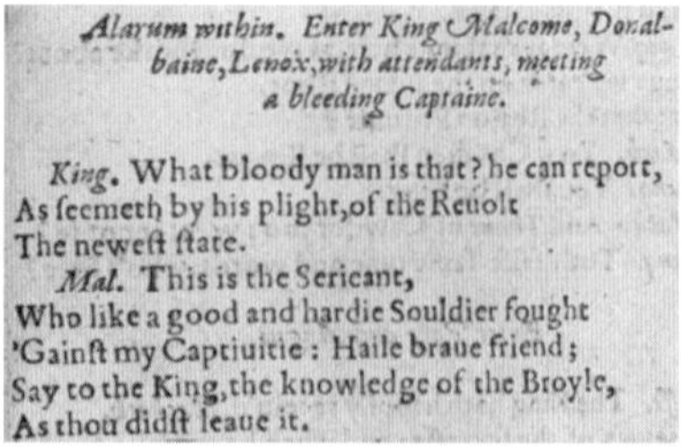
*Alarum within. Enter King Malcome, Donalbaine, Lenox, with attendants, meeting a bleeding Captaine.*

*King.* What bloody man is that? he can report,
As ſeemeth by his plight, of the Reuolt
The neweſt ſtate.
*Mal.* This is the Serieant,
Who like a good and hardie Souldier fought
'Gainſt my Captiuitie : Haile braue friend ;
Say to the King, the knowledge of the Broyle,
As thou didſt leaue it.

*Alarum within. Enter King Malcome, Donal-*
*baine, Lenox,with attendants, meeting*
*a bleeding Captaine.*

*King.* What bloody man is that? he can report,
As ſeemeth by his plight,of the Reuolt
The neweſt ſtate.
*Mal.* This is the Serieant,
Who like a good and hardie Souldier fought
'Gainſt my Captiuitie : Haile braue friend ;
Say to the King,the knowledge of the Broyle,
As thou didſt leaue it.

明星大学所蔵（http://shakes.meisei-u.ac.jp/Shakespeare/Image/0739/8x0739.jpg）

## ジョンソン『英語辞典』（1755）

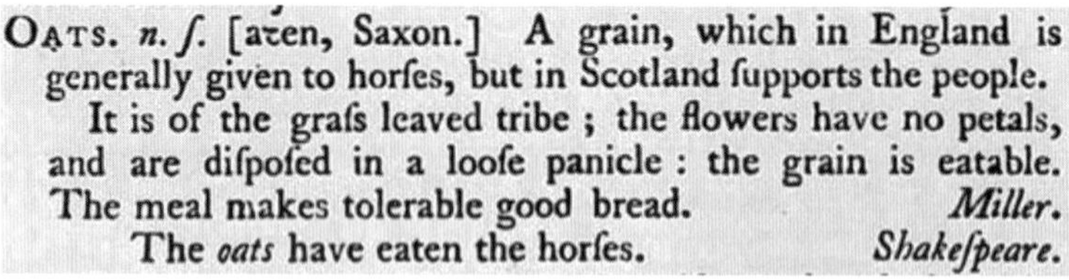
OATS. *n. ſ.* [aten, Saxon.] A grain, which in England is generally given to horſes, but in Scotland ſupports the people.
It is of the graſs leaved tribe ; the flowers have no petals, and are diſpoſed in a looſe panicle : the grain is eatable. The meal makes tolerable good bread. *Miller.*
The *oats* have eaten the horſes. *Shakeſpeare.*

（http://media.web.britannica.com/eb-media/68/44368-004-99C48BAB.jpg の一部）

OATS. *n. ſ.* [aten, Saxon.] A grain, which in England is
generally given to horſes, but in Scotland ſupports the people.
It is of the graſs leaved tribe ; the flowers have no petals,
and are diſpoſed in a looſe panicle : the grain is eatable.
The meal makes tolerable good bread. *Miller.*
The *oats* have eaten the horſes. *Shakeſpeare.*

前ページ下はサミュエル・ジョンソン（Samuel Johnson）の『英語辞典』（*A Dictionary of the English Language*）からですが，i/j, u/v の使い分けも含め，ほとんど現在と変わらない字形，綴りになっています。この辞書は綴り字の規範の１つとなり，現代英語の綴りに大きな影響を与えているため，long s（ſ，イタリック体*ſ*）の使用を除き，我々の目には「普通」に見えます。

次はジョージ・ビッカム（George Bickham）の『ユニバーサル・ペンマン』（*The Universal Penman*）から。時代は少し遡ります。こちらは手書き（銅板印刷）の文字です。

ビッカム『ユニバーサル・ペンマン』（1743）

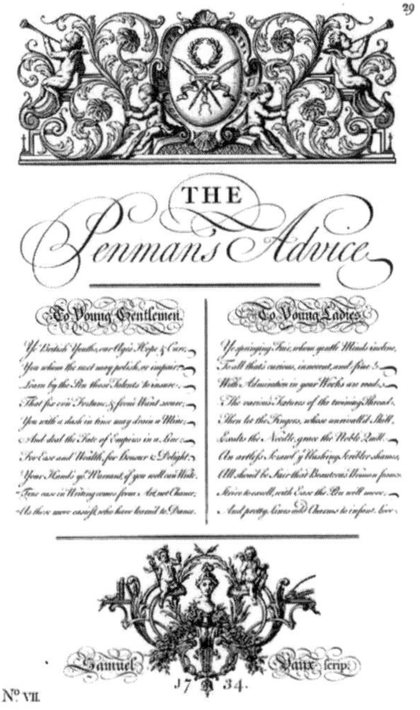


（http://www.usask.ca/english/barbauld/images/gbickham_penmansadvice.jpg）

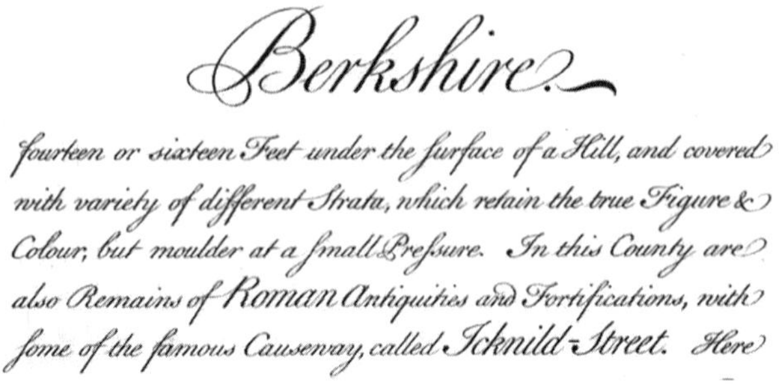
Berkshire.
fourteen or sixteen Feet under the ſurface of a Hill, and covered with variety of different Strata, which retain the true Figure & Colour; but moulder at a ſmall Preſsure. In this County are also Remains of Roman Antiquities and Fortifications, with ſome of the famous Causeway, called Icknild-Street. Here

(http://www.fulltable.com/VTS/b/bickham/24.jpg の一部)

Berkshire.

fourteen or sixteen Feet under the ſurface of a Hill, and covered with variety of different Strata, which retain the true Figure & Colour; but moulder at a ſmall Preſsure. In this County are also Remains of Roman Antiquities and Fortifications, with ſome of the famous Causeway, called Icknild-Street. Here

上の書体はカッパープレート体ですが，連結線で単語が続け書きされ，ヘアラインが装飾的に使われています。r は half r ではなく普通の r が使われています。単語の綴りは現在とほぼ同じですが，文頭だけでなく名詞の語頭でも大文字が使われるなどの違いも見られます。

この本には他にもいろいろな書体が収められています。今も購入できるので，書体に関心がある人は入手して眺めてみるといいでしょう。

THE

British Monarchy:

Or, a New

Chorographical Deſcription

*Of all the Dominions*

Subject to the King of GREAT BRITAIN.

Comprehending

*The Britiſh Iſles,* *The Electoral States,*

*The American Colonies,* *The African & Indian Settlem*ts

And enlarging more particularly on

*The respective Counties of* ENGLAND *and* WALES.

(左の図は http://www.fulltable.com/VTS/b/bickham/20.jpg より)

## iv. 発音と綴り字の乖離，綴り字改革

現在の英語の綴りは日本人の目からすると発音と乖離しているように見えますが，そのような乖離はどのような事情から生じたのでしょうか。

### a) 近代英語以降における綴りと発音の乖離

15 世紀初頭からロンドンの英語を基に標準化が始まり，さらに印刷技術の発達により同一内容の印刷物が多量に流通し，綴りの統一と固定化が進みました。一方，キャクストンが活版印刷を開始した中英語期末の 15 世紀は大きな音変化が生じた時期でもあり，結果として発音と綴りの間に乖離が生じることとなりました。発音と綴りの乖離が進むと，逆に発音と綴りを一致させようとする動きも生じます。綴りに発音を合わせるのが綴り字発音で，発音に綴りを合わせる動きが綴り字改革です。

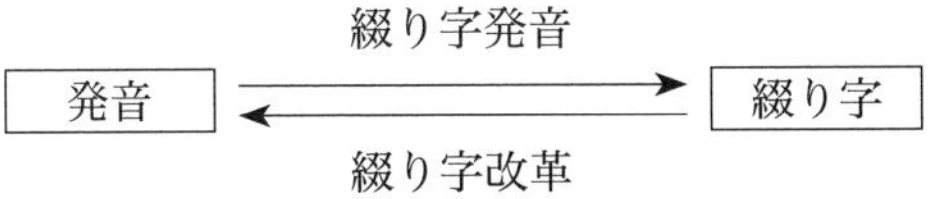


### b) 綴り字発音

元々は発音と綴りは一致していたものが，時代とともに発音が変化し，綴りと発音が乖離するようになります。発音に合わせて綴りを変える場合もありますが，綴りはそのままということも少なくありません。また，綴りを変えた後で，語源意識が働き，元の綴り（と当時の人が考えたもの）に戻すこともありました。どちらにせよ，発音と綴りに食い違いが生じることになりますが，このとき，発音を綴りに合わせてしまう現象が起きます。これが綴り字発音です。印刷物の流布により識字率が高まり，それまで写本に近づけなかった階級までもが綴り字を目にする機会が増えると，綴りに合わせて単語を発音することも多くなり，綴り字発音が広がっていきます。

| 語源的綴り字（イタリックは黙字） | | 音変化の逆行 | | |
|---|---|---|---|---|
| doute | → dou*b*t | again | [əgén] | → [əgéin] |
| receit(e) | → recei*p*t | forehead | [fɔ́rid] | → [fɔ́ːhed] |
| trone | → throne | often | [ɔ́fən] | → [ɔ́ftən] |
| aventure | → adventure | waistcoat | [wéskit] | → [wéistkout] |

doubt は，英語に借入された時点で b は発音されておらず doute と綴られていましたが，元のラテン語には b がある (cf. dubious) からと doubt と綴る人が出てきて，これが一般化してしまいました。doubt では挿入された b は発音されませんが，adventure のように挿入された文字が発音されるようになったものもあります。often の t は元々発音されていたものが発音されなくなったものですが (cf. listen, soften)，綴りにあるからと t を発音する人が出てきたため，[t] がない発音とある発音の両方が行われるようになりました。

### c）綴り字改革

これまで綴り字を改革しようと様々な試みが提案されてきましたが，大きな改革には繋がりませんでした。文字・綴りは成人母語話者が読み書きすることを前提に決められることになりますが (cf. pp. 138–41)，すでに読めるようになっている人にとっては，提案された体系が合理的なものでも，変更により新たに記憶する必要が出ることは不利益となるので，既存のものに特に不便を感じるか，大きな権限を持つ組織が実行しようとしない限り，改革は行われないためです。現在では広範囲で英語が使用されていますが，ここまで使用地域が拡大し共通語化してくると，特定の国，地域だけの問題ではなくなってしまい，綴り字改革はさらに困難になります。

## v.「不規則」な綴りの由来

現代英語の綴りは規則そのものが複雑で，例外が多く見られます。なぜ，このような書記体系になってしまったのでしょうか。これにはいろいろな事情が関わっています。

### a）文字の不足

ローマ字は英語専用の文字というわけではありません。元々他の言語を表すのに使っていたものを英語を表記するのにも使い始めたものです。英語を表記するためローマ字を使い始めたときには，英語の音を表すのに十分な文字がなく，sh [ʃ], ch [tʃ], th [θ, ð] のように文字を組み合わせるなどして表す必要が出てきました。これは規則的ではありますが，例えば 1 字で [ʃ] を表す文字（仮に ʃ とする）を導入していれば，fish は fiʃ，-ing 形は fiʃʃing となり，語幹末尾の音節に強勢があり母音が短音の場合は語末の子音字を重ねるという大原則（第 III 章, p. 78）に従う形になったはずです。ð, þ は元々のローマ字にはなく，古英語期にローマ字を採用した際，［θ, ð］を表す文字として新たに導入されたものですが，中英語期に二重子音字 th が導入され，ð, þ はのちに廃用となりました。もし th の代わりに ð, þ を使用し続けていれば，例えば lath は lað, laþ となり，-ing 形は原則通り laððing, laþþing と重子音字で綴られることになります。bathe と bath の -ed 形はどちらも bathed となり，綴り字では区別が付かなくなりますが，もし baþe, baþ（baðe, bað）という綴りであったなら，-ed 形も baþed, baþþed（baðed, baððed）のように発音に合わせ異なる綴りになっていたはずです。このように，元々のローマ字にあった文字 1 字では表記できない音を二重字を用いて表すようにしたことが，現代英語の綴りに例外を生じさせている一因となっていることがわかります。

すでに見たように元々 u と v は同じ文字でした。別文字として確立した現在では字形で区別できますが，以前は母音字か子音字かは字形では区別できず，別の方法で区別する必要がありました。語末では子音であることを示すため黙字の母音字 e を添えたため，母音字が短音の場合でも lĭve（vs. līve）のようになり，māte-măt に見られるような母音の長短の対立が明示されないことになってしまいました。

à á â ã ä å のように同じ文字に異なる符号（diacritical mark）を付け発音を区別する言語もあります。英語でも，例えば，even［íːvən］, eleven［ilévən］を ēvẹn, ėlĕvẹn のように表記し分ければ，文字と音の対応は一対一になりますが，この方法は採用しなかったので，この 2 語だけでも e が［iː, e, i, ə］という 4 つの異なる音を表すことになります。

### b）大量の借入語による他言語正書法の混入

様々な言語から多くの単語を借入している英語は語彙が豊かですが，語の借入を通じ綴りも取り込んでしまうことになり，正書法が複雑になります。

- ノルマン・コンクェスト以後のフランス語式綴りの導入
- 古典語（ギリシャ語・ラテン語）や他のヨーロッパの言語からの借入語の存在
- 多様な言語からの借入語の増加
- 初期の印刷事情による他言語の影響

すでに見たとおり，ノルマン・コンクェストによりフランス語式の綴りが多数導入されました。また，古典語であるギリシャ語・ラテン語や他のヨーロッパの言語からの借入語も多く，それらの言語の正書法の影響も受けます。

| 英語 | フランス語 | ギリシャ語 | イタリア語 | ドイツ語 |
|---|---|---|---|---|
| church [tʃ] | machine [ʃ] | school [k] (<[kʰ]) | Pinocchio [k] | Mach [k] (<[x]) |

英語話者の活動圏が広がると，いろいろな事物と共にそれらを表す語も英語に入ってきます。ローマ字圏からは原語の綴りのまま借入されやすく，元の言語での綴りが持ち込まれることになります。特に，大きな音変化が起きながら，活版印刷の導入により綴りが固定化していった近代英語以降に借入された語は，英語の発音と綴りの規則には合わないことになってしまいました。

また，当時，宗教改革，ルネッサンス，王家・国家・教会との対立などから国を離れイングランドに来た人たちがいましたが，そういう人たちが初期の印刷に従事した際，自分たちの綴りの規範を持ち込み固定化してしまったものもあります（e.g. aghast, ghastly, ghost）。

## c）音変化と綴り字の固定化

### ア）古い音韻体系を反映した綴り字

現代英語では，lief [liːf]–leave [liːv], face [feis]–phase [feiz], face [feis]–vase [veis], rice [rais]–rise [raiz], thigh [θai]–thy [ðai] に見られるように，f/v, s/z, θ/ð の違いで単語が区別されますが，古英語では，摩擦音（f/v, s/z, θ/ð）の場合，有声音か無声音かで単語が区別されることはありませんでした。実際にどう発音されるかは，有声音に挟まれれば有声音，それ以外では無声音というように，規則で自動的に決まるので，表記し分ける必要がありませんでした。wort̊h–worẗhy, sout̊h–souẗhern などで，th が末尾にある場合は [θ]，さらに有声音が続くと [ð] になるのは，この昔の発音の習慣を引き継いだものです。

第 II 章で「派生関係にある語で，語末子音が一方が有声音で他方が無声音ならば，有声音は動詞のほうである」ことを見ましたが（pp. 52–53），これは，古英語，中英語では動詞には動詞の語尾が付き，語幹末の摩擦音が有声音となったことに由来するものです。例えば，名詞の breat̊h に対し動詞 breaẗhe では末尾に e が付きますが，この e は動詞語尾に由来し [ə] と発音されていました。e が黙字になる前は th は母音に挟まれることになるので th は［ð］，名詞のほうは th［θ］と発音されました。belief–believe の発音の違いも同じ理由から生じたもので，昔はどちらも f で表記していましたが，f/v については無声音は f，有声音は v で表記し分けることが定着しました（of の子音 f［v］は別の理由で有声化したもの，cf. p. 222）。s/z については，clos̊e–clos̈e, gras̊s–graze, advic̊e–advis̈e に見られるように，変更しなかったり，有声音を z で，無声音を c で表記し分けるなど，表記の仕方は一貫せず，現在に至っています。mout̊h–mouẗhs, knife–knives, hous̊e–hous̈es のように，複数形になると語幹末の子音が有声化するものがありますが，これも同様の理由によるものです。元々複数の接辞は母音を含んでいましたが，有声化を引き起こした後，一部（e.g. houses, boxes）を除き，脱落しました。

なお，possess, dessert などの一部の語を除き，重子音字の ss の発音は［s］となりますが，これは s が並べばどちらの s も有声音に挟まれることはなくなるためです。rise は ride（rīde–rōde–rĭdden）と同じタイプの変化をしますが，綴りは rīs̈e–rōs̈e–rĭs̈en となって，過去分詞は rĭssen とはなりません。i が短音であることを明示するために ss とすると，無声音の［s］となってしまうためです。仮に，無声音は s で，有声音は z で表記するよう統一していたならば，rīze–rōze–rĭzzen と綴られていたでしょう。また，語頭の s が常に無声音となるのも，語頭では必然的に有声音に挟まれないからですが，語末の s については，次節で見る音変化により有声音化したものがあるため，事情が複雑です。th では，冠詞，前置詞などの機能語で語頭・語末で有声音化が起きましたが（p. 222），機能語以外では有声音化は起きませんでした。

**イ）正書法の固定と音変化**

印刷技術の発達に伴い正書法が固定化する一方で，大きな音変化（大母音推移，子音の脱落など，詳細は次節で説明）が生じたために，文字と発音が乖離する傾向が強まりました。

大母音推移とは，［eː］→［iː］，［oː］→［uː］（e.g. meet［meːt］→［miːt］, cool［oː］→［uː］）のように，すべての長母音が被った体系的な音変化です（cf. pp. 215–17）。基本的に同一環境の音には一律に適用されたので，文字と発音が乖離したと言っても，ある綴り字がある特定の音を表すという点では規則性を保ったままですが，長音を表す文字の音価はローマ字本来のものから大きくずれたものになってしまいました。

・大母音推移による大幅な音変化により，抽象レベルでの「長短」の対応へ

e.g.　　現代英語　　　　　　　　中英語

ā ［ei］ – ă ［æ］ ＜ ā ［aː］ – ă ［a］（nātion–nătional）

ī ［ai］ – ĭ ［i］ ＜ ī ［iː］ – ĭ ［i］（wīde–wĭdth）

元々は，長音 – 短音の関係は実際の音に対応するものだったわけですが，音価が大きく変化した後でも“長短”の対応関係自体は残り，その結果，ĭ［i］の長音は［iː］ではなく ī［ai］で，［iː］は短音 ĕ［e］に対応する長音という，学習者泣かせの体系となってしまいました。

さらに，規則的な変化に加え，一部が別の音に変化したり，規則的な音変化の後さらに変化したりすることもあり，対応関係が崩れるものも出てきました。

・正書法固定化以降の部分的変化

e.g. oo［oː］→［uː］→［u］→［ʌ］
　　　　　cool　cook　blood
　　　　（cf. pu̇t　bŭt）

ea［ɛː］→［eː］→［iː］heat, sea
　　　　　　　　→［e］head, breakfast
　　　　　　　　→［ei］break, great, steak

語中・語末の gh は［x, ç］と発音されていましたが（e.g. knight（クニヒト）），音が消失した場合と，［f］音に変化したものがあり，enough, laugh, rough, tough のように gh が f と同じ音を表すようになりました。発音に合わせて enuff, laff と綴りを変えることをしなかったため，不規則な綴りとなっています。

綴りが固定した後に発音されなくなり，黙字となったものも多くあります。

・音消失による黙字の発生

e.g. *k*n-（knight），*w*r-（wrong）

-*gh*(-)（thought, high），-s*t*{l/m/n}(-)（castle, Christmas, listen）

-m*b*（numb）

*k*nife, *w*rong の語頭の k, w も元々は発音していました。work の過去形には wrought という形もありますが，これは OE worhte ＞ wroht(e) ＞ ME wro(u)ght ＞ ModE［rɔːt］と変化した結果生じたものです。worhte > wroht(e) と o と r の位置がひっくり返ってしまった結果，語頭に wr が生じることとなり，wrong と同様に w が落ちてしまいました。今の work-wrought の場合も

そうですが，seek–sought, think–thought, bring–brought, teach–taught のように，過去形・過去分詞に gh を含むものは，原形に対応する子音があります。過去形・過去分詞でも gh は発音されていたわけですが，音が脱落し黙字となりました。これらの語の gh と違い，sight の gh は i が長音であることの標識となっており，これがないと sit となり発音も異なる別の単語になってしまうため削除できませんが，taught のように削除しても困らないものでも慣習として残っています。

異なる理由で生じた同じ音が同じ表記に統一されず，同じ発音に対し複数の綴りの可能性が生じました。その結果，write–rite–right, night–knight, vane–vain–vein, might–mite, bite–bight, bait–bate, pail–pale, lute–loot, birth–berth, herd–heard のように，綴りの違いで語が区別されるケースが生じました[7]。

### d) 語源的綴り字の発生（16 世紀以降）

p. 205 ですでに触れたように，元々発音と綴りが一致していたのに，ラテン語等での綴りが正しいとして，当時の発音とは関係なく，語源に基づいて綴りを改変してしまう動きがありました。これにより多くの黙字が綴りに含まれることになりました。

e.g. colere → choler, dette → debt, doute → doubt, receite → receipt

勘違いから，最初からなかった文字が加えられてしまうこともありました。can の過去形の could（中英語 coude, couthe）の l は，should (shall), would (will) からの類推で，入り込んでしまったものです。island の s も元々なかったのに加えられてしまったものです。「iii. 各時代のアルファベットと書体」で見た『アングロサクソン年代記』(p. 195) の写本では island は igland と綴られていたことからわかるように，元々 s は入っていませんでしたが，isle からの類推で island と綴られるようになってしまったものです。

### e) 発音と綴り字が異なる方言（同一方言内の異形）に由来する語の存在

単語の中には方言で発音が違うものもありました。当時は発音に合わせて

---

7 flower（花）—flour（小麦粉）, queen（女王）—quean（売春婦）, to（前置詞）—too（副詞）などは，元々同じ語の異綴りが特定の語義・用法と結び付き，別語として扱われるようになったものです。

綴られていたため綴りも違っていましたが，何らかの理由で発音と綴りが別の方言から取られると，発音と綴りの間でずれが生じることになります。例えば，one [wʌn] がそうです。

e.g. one (cf. alone, only), none (cf. no); busy, bury, build; any; pretty; sew; aunt

本来 one と綴れば [oun] と発音するはずです。それが証拠に語源的に all＋one, one＋-ly である alone や only の on(e) の部分は [oun] と発音します。しかし，なぜか，綴りは one のまま，[wʌn] という発音が別の方言から入り，綴りと発音がずれることになってしまいました。busy などでも発音と綴りのずれが見られますが，同様の経緯から生じたものです。

### f) 文字の識別，綴り字のバランス等の理由による改変

i と y は元々は異なる音を表す文字でしたが，歴史的な音変化により同じ音を表すようになり，綴り字全体のバランスを考慮して入れ替えて使うようになりました。また，書体の発達で見たとおり (pp. 165–66)，m, n, u の前後では u は見にくく，o に書き換えられたものもあります (cf. p. 191)。

e.g. i/y u/w city–cities, happy–happier
u → o some, son, love (loue)

元々 2 つ分発音していた重子音字が単音となったり，末尾の e が黙字になったりすることにより，重子音字や黙字の e を，発音とは関係なく綴り字のバランスを考慮して使うケースも生じました。

e.g. 末尾の e examine
重子音字 till, full (cf. until, wonderful)
ebb, add, odd, egg, err, inn[8] (cf. web, bad, pod, leg, sir, kin, in *prep.*)

some は古英語では sum なので，そのまま sum [sʌm] でよさそうですが，u が o に変更され，黙字の e が付けられています。come は古英語 cuman に

---

[8] これらの語で重子音字が用いられる理由については，第 III 章「B. 内容語の最低文字数」(pp. 66–68) を参照のこと。

由来しますが，こちらも同様の理由から cum ではなく come となっています。

fish-fishing のように，接辞を付ける際，本来なら語幹末の子音字を重ねる場合でも，二重字で綴られる場合は，子音字は重ねません（cf. p. 78）。仮に，fish の語幹末の子音が ʃ で表記され fiʃ と綴られていたら，-ing 形は fiʃʃing と綴られることになっていたでしょうが，二重字では，fishshing のようにバランスが悪く，fishing と綴ることになります。

## g）不統一な変更

発音に合わせ綴りを変えることもありましたが，その際，一部の語にのみに適用し，同様の他の語には適用しないことがあり，統一性を欠くこととなりました。例えば，ある時期 ink も English も語頭の母音は［e］と発音されていましたが，発音が i に変わった後，ink では発音に合わせ綴りを変えたのに，English では変えませんでした。上で見たとおり，close–close, grass–graze, advice–advise の下線部は元々すべて s で綴られていましたが，変更の仕方に統一性を欠き，共通性がわかりにくくなってしまいました。

| | | | |
|---|---|---|---|
| e.g. | ［eŋ］＞［iŋ］: | English, England | 置き換えなし |
| | | ink, string, wing | 置き換えあり |
| | ［s］-［z］: | s-s̈: close – close | 置き換えなし |
| | | s-z: grass – graze | s̈ を z に置き換え |
| | | c-s̈: advice – advise | s̊ を c に置き換え |

このように，今の綴りの体系はいろいろな事情から生じたものです。第 V 章（pp. 138–141）で見たとおり，基本的に正書法は成人母語話者が読み書きすることを前提とし，文脈中で単語への対応付けができれば十分なので，文字・綴りだけに基づき音への対応付けを行う必要はありません。ēvẹn［íːvən］, ėlĕvẹn［ilévən］のように表記し分ければ，文字と発音は一対一になりますが（cf. p. 207），すでに even, eleven の発音がわかっている人にとっては，ē ĕ ė ẹ と表記し分けるのは面倒で，読みやすくもありません。アルファベットは表音文字ですが，実際に文章を読むときは「綴り → 発音 → 単語」という順番に従い単語を認識しているわけではありません。例えば，基本的な発音と綴り字の規則を知っていれば，次の a を見て正確に［ðiːz wimin tɔːt iŋgliʃ］と音声化でき，意味も理解できますが，a よりも b のほうが認識しやすいでしょう。これは b のほ

うが単語全体が形成するイメージが見慣れた綴りに近いものになっているからで，このことからも，読むたびに「綴り→発音→単語」という過程を経ているわけではないことがわかります。

a. Theez wimmin taut Ingglish.　　b. Thse womn taght Eglish.

すでに文法，語彙を身に付けている話者にとっては，実際に読み書きする際には，表音性よりも表語性・表形態素性が高い（語・形態素への対応がわかりやすい）ほうが，使いやすいものになります[9]。

このような事情から，既存の綴り方に一部不合理なところがあったとしても，一度単語の綴りを身に付けた人が新しい綴りを習得するメリットは小さく，大きな問題がなければ，古い綴りがそのまま継承されることになります。

## C. 歴史的な音変化

すでに触れているものも多いですが，この節では，現代英語の発音と綴り字に影響を残す音変化，音体系の特徴として，次のものを中心に見ていくことにします（*e* は曖昧母音［ə］を，消し線（e.g. ~~e~~ ~~k~~）は脱落を表す）。

・母音

| | | | |
|---|---|---|---|
| 大母音推移 | 例. | ［eː］→［iː］ | name［æː］→［eː］, feet［eː］→［iː］, life［iː］→［ai］, coat［ɔː］→［ou］, cool［oː］→［uː］, cow［uː］→［au］ |
| ウムラウト | 例. | ［o(ː)］→［ø(ː)］→［e(ː)］ | old–elder, food–feed |
| 無強勢母音弱化・消失 | 例. | ［a］→［ə］→ $\phi$ | nắmă → nám*e* → nā́m*e* → nā́m~~e~~ |
| 長化　開音節～ | 例. | ［a］→［aː］ | tálu → tál*e* → tā́l*e* → tā́l~~e~~ |
| 　　　同器性～ | | ［i］→［iː］ | cĭld/cĭldru → chīld/chĭldren<br>grŭnd → grūnd (ground) |
| 母音の短化 | 例. | ［eː］→［e］ | cēpan/cēpte → kēp*e*(n)/kĕpt*e* → keep/kĕpt<br>wīde–wĭdth |

[9] 表音性，表語性等については，第 V 章 A. i「b) 対応する言語的なレベルによる分類」(pp. 118–123) を参照。

・子音

| | | | | | |
|---|---|---|---|---|---|
| 摩擦音での有声無声の対立の有無 | half | life | half *n* | house *n* | close *a* |
| | halves | lives | halve *v* | house *v* | close *v* |
| 弱強勢音節での摩擦音の有声化 | is with of houses that thy | | | | |
| 脱落 | ~~k~~nigh~~t~~ fasten ta~~l~~k ~~w~~rong [ŋg]→[ŋ] | | | | |
| 重子音の単音化 | fill [ll]→[l] | | | | |
| 口蓋化 | mission [sjun]→[ʃən], | | | | |
| | fortune [tjun]→[tʃən] | | | | |

もちろん，上記の変化は一気に起きたわけではありません。単純化した大雑把なまとめ方になりますが，大きな流れとしては，次ページの表のようになります。

## i. 大母音推移

i の短音が [i] で長音が [ai] になっているように，現代英語では長短の関係が実際の音の長短と対応するものではありませんが，こんなおかしな体系になった最大の原因が「大母音推移」(Great Vowel Shift) と呼ばれる音変化です。中英語後期の 14 世紀後半から近代英語期の 18 世紀前半にかけて起こったこの音変化により，中英語の強勢のある長母音が舌の位置を 1 段または 2 段高め，最も高い位置の [iː], [uː] は二重母音化しました。

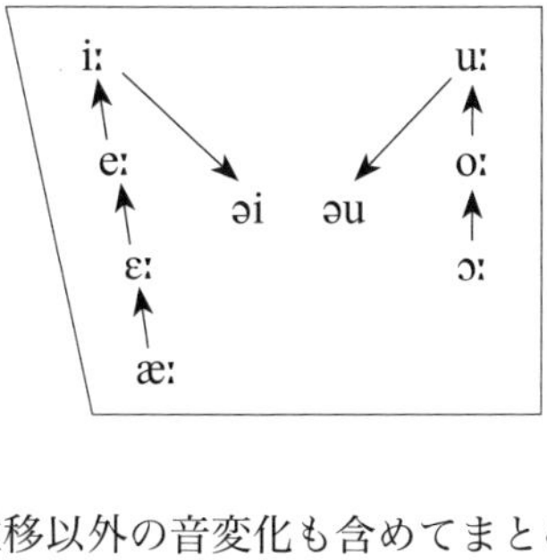


大母音推移以外の音変化も含めてまとめると，次のようになります。【217 頁に続く】

| | 文字・綴り | 音韻<br>母音 | <br>子音 |
|---|---|---|---|
| 450 | ラテン文字採用 | ウムラウト man-men foot-feet full-fill food-feed | |
| 700<br>古英語 | | 同器性母音**長化**<br>ground child climb<br>「閉音節」母音 **短化**<br>keep-kept meet-met<br>無強勢母音 **弱化**<br>nama >name<br>sunu >sune (=son) | 摩擦音 有声無声の対立なし<br>s [s, z]<br>close-close grass-graze<br>f [f, v]<br>life-live knife-knives<br>þ ð [θ, ð]<br>breath-breathe |
| 1150<br>中英語 | ノルマン・フレンチの影響:<br>*sh ch wh th w*<br>*ou*, *ow* [u:]<br>*v*/*u m n* に隣接の *u* → *o*<br>(*重子音字: 短母音の標識へ)<br>(*重母音字による長音表記)●<br>(*黙字の *e*: 長母音の標識へ)<br>**印刷→綴りの固定化** | 開音節母音 **長化**<br>nāme<br>●無強勢母音 **消失**<br>name son king(e)s called<br>**大母音推移** find house see cool sea coat name | 子音消失 *-gh*(-)<br>●長子音消失 fill met(te)<br>無強勢音節摩擦音 有声化<br>*th*e wi*th* ha*s* hi*s* o*f* king(e)*s* |
| 1500<br>近代英語<br>1900 | **〈発音との乖離〉**<br>*重子音字, -e, 二重母音字による長短の表記<br>**〈正書法 確立へ〉**<br>*u*/*v*, *i*/*j* 用法確立<br>綴り字改革 | [u]→[ʌ]<br>cut come blood<br>円唇化 [wa]→[wɔ]<br>watch wash<br>*a*[æ] *eu*/*ew*[ju:] *au*/*aw* [ɔ:]<br>cat new law<br>[e:, u:] 短化<br>dead heavy; good look | 子音消失<br>*k*n- *g*n- *w*r-; -m*b* -n*g*;<br>knight wrong climb<br>{s,f}*t*{l,m,n}<br>often fasten castle<br>*l*{k,m,f,v}<br>folk talk calm<br>(-)V*r*(C(-)) (→代償長化)<br>bird far near<br>"ヴェルネルの法則"<br>ánxious-anxíety<br>口蓋化 (16–18C)<br>mission fortune educate |

発音・綴り字の歴史的変化

| | | |
|---|---|---|
| [iː] → [əi] | (→ [ai]) | find mild child wife time |
| [eː] → [iː] | | see cheese green agree |
| [ɛː] → [eː] → [iː] | | sea season each meat breathe |
| ↘ ([e]) | | bread head breakfast |
| | | great break steak yea; wear swear pear |
| [æː] → [ɛː] → [eː] | (→ [ei]) | name age take place change |
| [uː] → [əu] | (→ [au]) | house sound now town |
| ↘ | | country couple southern tough |
| ([u]) | (→ [ʌ]) | blood flood mȯther ȯther glȯve mȯnth dȯne |
| ↑ | | |
| [oː] → [uː] | | choose noon cool school prove moon |
| [ɔː] → [oː] | (→ [ou]) | load road coat over hope stone |

二重母音化した [əi], [əu] は 18 世紀に [ai], [au] になりました。wound, youth, you; southern, tough の ou は，規則に従えば [au] と発音すべきものですが，[uː], [ʌ] となっています。これらは，大母音推移を受けずに [uː] のまま残ったり，大母音推移が起きる前に [uː]→[u] と短化し，その後 [u]→[ʌ] の変化を受けたりしたもので，他の多くの ou を持つ語とは異なる変化をしたのにもかかわらず ou の綴りを維持したため，綴りと発音がずれることになりました (cf. p. 224)。

see [seː], sea [ɛː] の綴りに見られる ee と ea の使い分けは，[ɛː] が 2 段上昇し [eː] と合流し [iː] となったため，現代英語で綴り字上のみの違いになり，一部で，同音異義語を識別する機能を持つようになりました。ea の短音 [e] は，[ɛː] から [eː] になった段階で短音化したものです。ea を含む語のうち，great, break, steak, yea; wear, swear, pear などは例外です。綴りからは [briːk], [wiər] などとなるところで，他と同様の発達を経ていればこう発音されたはずですが，これらは 1 段上がったところで ā と合流し 18 世紀に [ei], [ɛər] となりました。

[ɔː] は [oː] (その後 [ou]) となりましたが，(a)broad [ɔː] はこの変化を受けず，発音と綴りがずれることになりました (cf. road [ou])。

## ii. ウムラウト

「ウムラウト」(Umlaut) とは [i(ː), j] が先行する後母音を同じ舌の位置の高さの前母音に変化させる現象です。英語が文献に現れ記録されるようになる前の，6 世紀頃に起きたと考えられています。例えば，[u] であれば後続の [i(:), j] に影響され [y] となりましたが，後に唇の円めがなくなり，最終的には [i] として現代英語に残っています（下の図で変化後の音は非円唇化した後のもの）。

形容詞 full に動詞語尾 -jan を付けると，fulljan となりますが，これがウムラウトにより fillan に変わります（j はウムラウトを引き起こした後，脱落）。これが後の音変化を経て fill となりました。food–feed, blood–bleed, doom–deem, tale–tell, sale–sell, knot–knit, gold–gild などに見られる母音の対応もウムラウトによるものです。次に挙げた動詞では原形と過去・過去分詞で母音が異なりますが，これは，語尾 -ian が付く原形ではウムラウトにより語幹の母音が前母音化したのに対し，過去・過去分詞では母音は変化しなかったためです（ただし，その後，別の変化を受けています）。

tell–told, sell–sold, think–thought, seek–sought, buy–bought, teach–taught

man–men, foot–feet, tooth–teeth, goose–geese, louse–lice, mouse–mice に見られる単数形と複数形の母音の違いもウムラウトに由来するもので，現在では落ちてしまっていますが，複数を表す語尾が i を含んでおり，それにより母音が変化したものと考えられています。

old の比較級 elder，最上級 eldest の e もウムラウトによるものですが，後にウムラウトを起こさない形 older, oldest も生じ，こちらが主に使われるようになった後は，elder, eldest は「年長」の意味に限定して使われるようになりました。first は元々 fore の最上級（古英語 fyr(e)st「最も前の」，cf. last）で，これもウムラウトによる母音の変化を被っています。

## iii. 開音節母音の長化と無強勢母音の弱化・消失

例えば，現代英語では name と綴って［neim］と発音し，日本人の感覚からは綴りと発音が乖離しているように思えますが，実はこの読み方は規則的なものであることを第 II 章で見ました。このような発音と綴りの対応関係が生じた経緯を大雑把にまとめると次のようになります。

| | 綴り | 発音 | |
|---|---|---|---|
| 古英語 | nămă | ［náma］ | 元々は発音と綴りは一致していた |
| 中英語 | năm*e* | ［námə］ | 弱音節の a が弱化し［ə］となり，e で綴られるように |
| | nām*e* | ［ná:mə］ | 強勢のある開音節で母音が長化 |
| | nāmɇ | ［na:m］ | 語末の［ə］の消失，-e は黙字／長音の標識に |
| 近代英語 | nāmɇ | ［ne:m］ | ［a:］＞［æ:］となった後，大母音推移で［e:］に |
| | nāmɇ | ［neim］ | その後，［e:］が二重母音化し［ei］に |

-e の存在によりその前の音節が開音節となり，母音が長音となっていたわけですが，-e が発音されなくなった後も，-e があれば前の母音が長音であることがわかるため，長音を示す標識として使われるようになりました。-e が長音の標識として確立すると，元々 -e が付いていなかった語にも，長音の標識として e が付けられるようになりました。

語末，語中の［ə］は 12 世紀から 15 世紀にかけ消失していきますが，複数，過去の接辞に含まれるものも（現在，-es［iz］, -ed［id］となるケースを除き）同様に脱落しました。

take［tá:kə］＞［ta:k］，kinges［kíŋgəz］＞［kiŋgz］，called［kɔ́:ləd］＞［kɔ:ld］

## iv. 同器性長化

古英語期に，調音点が同一あるいは類似しているものの，調音方法が異なる 2 子音の前の母音が長化する「同器性長化」と呼ばれる音変化が起きました（cf. pp. 49–50）。例えば，findan（find）では，［n］と［d］が有声の歯茎鼻音，歯茎破裂音で調音点が同じで調音方法が異なりますが，このような環境で，直前の母音［i］が長化しました（fĭndan［-i-］→ fīndan［-i:-］）。一度長化した後，再度短化するものもありましたが，chīld, mīnd などはこのとき長化したものが現在まで残ったものです。現在，clīmb の b は黙字ですが，昔は発音されていて m と共に母音の長化を引き起こしました。chĭldren（＜OE cildru[10]）では，後続子音 r により長化が阻止されたため，母音は短音のままになっています。wīld, hīnd の長音も同器性長化によるものですが，wĭlderness, bewĭlder, 動詞 hĭnder（cf. 形容詞 hīnder）, hĭndrance では長化は起きなかったため，発音がずれることになりました。

名詞 ground も同器性長化により grŭnd → grūnd と変化したものに由来します。動詞 bīnd–bòund, fīnd–fòund などで，原形と過去形・過去分詞ともに母音が長音となっているのは，同じ理由によるものです。field の［iː］も ld の前で e が長音化し，後にそれを ie で表記するようになったものです。

## v. 母音の短化

古英語期に，接辞等が付き閉音節となった（子音連続が生じた）場合に，語幹の母音が短化することがありました。

| | | |
|---|---|---|
| wĭdth | ＜wīde＋th | gŏspel ＜good＋spell（良い知らせ，福音） |
| wĭsdom | ＜wīse＋dom | shĕpherd（羊飼い，牧羊犬）＜sheep＋herd（牧夫） |
| Chrĭstmas | ＜Chrīst＋mas | kĕpt ＜cĕpte ＜cēpte |

第 III 章で，**強弱弱（強弱強）**の強勢パターンで終わる語で，最初の**強**の部分が短音化する「3 音節短音化（弛緩音化）」と呼ばれる現象について見ましたが(p. 87)，これは，古英語期から中英語期に生じた音変化に由来します。

| | | | | | |
|---|---|---|---|---|---|
| hōly | serēne | divīne | profāne | derīve | provōke |
| hŏliday | serĕnity | divĭnity | profănity | derĭvative | provŏcative |

---

[10] 現代英語の children は，ox–oxen に見られる複数語尾 -en が追加されてできた形で，複数形にさらに複数を表す語尾が付いていることから，「二重複数（形）」と呼ばれます。brethren（単 brother）, kine（単 cow）も二重複数です。上で見たとおり，mouse-mice の母音の違いはウムラウトによるものですが，古英語では単数形 mūs［muːs］に対し複数形 mȳs［myːs］となり，母音の違いで複数形であることが示されていました。cow も同様に，単数形の cū［kuː］に対し複数形は cȳ［kyː］で，現代英語では cow［kau］–kie（kye）［kai］となるところですが，複数形にさらに複数語尾が追加され，kine［kain］となっています。

## vi. 摩擦音での有声無声の対立

古英語では摩擦音 [f, v], [θ, ð], [s, z] では有声・無声の対立がなく，有声音に挟まれれば有声音，それ以外では無声音として発音されていました。第II章で，belief–believe, hous̊e–hous̆e, bat̊h–bat̆he のように，派生関係のある語の組で有声・無声の違いが見られる場合，有声音は動詞のほうとなることを見ましたが(pp. 52–53)，これも古英語の発音の規則に由来します。古英語では house は名詞が hūs，動詞が hūsian でした（長母音 ū は中英語期にアングロ・ノルマン写字生によりフランス語式に ou と綴られるようになります)。古英語では，摩擦音においては有声・無声の対立はなく，有声音に挟まれたときは有声音，それ以外では無声音となりました。したがって，語幹 hūs に語尾 -ian が付くと，語幹末の摩擦音 s は有声音（この場合母音の u と i）に挟まれることになり，有声音 [z] として発音されました。中英語期に無強勢母音の弱化により語尾の母音が曖昧母音になり，最終的に消失した後も有声音として残り，名詞 hous̊e–動詞 hous̆e の対立が生じました。名詞の複数形は古英語では hūs でしたが，後に -as / -es を付けた形が生じ，やはり hūs̆es と s は有声音になりました。その後，弱音節において摩擦音の有声化が起き（e.g. is, with, than)，複数接尾辞の -es においても s が有声化しました。語幹の長母音 ū [uː] は，中英語末から近代英語初頭にかけて起きた大母音推移により二重母音化し，house [-au-] となりました。現代英語の hŭs̆b*a*nd は古英語 hūsbonda（家の主人）から来ていますが，hus- の s [z] が有声音なのは動詞の場合と同じ理由（s が有声音の u と b に挟まれている）で，母音は 2 子音の連続 sb により閉音節となることにより短化されたものです（cf. wise–wisdom, wide–width, keep–kept)。

〈**hous̊e** 名詞単数，**hous̆es̆** 名詞複数；**hous̆e** 動詞；**hŭs̆band** の関係〉

| | | |
|---|---|---|
| OE | hūs̊ | 名詞，ū [uː] |
| | hūs̆ian | 動詞接辞 -ian，有声音間の s は[z]，弱音節母音は弱化・脱落 |
| | hŭs̆bonda | 2 子音連続の前の u は短化，無強勢の o, a は弱化・脱落 |
| ME | hūs̆es̊ | 新しい複数形 |
| | hous̆es̊ | アングロ・ノルマン写字生：ū → ou |
| | hous̆es̆ | 弱音節摩擦音の有声化 |
| | [húːzəz] | |
| ModE | [háuzəz] | 大母音推移：[úː] → [áu] |

possess, presume, observe などの s [z] は，近代英語期に有声音に挟まれた s [s] が有声化したものです。

## vii. 弱強勢音節での摩擦音の有声化

14～15 世紀頃，冠詞・前置詞など強勢を持たないことが多い機能語の語頭・語末で摩擦音が有声化しました (e.g. the, with, has, his, of)。through のように th の後に r が来る場合は無声音のままです。

of と off は元々同じ語でしたが，副詞用法，強勢を持つ前置詞が off，その他が of として分化しました。強勢が来ない of では f が有声音化し [v] となりましたが，強勢付きの off では無声音のままです。that, this などは強勢が置かれる場合も有声化しました。fòrthwíth, hèrewíth, thèrewíth, whèrewíth では with に強勢が来ますが，これらの語には th が無声音のままの発音もあります。

第II章で見たとおり(p. 53)，x は無強勢母音と母音の間で ẍ [gz] という発音になりますが，これは歴史的には 15 世紀から 17 世紀のフランス借入語で生じた有声音化によるものです。デンマークの言語学者イェスペルセン (Jespersen) は「ヴェルナー (ヴェルネル) の法則」(ゲルマン祖語における音韻推移の法則の 1 つで，無強勢母音の直後の子音が有声化する現象) になぞらえ，“Verner’s law in English” と呼んでいます(cf. p. 54)。

| | | | | | |
|---|---|---|---|---|---|
| ánx̊ious | lúx̊ury* | èx̊hibítion | éx̊it* | éx̊ercise | |
| anẍíety | luẍúrious | eẍhìbit | eẍíst | eẍért | eẍámine |

*x が有声化した発音もある

## viii. 重子音の単音化

古英語で 2 つ分発音されていた重子音は，中英語期に単子音の発音となりました (e.g. tt [tt]→[t], mm [mm]→[m], ll [ll]→[l])。例えば fill [fil] は古英語では fyllan [fyllan] で，ll は書いたとおり [ll] と 2 文字分発音されていました。元々 2 つ分発音していたので，先行音節は閉音節になり母音は短母音となりましたが，単音化した後は，重子音字は先行母音が短いことを示す標識として機能するようになりました (OE sumor ＞ summer)。

## ix. 子音の脱落

star*r*t［stɑ:t］(BrE), *k*nig*h*t, fas*t*en, ta*l*k などに含まれる黙字は，元々発音されていたものが，活版印刷の導入などの影響により綴り字が固定化していく中で，脱落後も綴り字に残ったもので，脱落したものの多くは，歴史的に見ると比較的新しく，近代英語期のことです。pp. 210–211 でも見ましたが，次のようなものがあります。

- *k*n- *g*n- *w*r- -m*b*: knight, knife, gnaw, wrong, climb, lamb
- -{s/f}*t*{l/m/en}: castle, Christmas, christen, often, fasten, soften
- -*l*{k/m/f/v}: folk, talk, calm, palm, half, halve

-ng の g が脱落したのも近代英語期です。元々［ŋ］は k, g の前で同化により生じる n の発音の 1 つでしたが，［g］が脱落することで，thin と thing は［n］と［ŋ］の違いで区別されるようになりました。

thin ［θin］ → thin ［θin］
thinğ ［θiŋg］ → thin͡g ［θiŋ］
think ［θiŋk］ → think ［θiŋk］

## x. 口蓋化

［i］が半母音化した［j］あるいは u の長音［ju:］が弱化した音に含まれる［j］が，前の子音字と一緒になって口蓋音化したのは，近代英語期のことです[11]。発音だけを考えれば，mission, fortune を mishon, forchun のように綴ることも可能ですが，綴りは変更されず，現在に至っています。

［sj］ →［ʃ］: mission
［zj］ →［ʒ］: vision
［tj］ →［tʃ］: fortune; question（s の後で）
［tj］ →［ʃ］: expectation（s の後以外で）
［dj］ →［dʒ］: educate

11　弱音節における口蓋化については，第 II 章，pp. 60–61 を参照。

## xi. その他の母音の変化

u の短音は元々［u］でしたが，16 世紀半ばから変化し［ʌ］になりました。lȯve, cȯme などの ȯ［ʌ］は元々 u で綴られていたものが，u/v, m, n などの前後で o で綴られるようになったもので（cf. pp. 166, 212），同じ音変化を被っています。一部の単語は［u］を保持し，put は［pʌt］とはなりませんでした（cf. pŭtt［pʌt］, bŭt）。blood［blʌd］のように，大母音推移により［oː］→［uː］と変化した後，短化し［u］となり，この変化を被ったものもあります。綴りは oo ではありませんが，brȯther, mȯther, ȯther, glȯve, mȯnth, Mȯnday, dȯne なども，blood と同じ変化を経たものです。none, nothing, one, once の［ʌ］は他の方言の発音が入ってきたもので，これらの音変化によるものではありません（cf. pp. 211–12）。country［kʌ́ntri］, southern［sʌ́ðərn］のように ou で［ʌ］を表すものがありますが，これらは大母音推移で［uː］が二重母音化する前に短化し，上記の音変化を経たものです（cf.「i. 大母音推移」，pp. 215, 217）。

他の音変化も含めてまとめると，以下のようになります。

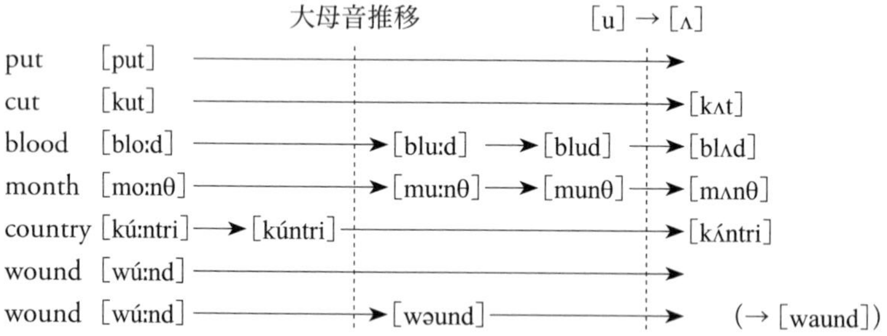


new, dew などの ew/eu は元は「エ(ー)ウ」と発音していましたが，中英語期末までに［eːu］,［ɛːu］から［iu］へと変化し，［yː］→［iu］と変化した u の長音と合流し，同じ［juː］という音になりました。同じ音を表すようになったため，綴り字が入れ替わったりすることもありました。

中英語［au］は近代英語では［ɔː］となりました。August「8 月」を「アウグストゥ」と読んだら笑われてしまうかもしれませんが，元々，ローマ帝国の初代皇帝アウグストゥス（Augustus）にちなんで付けられた名称ですから，昔は書いたとおり読んでいたわけです。law も昔は「ラウ」でした。

中英語［ai］［ei］は合流し［ei］となり，rain と rein は同じ発音になりました。aの長音は大母音推移で［eː］となりましたが，その後二重母音化したため，aも［ei］を表す綴り字となり，その結果，［ei］という発音をai/ay, ei/ey, aという異なる綴り字で表すことになりました（cf. vain, vein, vane）。

wに続く［a］は，近代英語期にwの影響で唇が円みを帯び，［ɔ］と発音されるようになりました（e.g. wash, swan, quality, wharf）[12, 13]。この変化が起きたときには，aの長音はすでに前母音化しており（cf. 大母音推移），この音変化は受けませんでした（cf. wan（＝wŏn）vs. wane（≠wōne），war（＝wo͡r）vs. ware（≠wo͞re））。古英語の長音ūは中英語ではou/owで綴られるようになり，wの後ろでu → oの書き換えがされたのは短音のみであったので，これらの事情が合わさり，“後母音字a, uが短音の場合，wの後ろで1段階上がる（ă → ŏ, ŏ → ŭ）”ように見えることになりました（cf. 第II章，pp. 41–42）。

| | | | | |
|---|---|---|---|---|
| 古英語 | wă | wā | wŭ | wū |
| 中英語 | wă | wā | wo（＝wŭ） | wou |
| 近代英語 | wa（→ wŏ） | wā | wo（＝wŭ） | wou |

swan（＝swŏn）– swăm（≠swŏm）の対比からわかるように，この規則は活用形に生じるwaの連続には適用されません。wによる影響よりも活用のパターン（-ĭ- -ă- -ŭ-）のほうが優先するためです。

| | | |
|---|---|---|
| swĭm | swăm | swŭm |
| drĭnk | drănk | drŭnk |
| sĭng | săng | sŭng |

woのほうは，少し話が複雑です。worm（＝wu͡rm）– wo͡rn（≠wu͡rn）の対比からは，「後母音字のa, oが短音の場合，wの後ろで1段階上がる」という規則は，活用形に生じるwoの連続には適用されないように見えますが，won（＝wŭn）では適用されています。これは，wonのoが元々uをoで綴っ

12 wax, wagなど軟口蓋音［k, ɡ, ŋ］が後続する場合はこの変化を受けませんでした。

13 その後，アメリカでは他の環境のoの短音（e.g. hop）と同様に［ɑ］になりました。ニューイングランド植民地開拓の基礎を作った「ピルグリム・ファーザーズ」（Pilgrim Fathers）と呼ばれる清教徒たちが，メイフラワー号でイギリスから北米に移住したのが1620年のことなので，［ɑ］の発音はそれ以後に生じたものということになります。

たものであるのに対し，worn の o は元々 o であったという違いによります[14]。このように，wa の場合と同様 wo でも活用形では上の規則は適用されないことは，下記のように同じタイプの活用をする他の不規則動詞と比較してみるとわかります。

| | | | | | |
|---|---|---|---|---|---|
| wear | wōre | wôrn | wĭn | wȯn | wȯn (ȯ＝ŭ) |
| tear | tōre | tōrn | dĭg | dŭg | dŭg |
| bear | bōre | bōrn(e) | hăng | hŭng | hŭng |

イギリス英語で見られる［f, θ, s］の前の ä［ɑː］(e.g. half, path, pass, grass, ask）は，17 世紀に起きた変化によるもので，アメリカ英語では古い発音を残し，短音 ă［æ］のままです。

**・音位転換**

「あらたし」が「あたらし」，「さんざか」（山茶花）が「さざんか」，「あきばはら」（秋葉原）が「あきはばら」となったりと，語中の音の位置が入れ替わる現象を「音位転換」（metathesis）と呼びます。

bird は古英語では brid(d)で，現在の形は i と r が音位転換を起こしたものに由来します。third も古英語では thridda で同様の音変化により生じたものです。thirteen, thirty も同じ音変化によるものですが，元の three では音位転換が起きていないので，r と母音の位置が違う結果になりました。

ask も古英語 acsian が ascian と変化したものに由来します。［sk］と［ks］は入れ替わりやすいようで，非標準的な発音ですが，現代英語でも ask, asked, asking, asks が［ɑːks］,［ɑːkst］,［ɑːksɪŋ］,［ɑːksɪz］と発音されることがあります。

---

14 wear は元々現在の規則動詞に相当する弱変化動詞で，不規則動詞としての変化は swear のような強変化動詞の変化からの類推によると考えられます。word は古英語 wōrd に由来し，o の綴りは変わっていませんが［oː］→［uː］→［u］の変化を経て現在の発音となったものです。

※※※※※※※※※※※※※※※※※※※※※※※※※※※※※※※※※※

この章が最終章です。第I章の調音音声学から始まり，第II〜IV章で現代英語の綴り字と発音の仕組みについて考察した後，第V章で文字の種類・発達・用法を確認し，第VI・VII章でアルファベット，英語の書記体系の歴史的な成立過程について見ました。ここまでの内容を踏まえ，現代英語の発音と綴り字を扱った第II・III章を読み直せば，新たな発見などもあり，理解がさらに深まるでしょう。

# 付　　録

# A. 本書で用いた表記の一覧

| | | | |
|---|---|---|---|
| **A** | ă | [æ] | mad national |
| | ā | [ei] | made nation |
| | âr | [ɑːr] | car |
| | ār | [eər] | care |
| | au/aw | [ɔː] | cause law |
| | ai/ay | [ei] | daily mail day stay |
| | aur | [ɔːr] | aural centaur |
| | air | [eər] | hair |
| | ä | [ɑː] | father |
| | a̮l | [ɔːl] | tall wall |
| | a̮ł | [ɔː] | talk walk |
| | ă̄ł | [æ\|ɑː] | half calf |
| | *a* | [ə] | ago |
| | *ar* | [ər] | collar |
| | *ai/ay* | [$\overset{\text{i}}{\text{ə}}$] | certain Sunday |
| | ȧ | [$\overset{\text{i}}{\text{ə}}$] | private |
| **B** | b bb | | bee lobby |
| **C** | č | [k] | cat cream music |
| | ċ | [s] | city ace |
| | ch | [tʃ] | child touch |
| | ck | [k] | back |
| | c̮i | [ʃ$\overset{\text{i}}{\text{ə}}$] | precious special |
| | c̮e | [ʃ$\overset{\text{i}}{\text{ə}}$] | ocean oceanic |
| **D** | d dd | | ad add |
| | dġ | [dʒ] | badge judgment |
| | d̮i | [dʒ$\overset{\text{i}}{\text{ə}}$] | immediate soldier |
| | d̮u | [dʒ$\overset{\text{u}}{\text{ə}}$] | verdure educate |
| **E** | ĕ | [e] | met |
| | ē | [iː] | mete |
| | ë | [ei] | suede |
| | êr | [əːr] | her |
| | ēr | [iər] | here |
| | ee | [iː] | meet |
| | ēa | [iː] | heat |
| | ĕa | [e] | head |
| | eu/ew | [juː] | neutral feudal few new |
| | ei/ey | [ei] | feint obey |
| | eer | [iər] | deer |
| | ēar | [iər] | hear |
| | êar | [əːr] | heard |
| | eur | [juər] | neural neuron |
| | eir | [eər] | heir |
| | *e* | [ə] | fuel often |
| | *er* | [ər] | runner |
| | ė | [$\overset{\text{i}}{\text{ə}}$] | college rely |
| | *ey* | [i] | money |
| | *eu* | [j$\overset{\text{u}}{\text{ə}}$] | pneumonia |
| **F** | f ff | | off |
| **G** | ğ | [g] | go green bag |
| | ġ | [dʒ] | giant age gym |
| | g̮ | [ʒ] | mirage potage |
| | g̮i | [dʒ$\overset{\text{i}}{\text{ə}}$] | region |
| | g̮e | [dʒ$\overset{\text{i}}{\text{ə}}$] | pigeon |
| | gụ | [gw] | language |
| | gʉ | [g] | guide league |
| **H** | h | | hot heat |
| **I** | ĭ | [i] | sit mint |
| | ī | [ai] | site mind |
| | îr | [əːr] | fir skirt |
| | īr | [aiər] | fire |
| | i̮e | [iː] | piece belief |
| | i̮er | [iər] | pier tier fierce |
| | ï | [iː] | machine liter |
| | īg̶h̶ | [ai] | high right |
| | *i* | [$\overset{\text{i}}{\text{ə}}$] | visit happily |
| | *ie* | [i] | rookie |
| | *ir* | [ər] | elixir tapir |
| | ị | [j] | opinion million view |
| | ị̆ | [$\overset{\text{i}}{\text{j}}$] | lenient salient |
| **J** | j | [dʒ] | joy judge |
| **K** | k | | kick kiss |
| **L** | l ll | | until till |
| **M** | m mm | | swimmer |

| | | | |
|---|---|---|---|
| **N** | n nn | | run runner |
| | n̂g | [ŋ] | singer long wing |
| | nğ | [ŋg] | finger longer English |
| **O** | ŏ | [ɑ\|ɔ] | hop pod |
| | ō | [ou] | hope pole |
| | ôr | [ɔːr] | forty |
| | ōr | [ɔːr] | before |
| | o͞o | [uː] | mood pool |
| | o͝o | [u] | look hood |
| | oor | [uər] | poor |
| | oa | [ou] | boat oath |
| | oar | [ɔːr] | oar roar |
| | ȯ | [ʌ] | mother front |
| | ȯu/ȯw | [au] | out south cow owl |
| | ȯur | [auər] | flour hour |
| | ȯwer | [auər] | flower tower |
| | ōu/ōw | [ou] | shoulder soul low mow |
| | oi/oy | [ɔi] | oil coin boy toy |
| | ö | [ɔː] | dog lost AmE |
| | *o* | [ə] | purpose |
| | *ou* | [ə] | famous |
| | *or* | [ər] | mirror |
| **P** | p pp | | put upper app |
| | ph | [f] | photo graph |
| **Q** | qu (qu̦) | [kw] | quick |
| | qua̯ | (quo) | quality quarter |
| | -q~~ue~~ | [k] | technique picturesque |
| **R** | r rr | | ride mirror |
| **S** | s (s̊) ss | | sign distrust boss |
| | s̈ | [z] | design disaster |
| | sh | [ʃ] | ship dish |
| | si̯ | [ʃ$\overset{i}{ə}$] | mission |
| | s̈i̯ | [ʒ$\overset{i}{ə}$] | decision |
| | su̯ | [ʃ$\overset{u}{ə}$] | pressure |
| | s̈u̯ | [ʒ$\overset{u}{ə}$] | pleasure |
| **T** | t tt | | put latter |
| | tch | [tʃ] | catch |
| | t̊h | [θ] | worth bath |
| | ẗh | [ð] | worthy bathe |
| | tu̯ | [tʃ$\overset{u}{ə}$] | nature natural |
| | ti̯ | [ʃə] | nation national |
| | sti̯ | [tʃə] | question |
| **U** | ŭ | [ʌ] | cut |
| | ū | [juː] | cute |
| | ûr | [əːr] | cur fur |
| | ūr | [juər] | cure |
| | ü | [uː] | rule super |
| | u̇ | [u] | full pull bull |
| | *u* | [ə] | album |
| | *ur* | [ər] | Saturday murmur |
| | *ū* | [j$\overset{u}{ə}$] | ridiculous |
| | *ūr* | [j$\overset{u}{ə}$r] | picture nature |
| | u̦ | [w] | quick linguist persuade |
| **V** | v | | even vivid |
| **W** | w | | win week |
| | wh | [*h*w] | when why |
| | wa̯ | (wo) | war warm |
| | wo̯ | (wu) | won worm |
| **X** | x (x̊) | [ks] | execute box |
| | ẍ | [gz] | executive |
| | ẋ | [z] | xylophone |
| | xu̯ | [kʃ$\overset{u}{ə}$] | luxury |
| | ẍu̯ | [gʒ$\overset{u}{ə}$] | luxurious |
| | xi̯ | [kʃ$\overset{i}{ə}$] | obnoxious |
| **Y** | y | [j] | yard |
| | y̆ | [i] | gym |
| | ȳ | [ai] | cycle apply |
| | ŷr | [əːr] | myrtle gyrfalcon |
| | ȳr | [aiər] | tyre lyre |
| | *y* | [$\overset{i}{ə}$] | hobbyless |
| | *yr* | [ər] | martyr zephyr |
| **Z** | z zz | | zebra buzz |
| | zu̯ | [ʒ$\overset{u}{ə}$] | seizure azure |
| | zi̯ | [ʒ$\overset{i}{ə}$] | glazier |

[$\overset{i}{ə}$]は[i]または[ə]あるいは脱落することを表す。/ – などの消し線付きは黙字。

# B. 各文字の読み方

## i. 母音字の読み方

### a) 母音字の長音と短音

・母音字 1 字の短音(v̆) と長音(v̄) (☞ p.23) ・r による変化 (☞ p. 24)

| | 短音 | 長音 | 例 |
|---|---|---|---|
| **a** | ă [æ] | ā [ei] | măd – māde |
| **e** | ĕ [e] | ē [iː] | mĕt – mēte |
| **i** | ĭ [i] | ī [ai] | sĭt – sīte |
| **o** | ŏ [ɑ\|ɔ] | ō [ou] | hŏp – hōpe |
| **u** | ŭ [ʌ] | ū [juː] | cŭt – cūte |
| **y** | y̆ [i] | ȳ [ai] | gy̆m – bȳte |

| | 「短音」 | 「長音」 | 例 |
|---|---|---|---|
| **ar** | a͡r [ɑːr] | a͞r [eər] | ca͡r – ca͞re |
| **er** | e͡r [əːr] | e͞r [iər] | he͡r – he͞re |
| **ir** | i͡r [əːr] | i͞r [aiər] | fi͡r – fi͞re |
| **or** | o͡r [ɔːr] | o͞r [ɔːr] | fo͡r – fo͞re |
| **ur** | u͡r [əːr] | u͞r [juər] | cu͡r – cu͞re |
| **yr** | y͡r [əːr] | y͞r [aiər] | ty͞re |

・二重母音字 (*ĕa, o͝o 以外は長音扱い) (☞ p. 25)

| | 母音字 2 字による長音 | | 例 | |
|---|---|---|---|---|
| **a_** | | au aw　ai ay | | auto　mail |
| | | [ɔː]　[ei] | | law　may |
| **e_** | ee　ēa　ĕa* | eu ew　ei ey | see　sēa | neutral　feint |
| | [iː]　[iː] [e] | [juː]　[ei] | hĕad | new　they |
| **o_** | o͞o　o͝o*　oa | ȯu ȯw [au]　oi oy | so͞on　boat | out cow　oil |
| | [uː] [u] [ou] | ōu ōw [ou]　[ɔi] | bo͝ok | soul low　boy |

・二重母音字＋r (*e͡ar を除き，r を除いた母音字の部分を長音に準じて扱う) (☞ p. 26)

| | 後続の r による変形 | | 例 | |
|---|---|---|---|---|
| **a_** | | aur　air | | dinosaur　hair |
| | | [ɔːr]　[eər] | | |
| **e_** | eer　e͞ar　e͡ar* | eur　eir | deer　he͞ar | neural　heir |
| | [iər] [əːr] | [juər]　[eər] | he͡ard | |
| **o_** | oor　oar | our | poor　roar | sour |
| | [uər]　[ɔːr] | [auər] | | |

・その他の長音・短音（☞ pp. 27, 29）

長音（短音の発音もある ă̄, ŏ̄ を除き長音扱い）

| | |
|---|---|
| ä [ɑː] | fäther, gräss BrE, miräge, läger |
| ë [ei] (＝ā) | suëde, bëta (bēta) |
| ï [iː] (＝ee) | machïne, gasolïne, lïter, trïo, skï |
| ö [ɔː] (＝au) | löst AmE, dög AmE |
| ü [uː] (＝o͞o) | rüle, süper, rüby |
| ie [iː] (＝ee) | piece, chief, field, believe, relief |
| ier [iər] (＝eer) | pier, tier, pierce, fierce, cashier |

短音

| | |
|---|---|
| ȯ [ʌ] (＝ŭ) | ȯther, mȯther, brȯther, ȯven |
| u̇ [u] (＝o͝o) | pu̇t, fu̇ll, pu̇ll, pu̇sh, cu̇shion |

cf. 長音・短音の比較

| | | | |
|---|---|---|---|
| pōle | löst | ȯther | pŏt |
| mūle | rüle | pu̇t | pŭtt |

b）音節構造と母音の長短（☞ p. 30）

1）語末の強勢付き母音字は長音として発音する　pī [pái]　cv̄

2）語末の子音字の前の強勢付き母音字は短音として発音する　pĭn [pín]　cv̆c
（例外．-īnd -īld -ōld -ōlt -ōst; -īgh(t)）

3）子音字 1 つと e が続き単語が終わる強勢付き母音字は長音として発音し，語末の e は発音しない　pīne [páin]　cv̄ce

4）重子音字の前の強勢付き母音字は短音として発音する　pĭnning [píniŋ]　cv̆cc-

c）強勢の有無と長音・短音の対立（☞ pp. 36–38）

不定冠詞の発音

| 強勢がある場合 | 強勢がない場合 |
|---|---|
| ā [éi] | a [ə] |
| ăn [ǽn] | an [ən] |

強勢のない音節では，母音が弱化し，長短の対立が失われる

{ā́te[eit] / prívate[ət]}　{ā́ge[eidʒ] / víllage[idʒ]}　{gráduāte *v*[eit] / gráduate *n*[i/ət]}　{ā́ble[eibl] / éatable[əbl]}　{fā́ce[eis] / súrface[i/əs]}　{allḗge[edʒ] / cóllege[idʒ]}

{expérimḗnt *v*[ent] / expériment *n*[ənt]}　{pṓse[ouz] / púrpose[əs]}　{trū́ce[uːs] / léttuce[əs]}　{suffī́ce[ais] / óffice[is]}　{cȳ́cle[ai] / bícycle[i]}　{trȳ[ai] / mínistry[i]}

d) 弱母音（強勢のない音節に現れる母音）（☞ p. 38）

| | | |
|---|---|---|
| [ə] | *a, e, o, u, ou* など | agó, fúel, cómmon, álbum, fámous |
| [ər] | *ar, er, ir, or, ur, yr* | cóllar, swímmer, circumflúent, mírror, Sáturday |
| [i, ə] | i, *y, ie*, ė, | vísit, cíty, róokie, rėmémber, apóstrophė; |
| | *ai, ay, ey*, ȧ | cértain, Súnday [-di], mónkey, víllȧge |
| [*j*u, *j*ə] | *ū, eu* | cúmulate, ridículous, pneumónia [n*j*u-, (n*j*uː)] |

e) 開音節に生じる母音（☞ pp. 39–40）

短音（ă, ĕ, ŏ, ŭ, o͝o, ĕa など）は開音節には生じない。したがって，開音節に生じるのは長音（長母音・二重母音）と弱母音である。

f) 母音の三角形――前母音字 e i (y)・後母音字 a o u（☞ pp. 40–41）

g) w/qu の後の後母音字の発音（☞ pp. 41–43）

| | | | | | |
|---|---|---|---|---|---|
| w | u | o | a | 例 | 長音，活用形は対象外 e.g. ware, swam (cf. swan) |
| | | ŏ←ă | | want →(wŏnt) | qua → quo となることがある (quo ↛ quu) |
| | | | | war →(wôr) | e.g. qualify, squat, quarter |
| | | | | | cf. quaff/quăff; quŏd, quŏndam |
| | ŭ←ŏ | | | won →(wŭn) | 軟口蓋音 [k, g, ŋ] が続く場合は対象外 |
| | | | | world→(wûrld) | e.g. wăx, wăg, twăng, quăck |

h) i と y：語末に i は使えず，y を使うか ie と綴る（☞ pp. 43–45）

| | | | |
|---|---|---|---|
| cit*i* | → city | | |
| | → cit*i* | ＋-(e)s | → cities |
| cook*i* | → cooky | | |
| | → cookie | | |
| | → cook*i* | ＋-(e)s | → cookies |
| dr*i* | → dry | | |
| | → dr*i* | ＋-er | → drier |
| d*i* | → die | | |
| | → d*i* | ＋-ed | → died |
| | → dy | ＋-ing | → dying |
| d*i* | → dye | ＋-ed | → dyed |
| | → dye | ＋-ing | → dyeing |
| beaut*i* | → beauty | | |
| | → beaut*i* | ＋-ful | → beautiful |

語尾に i が現れるのは外来語(に由来する接辞)

e.g. イタリア語 spaghetti, graffiti；ラテン語 foci, magi；ノルウェー語 ski
外来の接辞 -i Bangladeshi, Kuwaiti, Iraqi, Israeli, Pakistani

i）語尾の u と w：本来語は u で終わらず，w か ue を使う(例外 Slav, rev)
(☞ pp. 45–46)

j）l の前の a と o の発音（☞ pp. 46–50）

・al の発音

| | | |
|---|---|---|
| 1）āl | [eil] | tale, scale, gale, halo, kale, male, pale, sale, Salem, salient, vale, valence, Yale, scale, stale |
| 2）ăl | [æl] | calendar, balcony, balance, gal, galaxy, gallery, hallow, Halloween, malady, malice, pal, palace, palate, rally, salad, salary, sally, talc, talent, talon, valance, valid, valley, valorize, valve, scalp, shall, shallop, shallow |
| 3）ăł | [æ] | salmon |
| 4）ă̈ł | [æ\|ɑː] | half, calf (cf. stă̈ff, gră̈ss) |
| 5）a̮l (＝aul) | [ɔːl] | always, call, malt, Balkan, cobalt, false, halt, hall, halter, Maltese, palsy, palter, tall, walnut, Walt, Walter, walts, scald, skald, small, stall, stalwart, squall, withal |
| 6）a̮ł (＝au) | [ɔː] | talk, balk, calk, stalk, walk |
| 7）äł/äl/(ŏl) | [ɑː(l), ɑl] | calm, palm, balm, psalm, alms, malmsey, palmer |
| 8）äl | [ɑːl] | taler |

その他 falcon, almond (a̮l/a̮ł/ăl/ăł) [ɔː(l) æ(l)], salve [æ|æl, ɑː], Salzburg [ɔːl|æl], Yalta [ɔːl|æl], scallop (ŏl/ăl) [ɑ, æ], valse [ɑːl, æl, ɔːl]

・ol の発音

| | | |
|---|---|---|
| 1）ōl | [oul] | a. bole, cole, dole, condole, hole, whole, mole, pole, role, sole, console, holy, moly, Polish, stolen |
| | | b. old, cold, colt, hold, holt, fold, revolt, bolster, boll, roll, toll, control, patrol, poll (投票) |
| 2）ōł(ōl) | [ou(l)] | folk, yolk, holm, Holmes |
| 3）ŏl | [al\|ɔl] | a. doll, loll, poll (普通卒業者) |
| | | b. folly, jolly, hollow, holly, polish, troll(e)y, abolish, demolish, diabolic, metabolic, symbolic, solid |

## ii. 子音字の読み方

a）1 音価の子音字：b d f h j [dʒ] k l m n p r t v w y [j] z（☞ pp. 50–52）

子音字の組み合わせ

1. 重子音字：bb (lobby), dd (add), ff (off), ll (tell), mm (summer), nn (tunnel), pp (happy), rr (mirror), ss (boss), tt (putt), zz (buzz)
2. ch [tʃ] (child), tch [tʃ] (match), ck [k] (back), ng [ŋ] (sing), ph [f] (photo), qu [kw] (quick), sh [ʃ] (ship), wh [*h*w] (why)

b）s と th の発音（☞ p. 52）

| | | | | | | | |
|---|---|---|---|---|---|---|---|
| s [s] | close *a*; | books | | sign | distrust | | |
| s̈ (＝z) | clos̈e *v*; | bags̈ | ros̈es̈ | des̈ign | dis̈aster | | |
| th [θ] | south | worth | bath *n* | breath *n* | mouth *n*; | thin *a* | thigh *n* |
| ẗh [ð] | souẗhern | worẗhy | baẗhe *v* | breaẗhe *v* | mouẗh *v*; | ẗhan *conj* | ẗhy *pron* |

*n*＝名詞，*a*＝形容詞，*conj*＝接続詞，*pron*＝代名詞

c）環境によって発音が変わるもの

ア）x の発音（☞ p. 53）

| | | |
|---|---|---|
| 語頭 | ẋ [z] | ẋylophone, ẋenon, ẋerox |
| 無強勢母音と母音の間 | ẍ [gz] | *e*ẍhíbit,　*e*ẍécutive, *e*ẍíst,　*e*ẍháust |
| その他 | x̊ [ks] | èx̊hibítion, éx̊ecùte;　ex̊*p*ress, ex̊*h*ale; box̊, fix̊ |
| | | cf. exit, exile, luxurious; exhortation |

イ）c, g の発音（☞ p. 54）

| | | | | | |
|---|---|---|---|---|---|
| ・c | e, i, y の前 | → [s] | | 「軟音の C」 | ace, city, spicy　cf. Celt |
| | その他 | → [k] | | 「硬音の C」 | cat, come, cut, cream, music |
| | cf. picnicking, panicked; focus–foci; specification–spec, bicycle–bike | | | | |
| ・g | e, i, y の前 | → [dʒ]* | | 「軟音の G」 | age, giant, gym |
| | その他 | → [g] | | 「硬音の G」 | gate, got, gum, green, bag |
| | *c と比べ例外が多い。e.g. girl, give, get　cf. guitar, guide; goose–geese | | | | |
| ・sc | e, i, y の前 | → (ss) | → [s] | | scene, science, scythe |
| | その他 | → (sk) | → [sk] | | scale, scope, sculpture, screen, disc |
| ・cc | e, i, y の前 | → (ks) | → [ks] | | accent, succinct |
| | その他 | → (kk) | → [k] | | account, accurate, accrete |
| ・xc | e, i, y の前 | → (kss) | → [ks] | | exceed, excellent, excite |
| | その他 | → (ksk) | → [ksk] | | exclude, excuse, excavate |
| ・cqu | | → (kkw) | → [kw] | | acquire, acquittal |

ウ）dg の発音（☞ pp. 57–58）

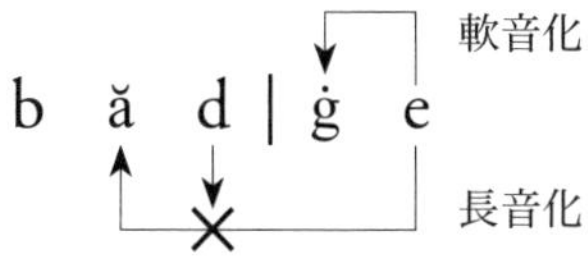


d の本来の機能は短音標識。d により g が軟音であることがわかるため，米語では語末を除き黙字の e は付けられない（e.g. judge–judgment）。

エ）ng の発音（☞ p. 59）

| | | |
|---|---|---|
| nğ | [ŋg] | finger, hunger, linger, England, English;　longer, stronger, younger |
| nĝ | [ŋ] | sing, singer, king, ring, thing, string, ding |
| nġ | [ndʒ] | singe, strange, change |

オ）-ften -stl -stm -sten -scle（☞ pp. 59–60）

・f/s と l/m/en に挟まれた t は黙字　of*t*en; cas*t*le, bus*t*le, hus*t*le, nes*t*le, this*t*le, whis*t*le, wres*t*le; lis*t*en, glis*t*en; sof*t*en, chas*t*en, chris*t*en, fas*t*en, has*t*en, mois*t*en

・-scle の c は黙字　mus*c*le　corpus*c*le
cf. muscular　corpuscular

d）弱音節における子音字の口蓋化（母音の弱化・脱落）（☞ pp. 60–61）

・母音字が後母音字 u の場合

| | | |
|---|---|---|
| tu̮ | [tʃ$^{ʊ}_{ə}$] | náture, nátural |
| du̮ | [dʒ$^{ʊ}_{ə}$] | éducàte |
| su̮ | [ʃ$^{ʊ}_{ə}$] | préssure |
| s̈u̮ | [ʒ$^{ʊ}_{ə}$] | cás̈ual, pléas̈ure |
| zu̮ | [ʒ$^{ʊ}_{ə}$] | séizure, ázure, ázurite |
| xu̮ | [kʃ$^{ʊ}_{ə}$] | lúxury |
| ẍu̮ | [gʒ$^{ʊ}_{ə}$] | lúẍury |

・母音字が前母音字 e, i の場合

| | | |
|---|---|---|
| si̮ | [ʃ$^{i}_{ə}$] | ténsion |
| ci̮ | [ʃ$^{i}_{ə}$] | spècĭálity, précious |
| ce̮ | [ʃ$^{i}_{ə}$] | ocėánic, ócean |
| s̈i̮ | [ʒ$^{i}_{ə}$] | decís̈ion　cf. gáseous |
| zi̮ | [ʒ$^{i}_{ə}$] | glázier [-ʒər\|-zjər] |
| xi̮ | [kʃ$^{i}_{ə}$] | obnóxious |
| gi̮ | [dʒ$^{i}_{ə}$] | relígion |
| ge̮ | [dʒ$^{i}_{ə}$] | pígeon |
| di̮ | [dʒ$^{i}_{ə}$] | immédiate |
| sti̮ | [tʃ$^{i}_{ə}$] | quéstion |
| ti̮ | [ʃ$^{i}_{ə}$] | inítĭate, inítial |

・母音が脱落する場合としない場合

| | | | |
|---|---|---|---|
| ócean | [-ʃən] | ocėánic | [-ʃiǽn-] |
| spéci*a*lty | [-ʃəl] | spècĭálity | [-ʃiǽl-] |
| séx*u*al | [-ʃəl] | sèxu̇álity | [-ʃuǽl-] |

# 参考文献

数多くの関連文献がありますが，本書執筆の基になったものを中心に，項目ごとに数点挙げることにします。


**・五十音図，いろは**

山田孝雄（1938）『五十音図の歴史』宝文館

馬渕和夫（1993）『五十音図の話』大修館書店

小松英雄（1979）『いろはうた——日本語史へのいざない』中公新書

**・英語史**

中島文雄（1979）『英語発達史』（改訂版）岩波全書 143，岩波書店

宇賀治正朋（2000）『英語史』現代の英語学シリーズ 8，開拓社

小野茂・中尾俊夫（1980）『英語史 I』英語学大系第 8 巻，大修館書店

中尾俊夫（1972）『英語史 II』英語学大系第 9 巻，大修館書店

荒木一雄・宇賀治正朋（1984）『英語史 IIIA』英語学大系第 10 巻 1，大修館書店

若田部博哉（1985）『英語史 IIIB』英語学大系第 10 巻 2，大修館書店

**・英語の発音と綴りの歴史**

安井稔（1955）『音声と綴字』「英文法シリーズ」第 2 巻，研究社

Jespersen, Otto（1909）*A Modern English Grammar on Historical Principles. Volume I, Sounds and Spellings*. London: George Allen & Unwin.

**・世界の文字**

世界の文字研究会（編）（1993）『世界の文字の図典』吉川弘文館

Daniels, Peter T. and William Bright (eds.)（1996）*The World's Writing Systems*. London: Oxford University Press.（『世界の文字大事典』矢島文夫（総監訳），佐藤純一・石井米雄・植田覺・西江雅之（監訳），朝倉書店，2013 年）

### ・アルファベットの発達，カリグラフィー

田中美輝夫（1970）『英語アルファベット発達史――文字と音価』開文社出版

Drogin, Marc（1989）*Medieval Calligraphy: Its History and Technique*. New York: Dover Publications.

Harris, David（1995）*The Art of Calligraphy: A Practical Guide to the Skills and Techniques*. London: Dorling Kindersley Limited.

### ・補助記号

*The Concise Oxford Dictionary of Current English*, 5th ed., Oxford: Oxford University Press, 1964（略称 *COD*）

*The Pocket Oxford Dictionary of Current English*, 5th ed., Oxford: Oxford University Press, 1969（略称 *POD*）

『表音小英和』三省堂，1980

竹林滋（1981）『英語のフォニックス――綴り字と発音のルール』ジャパンタイムズ

竹林滋（1991）『ライトハウス つづり字と発音の基礎』研究社

本書で用いている補助記号については上記の文献を参考にしています。残念ながら，すべて古書として入手するしかありませんが[1]，補助記号による発音表示に関心があるならば，見てみるとよいでしょう。*COD, POD* は基本的に母語話者向けのものですが，他は日本人向けのものです。

『表音小英和』と『ライトハウス～』は，日本人向けで，また，本書より広い範囲の綴りを対象とし，できるだけ書き換えなしで発音を表示するために，より多くの記号を用いているという点は共通していますが，想定している対象，目的が大きく異なります。『表音小英和』は，英語に関してかなりの知識がある人にコンパクトに情報を提供するものです。『表音小英和』の「発音の手引き」は英音・米音に分け，それぞれ綴り・記号と解説が見返し 2 頁で簡潔に提示されており，ある程度の知識がないと理解しにくいかもしれませんが，本書を読んでから見てみると，いかに多くの情報をコンパクトにまとめているかがわかるでしょう。『ライトハウス～』のほうは，学習者が利用する

---

[1] 『表音小英和』は 1991 年に修訂版が出ていますが，そちらも絶版状態です（三省堂のサイトでは「品切」と表示されています）。なお，『デイリーニューフォニックス英和辞典』は『表音小英和』と同じ発音表記を採用しています（片仮名による発音表記付き）。

ことを想定したものですが，学習者向けと言っても，この本自体は指導者向けのものと言ったほうがいいでしょう。すでに英語を身につけている人が，改めて発音と綴りについて整理して確認するのにも役立ちます。まずは『英語のフォニックス』を読んで基礎を確認してから『ライトハウス～』に進み，その後『表音小英和』の見返しの解説で全体をまとめ，各語の発音(表示)の確認に利用するといいでしょう。

# あとがき

言葉は多くの約束事から成り立っている。新しい表現を作ることはできるが，その新しい表現自体，規則という約束事に従っている（あるいは，その規則を破ることで新たな効果を生み出している）。適用範囲の広いものや例外の少ないものもあれば，一部のものに適用されるもの，適用のされかたが緩やかなものなどいろいろであるが，そういったことも含め，約束事を身に付ける必要がある。約束事が存在しても，普段はその存在を意識的に捉えることはない。規則を身に付けている者にとっては当たり前すぎて，そういう約束事に従っていること自体意識に上らないことが多い。約束事を身に付けていない者にとっては疑問の種となるが，その疑問，違和感を他の人にわかるように示すことは難しい。習得が進み，その言語の約束事が身に付いてしまうと，そもそも引っかかったこと自体を忘れてしまう。約束事を身に付け，それを自然と感じるようになる（あるいは特別何も感じなくなる）ことが，習得が進んだということでもあるからだ。

振り返ってみると，私はいろいろなことに引っかかるほうだった。引っかかっても，明確な疑問という形になるところまで行かず，やがて忘れてしまったものも多いのだろうが，大学に入り言語学を学び，漠然と感じた“もやもや”の正体がはっきりしたものもいくつかあった。

例えばXという文字について。中学校に入学する前からアルファベットは知っていたが，中学に入り改めてアルファベットを習い不思議に思ったのが，Xの文字の存在だった。自分が感じている疑問をうまく言葉にすることができなかった私は，「何でXなんて文字があるの？」という素朴な質問の仕方しかできなかった。質問されたほうも，何を訳のわからないことを言っているんだろうと思ったに違いない。当然疑問に対する答えは得られなかった。自分の疑問が「xを使って“bo<u>x</u>”と書かなくても“bo<u>ks</u>”と書けばすむのに，なぜ[ks]専用の文字があるんだろう。英語には[ks]という音が多くて，[ks]を表す専用の文字があるんだろうか」ということだと認識できるようになったのは，大学に入ってからである。

外国語での小さな「ッ」の扱いも，小学生の頃から不思議に感じていたものの1つだった。日本語では，「ヒト」（人）と「ヒット」，「ハト」（鳩）と「ハット」のように，「ッ」の有無で違う言葉になる。しかし，英語の「キス」と「キッス」は同じ言葉。中学校に入ってすぐに学ぶ it [ít] の発音は「イット」。[í] は「イ」，[t] は「ト」。では，小さな「ッ」はどこに？ 発音記号を見ても「ッ」は見つからない。is [íz] は「イッズ」ではなく「イズ」。cap [kǽp]「キャップ」という単語もすぐに出てくるが，綴りを見ても，発音記号を見ても，やはり「ッ」は見つからない。そのあとに出てくる captain [kǽptən]「キャプテン」では，cap の部分は綴りも発音記号も変わらないのに「ッ」が消えている。さらにあとで出てきた cab [kǽb]「キャブ」には「ッ」はない。

| | | |
|---|---|---|
| kiss | [kís] | キッス，キス |
| it | [ít] | イット |
| is | [íz] | イズ |
| cap | [kǽp] | キャップ |
| captain | [kǽptən] | キャプテン |
| cab | [kǽb] | キャブ |

そんなことが問題になるのは日本語を通して考えているからで，英語で考えれば問題など何もない。そう思う人もいるかもしれないが，問題は，英語では“そうなっている”という，まさにその仕組みである。cap [kǽp], captain [kǽptən], capital [kǽpətl] の下線部は綴りも発音記号も同じだが，実際の発音は同じではない。本書は音声学の本ではないため説明は省くが，[kæp] の発音は環境によって異なる。「c は [k], a は [æ], p は [p] で，合わせて cap [kæp]」。これで納得できるとすれば，それはすでに英語の音体系が身に付いているためで，説明にない情報を習得済みの知識から無意識のうちに補って考えているからである。しかし，英語を学び始めた人の頭の中にはその情報は存在せず，英語話者なら当たり前のことに疑問を感じるわけである。

こんなことに引っかかりながらも，幸いなことに中高の英語の授業についていけなくなることもなく，高校卒業後は東京学芸大学の英語科に進んだ。英語科に入り英語学（言語学）を学ぶことで，それまで漠然と引っかかっていたことが何であるかがわかるようになってきた。本書は，英語学を専門として学びだしてから，文字に関して「そういうことだったのか！」と思ったあれこれの一部を自分流に整理しまとめたものである。

本書は学生時代に大津由紀雄先生，若林俊輔先生，宇賀治正朋先生にお教えいただいたこと，あるいはそれがきっかけで勉強し始めたものが基になっている。1981年に東京学芸大学の英語科に入学し，すぐに音声学を教わったのが大津先生で，3年生のときには補講でChomsky & Halle (1968) *The Sound Pattern of English* を読み，綴りと発音の関係，抽象レベルでの音韻表示について学んだ。

若林先生は，私が東京学芸大学に入学したときには，すでに東京外国語大学に移られており，授業で教えを受けることはなかったが，東京学芸大学の学生が中心となった読書会が先生のご自宅で続いており，1年生のときに初めて参加し，学部卒業まで続けて参加させていただいた。若林先生は文字に造詣が深く，文字指導について明確な主張をお持ちだったので，読書会でも文字のことがよく話題になった。本書では1章を割いて分綴について解説しているが，これは高等学校用英語教科書 *The New Century English Course*（三省堂）の分綴を利用した発音表示に影響を受けている。強勢の位置と分綴で単語の発音はかなりのところまで示すことができる。*New Century* では，その考えを基に，規則に合わない部分についてのみ発音記号を用いて発音を示していた。代表著者の1人であった若林先生の考えを反映したものだが，この考えを踏まえ，強勢の有無と分綴からどこまで発音がわかるか，発音とのずれが生じている理由は何かを，いろいろな辞書の分綴を調査してまとめたものが第IV章の基となっている。

2年生になると，宇賀治先生の「通時英語学」で現在の英語の音韻体系・書記体系が成立した過程を学んだ。本書は次の4冊の本を読んで学んだことが基となっているが，『英語発達史』と『音声と綴字』は「通時英語学」の指定教科書であった。何度も読み返し，疑問があると宇賀治先生の研究室に質問に伺った。

中島文雄 (1979)『英語発達史』(改訂版) 岩波全書143，岩波書店
安井稔 (1955)『音声と綴字』「英文法シリーズ」第2巻，研究社
田中美輝夫 (1970)『英語アルファベット発達史――文字と音価』開文社出版
竹林滋 (1981)『英語のフォニックス――綴り字と発音のルール』ジャパン

タイムズ

残念ながら上記の文献のなかには絶版となっているものもあるが，現在では古書もインターネットを利用して容易に入手できるので，さらに広く深く本格的に学びたいという方には一読をお勧めしたい。繰り返し読む価値のある本であるが，情報量が多く，また，ある程度の専門知識を前提とした記述となっていたりするので，読むのはかなり難しいと感じるかもしれない。しかし，本書を読んで要点を掴み，かつ問題意識を持って読むようにすれば，ずいぶんと読みやすくなるのではないかと思う。

提示の仕方，まとめかたに工夫を凝らしたつもりだが，本書の内容の中核的な部分は，私が大学に入学した 1980 年代にはすでに古典となっていたものである。したがって関連文献はすでに多く存在するが，残念ながら，関心が持たれず，利用されていないものが多いようである。図書館を利用すれば今でも読むことができるし，最近は古書も入手しやすくなっているので，本書をきっかけとして，それらの本を読んでみようという人が 1 人でも増え，これまでの研究の蓄積の見直しに繋がれば幸いである。

振り返ってみると，前任校の群馬大学から名古屋大学に移った 2000 年 10 月の時点で，すでにこの本の元になった原稿の基本的な部分はできていたので，書き始めてからおよそ 20 年が経っていることになる。関心は強くとも文字，音声学・音韻論，英語史は自分の専門ではなく，出版のことは考えずにただ加筆・修正を繰り返していただけであったが，名古屋大学の授業や公開講座では作成した資料を基に講義を続けていた。2012 年に慶応言語学コロキアムで行われた恩師の梶田優先生の講義のあと数名で食事をしたが，その席で大津先生と学部時代の同級生の末岡敏明氏に「早く本にして出せ」と言われたことがきっかけとなり，このような形で出版することとなった。もっと早く執筆を進め，宇賀治先生，若林先生が他界される前に出版できていたら，先生方に読んでいただけたかと思うと，自分の遅筆が悔やまれる。もし先生方がこの本を読まれていたら，もっと勉強しなさいと叱られていたかもしれないが，この本をお二人の先生に捧げたい。今となっては先生たちからお叱りの言葉を聞くことはできないが，宇賀治先生，若林先生から教えを受けた方たちから厳しい批判の言葉がいただけることを期待したい。

本書の元となった原稿は分量が多かっただけでなく，出版を考えていなかったこともあり，読者を想定しにくいものであったため，今回の出版にあたり焦点を絞り扱う範囲を狭め，元の原稿を大きく書き換えた。それにより説明不足となってしまったところも残っているかもしれない。また，本書を読んで私とは違う観点から疑問を持たれる読者もおられよう。ウェブサイト等で情報を提供していこうと考えているので，疑問，コメント等をお寄せいただければ幸いである。

2014年9月

大名　力

# 索　引

**[た行]**

〈著者紹介〉

**大名　力**（おおな・つとむ）

名古屋大学大学院国際開発研究科教授。1989年，東京学芸大学修士課程修了（教育学修士）。群馬大学教養部，社会情報学部講師等を経て，現職。専門は言語学・英語学。著書・論文に『言語研究のための正規表現によるコーパス検索』（単著，ひつじ書房，2012年），「コーパス研究と学習英文法」（大津由紀雄（編著）『学習英文法を見直したい』，研究社，2012年），「コーパス利用の落とし穴」（堀正広（編）『これからのコロケーション研究』，ひつじ書房，2012年）などがある。


**英語の文字・綴り・発音のしくみ**

2014年10月31日　初版発行　　2023年7月15日　4刷発行

著　者　大名　力

発行者　吉田尚志

印刷所　図書印刷株式会社

KENKYUSHA

〈検印省略〉

発行所　株式会社　研究社

https://www.kenkyusha.co.jp/

〒102-8152

東京都千代田区富士見2-11-3

電話（編集）03（3288）7711（代）

（営業）03（3288）7777（代）

振　替　00150-9-26710





装丁：金子泰明

ISBN 978-4-327-40164-1　C 3082　　Printed in Japan